中央高校基本科研业务费专项资金资助
浙江大学文科精品力作出版资助计划资助
浙江新时代枫桥经验研究院、浙江大学新时代枫桥经验研究院专项资金资助

风险社会
刑事立法论纲

叶良芳 著

FENGXIAN SHEHUI
XINGSHI LIFA LUNGANG

法律出版社
LAW PRESS · CHINA
北京

图书在版编目(CIP)数据

风险社会刑事立法论纲 / 叶良芳著. -- 北京 : 法律出版社, 2023

ISBN 978-7-5197-8260-3

Ⅰ. ①风… Ⅱ. ①叶… Ⅲ. ①刑法-立法-研究-中国 Ⅳ. ①D924.02

中国国家版本馆 CIP 数据核字(2023)第 163660 号

风险社会刑事立法论纲
FENGXIAN SHEHUI XINGSHI LIFA LUNGANG

叶良芳 著

策划编辑 李沂蔚
责任编辑 李沂蔚
装帧设计 鲍龙卉

出版发行 法律出版社
编辑统筹 法律应用出版分社
责任校对 王 丰
责任印制 刘晓伟
经　　销 新华书店

开本 710 毫米×1000 毫米 1/16
印张 21 **字数** 268 千
版本 2023 年 10 月第 1 版
印次 2023 年 10 月第 1 次印刷
印刷 唐山玺诚印务有限公司

地址:北京市丰台区莲花池西里 7 号(100073)
网址:www.lawpress.com.cn
投稿邮箱:info@lawpress.com.cn
举报盗版邮箱:jbwq@lawpress.com.cn

销售电话:010-83938349
客服电话:010-83938350
咨询电话:010-63939796

书号:ISBN 978-7-5197-8260-3 **定价**:82.00 元

凡购买本社图书,如有印装错误,我社负责退换。电话:010-83938349

目录

导 论

“风险社会”这一概念,始见于社会学家乌尔里希·贝克(Ulrich Beck)的经典著作——《风险社会》。[①] 在该书中,贝克从“生活在文明的火山上”“社会不平等的个体化”“反思性现代化”等不同视角,深刻地揭示了现代资本主义国家从工业社会进入后工业社会所面临的发展危机。按照贝克的观点,风险社会是人类文明发展到一定阶段的必然结果,是现代技术反作用于工业社会的投影。贝克以其广阔的视角、生动的笔墨,形象地描绘了风险社会的风险图景,为社会理论开辟了一块崭新的研究领域。

一、风险社会理论对刑法学界的冲击

《风险社会》一书的出版与现实风险的喷发具有惊人的同步性。几乎在该书出版发行的同时,苏联发生了骇人听闻的切尔诺贝利核电站爆炸事故。人们在震撼之余,发现书中的许多观点和预测都得到

---

① 参见[德]乌尔里希·贝克:《风险社会》,何博闻译,译林出版社 2004 年版,第 1 页。

了相应的印证。于是,学者们竞相改弦易辙,将研究焦点转向后现代社会的风险问题。陡然之间,该书一时洛阳纸贵,相关主题的研究也引起学者们的普遍关注。之后,贝克持续发力,撰写了一系列有关风险社会领域的专著和论文。同时,伴随安东尼·吉登斯(Anthony Giddens)的友情加盟,斯科特·拉什(Scott Lash)的强力助推,以及玛丽·道格拉斯(Mary Douglas)、尼克拉斯·卢曼(Niklas Luhmann)等学者的拾柴添薪,风险社会理论最终成为社会理论的一个重要流派,"风险社会"也成为诠释现代社会变迁的一个重要概念。对这一学术发展史,有学者精辟地评价道:自《风险社会》出版以来,"风险"已成为理解和诠释社会变迁的一个关键性概念,"风险社会"随之也成为解释世界的全新范式。①

风险社会理论对当代社会重大变迁的审视,突出表现为对现代性的"诊断"上,而其中最重要的无疑是对现代社会风险症候的关注,并将全球性人为风险界定为当代社会及未来社会的一种结构品质。② 虽然在研究视角和具体主张上未必完全一致,但赞同风险社会理论的学者均敏锐地预见到了一个崭新的风险社会的来临:现代国家所面临的首要问题已经不是物质匮乏("我饿"),而是风险前所未有的多样性以及风险所造成结果的严重性("我怕"),因而风险分摊的逻辑成为所有国家必须费尽心思去解决的问题。在风险社会里,社会与个人也在不断地进行着自我毁灭,即社会通过发展工业对生态环境的破坏促使社会走向自我衰亡,而个人为了避免风险又制造出更大的风险。③申言之,现代社会已经沦为一个自反性社会。

暂且不论风险社会理论的上述观点是耸听危言还是发聩警言,单就其所引起的研究范式的变革和研究领域的拓展而言,就令人不由赞

---

① 参见卢建平:《风险社会的刑事政策与刑法》,载《法学论坛》2011 年第 4 期。

② 参见刘岩:《风险社会理论新探》,中国社会科学出版社 2008 年版,第 1 页。

③ 参见薛晓源、刘国良:《全球风险世界:现在与未来——德国著名社会学家、风险社会理论创始人乌尔里希·贝克教授访谈录》,载《马克思主义与现实》2005 年第 1 期。

叹。自风险社会理论问世以来,不仅是在社会学领域,在法学、政治学、经济学、管理学、人类学、心理学等诸多学科领域,都有大量的学者就相关议题展开激烈的交锋和辩论。这其中,自然也包括刑法学者。无论是在大陆法系国家,还是在英美法系国家,都有众多刑法学者在讨论风险社会理论对刑法理论的冲击问题以及“风险刑法”“预防刑法”的正当性问题。就我国刑法学界而言,据可回溯的文献,学者接触风险刑法理论始于21世纪初叶。2005年,刘国良编译的乌尔斯·金德霍伊泽尔(Urs Kindhäuser)教授的《安全刑法:风险社会的刑法危险》一文在《马克思主义与现实》2005年第3期发表,打开了风险刑法的园地之窗。两年之后,清华大学劳东燕教授的《公共政策与风险社会的刑法》在《中国社会科学》2007年第3期发表,开启了研究风险刑法理论的先河。自此之后,刑法学者相继接力,众星拱月,关于风险刑法主题的研究蔚然成风,并最终成为刑法理论研究中最为活跃的一个领域。

不过,尽管当前学界关于风险刑法的研究方兴未艾,但在风险社会理论能否被引入刑法这一本源问题上,却一直争论不断,远未达成共识。以德国为例,面对刑法应当如何应对风险社会的“风险”问题,理论界至少存在以下三种不同的方案:一是功能主义,即主张突破传统的法益理论和归责原则,建立一种防御性刑法,充分利用刑法作为抵抗风险的利器;二是法兰克福学派,即主张制定一部介于刑法和秩序违反法之间或公法与私法之间的“干涉法”,以解决现代社会面临的风险问题;三是第三种道路说,即既反对积极的刑法功能论,也反对消极的刑法撤离论,而主张应当超越人类中心主义的法益保护观,发展一种以防卫未来为导向的行为规范。① 特别是,关于责任刑法和风险刑法的问题,德国刑法学界至今仍处于激烈的争论状态,而且势必将伴随生存与发展的时代主题延续下去。在我国,面对上述本源问题,

① 参见郝艳兵:《风险刑法:以危险犯为中心的展开》,中国政法大学出版社2012年版,第7~8页。

学界同样存在以下三种不同的主张：一是肯定论，即主张再造刑法，建立风险刑法范式并调整刑法功能为安全保障，重构归责原则；二是否定论，即重申和坚持传统刑法的自由保障功能和责任原则，反对将风险社会作为刑法回应社会的现实根据；三是折中论，即既承认我国社会的风险面向，又强调我国现代化尚未完成的现状，主张在允许刑法对风险社会的时代挑战作出回应的同时，维护传统刑法的合理价值。目前，上述三种主张仍处于激烈的论辩之中，尚没有一种主张取得压倒性的通说地位。

二、风险社会理论对刑事立法的渗透

与刑法理论界的唇枪舌剑不同，各国立法部门早已按下了启动键，主动拥抱风险社会理论，自觉接受积极主义刑法观，纷纷进入刑事立法活性化时代。当前，各国的刑事立法不约而同地出现了扩张化态势，主要表现为以下几个方面：一是法益保护早期化，即刑法在法益尚未遭受现实的侵害而只是面临侵害的威胁时即予以介入；二是预备行为实行化，即将预备行为升格为实行行为予以处罚；三是帮助行为正犯化，即将共犯与正犯同样对待、同样处罚；四是结果犯转为危险犯，即将犯罪构成要件中的结果要素替换为危险要素，从而降低入罪门槛；五是处罚范围扩大化，即通过新罪增设或修改现有罪名的构成要素来扩大刑罚圈；六是处罚程度严厉化，即提高具体罪名法定刑的最高限或最低限，或者严格刑罚的执行来强化刑罚的刚性；七是严格责任萌芽化，即通过规定混合罪过或者模糊罪过的方式放宽责任要素的限制。总之，犯罪圈的扩大和刑罚量的攀升，是当代世界主要发达国家刑事立法的共通现象。“布卡禁令”①的制定，即为典例。2010 年 9

① 布卡(burqa)，是穆斯林女子在公共场合穿戴的，覆盖头部、脸部(双眼除外)和全身的宽松的裹衣，主要由头巾、面纱和长袍组成，又称蒙面罩袍。

月 14 日,法国参议院以 246∶1 票通过“布卡禁令”,禁止在学校、医院、车站、公园、商场等公共场所穿戴蒙面罩袍,违者将被处以 150 欧元以下的罚金和/或被要求参加教育学习;胁迫或诱使女性穿戴蒙面罩袍者,将被处以 1 年以下监禁,并处 1.5 万欧元以下的罚金。尽管抗议之声不断,甚至有人向欧洲人权法院申诉①,但该法令的有效性仍然得到维护。法国这一立法绝非孤例,紧随其后,比利时、丹麦、荷兰、瑞士等欧洲 13 个国家相继通过立法,颁布了各自的“布卡禁令”。“布卡禁令”的制定及其争议,彰显了风险社会视阈下如何在公共安全与宗教信仰自由之间保持妥当平衡的立法难题。2015 年 8 月 29 日我国全国人大常委会通过的《刑法修正案(九)》借鉴这些国家的立法例,颁布了中国的“布卡禁令”。《刑法》第 120 条之五规定:“以暴力、胁迫等方式强制他人在公共场所穿着、佩戴宣扬恐怖主义、极端主义服饰、标志的,处三年以下有期徒刑、拘役或者管制,并处罚金。”不过,与国外立法不同的是,我国刑法没有明确标明针对的是“布卡”,而是指“宣扬恐怖主义、极端主义的物品”,且规制对象不是“穿戴者”而是“强制他人穿戴者”,同时更强调行为人的主观犯意和责任要素。

当然,存在的未必就是合理的,理论研究不能只为立法背书,从而沦为实践的附庸,失去自身的独立品格。不过,多数国家的立法新动向,确实预兆着一种“安全刑法”“预防刑法”的来临。面对刑法的立法根基从法益向安全转移,刑法的触动扳机从后端向前端推移的趋势,如果仍然执拗地固守传统的古典刑法观,简单地排斥刑法的革新,则恐怕不是解决问题的态度。这不仅将导致刑法在社会治理的宏大工程中不能发挥应有的功能,而且还将导致刑法理论与现实生活完全脱节,沦为学者孤芳自赏的“私家典藏”。总之,无论是赞同风险刑法还是反对风险刑法,恐怕都不得不明确回答以下问题:当前我们生活

① See S. A. S. V. France, *European Court of Human Rights* (Application no. 43835/11), Judgment of July 1st,2014.

其中的社会是不是一个风险社会？面对急剧增加的自然风险和人为风险，刑法是否能够完全置身事外？社会学中的“风险”和刑法学中的“危险”，是否是两个完全异质、泾渭分明的概念？“风险刑法”，是否可以简单地理解为以秩序维护为唯一价值目标的“安全刑法”“预防刑法”？在风险社会中，刑法立法的根基是什么？如何保证刑法立法的理性、公正和科学？等等。这些问题均是学界不可能绕开的问题，也是本书预设的研究课题。申言之，无论赞同还是反对，无论接受还是排斥，一个基本事实是：风险社会理论已经悄然渗透进刑事立法活动，刑事立法的扩张已经是并将继续是一个常态现象。作为一门实践性极强的学科，刑法学不应无视刑事立法实践的发展，完全置身于事外，而应积极地关注现实，审慎地检视当前刑事立法扩张化的现象，辩证地考察其中的利弊得失，务实地提出刑事立法科学性的评估标准和操作方案，以期为未来的刑事立法活动贡献智识。学者们或许可以不认同“风险社会”“风险刑法”的概念和提法，但却不能无视人类正处于风险社会这一事实，乃至在探寻预防、减少、控制社会风险的对策和方案时袖手旁观。

三、本书的基本思路和主要内容

如上所述，当前学界关于风险刑法主题的研究成果，早已汗牛充栋。本书之所以仍然要忝列其中，主要是基于以下考虑：虽然贝克提出风险社会理论以来，关于预防刑法、安全刑法、风险刑法等主题的研究如火如荼，但从风险社会视阈这个“切口”来系统和全面地分析刑事立法罪刑规范设置的理论和实践问题，在学界尚付阙如，这是推动本书写作的最大动力。具体而言，本书写作的意义体现为以下两个方面：第一，有利于理论上树立正确的风险社会刑法观。刑法应当具有适应性，刑法的时代品格直接影响其效应。传统的刑法理论建构于古典工业社会的基础上，而后工业社会具有不同于古典工业社会的特质。对此，盲目援引激进刑法观固不可取，但简单拒斥刑法对社会风险的适度预防，亦未免故步自封。第二，有利于在实践中完善风险社会的刑事立法。“风险刑法”也许是一个尚需斟酌的概念，但各国面对风险社会的危险纷纷修改刑法，强化刑法的安全保障功能，却是一个不争的事实。面对大量新增或修改的罪刑规范，其正当性和合理性如何，需要根据科学的标准予以检验。

本书的写作思路是，首先通过大量的事实进一步佐证“当前正处于风险社会”的命题，在此基础上，立足于风险社会的视阈，对刑事立法的科学性问题——罪刑规范设置的合理性问题予以专题研究，探讨风险社会背景下刑事立法的变革和回应，明确犯罪的设定标准、刑罚的配置标准以及立法的程序规程，涉及实体标准和程序保障、国内立法和国外立法、理论探讨和实践应对等各个方面。除导论外，全书共分八章，各章内容大致安排如下：

第一章为风险社会理论的刑事立法镜鉴。风险社会理论是风险刑法的主要理论渊源，风险刑法研究以风险社会理论为基石。本章内容主要围绕风险社会理论展开，详细论述风险社会及其风险的界定和应对，以及风险社会理论为刑事立法镜鉴的可行性，为后文深入分析风险社会刑事立法的诸问题奠定必要的理论基础。

第二章为风险社会刑事立法的科学性危机。进入风险社会，各国刑事立法均不同程度地出现了扩张的趋势，具体表现为帮助行为正犯化、预备行为实行化、未遂行为既遂化、抽象危险犯大量增加、轻罪配置重刑、增设预防性保安处分措施等。本章主要讨论这一趋势引发的古典刑法理论的危机、学界的立场分裂以及风险社会刑事立法科学性标准的构建问题。

第三章为风险社会刑事立法的基本立场。本章主要探讨风险社会刑事立法的基本立场转换问题，特别是自由保障与安全维护的对立统一关系，积极开放主义刑法观与消极保守主义刑法观、刑法典一元立法模式与刑法典和特别刑法并存的多元立法模式的界分和选择问题。

第四章为风险社会新罪增设的基本原理。本章主要探讨风险社会犯罪化的根据和理由。古典刑法以法益侵害的结果实现为犯罪化的根据,风险社会背景下如果仍然固守这一原则势必不利于对法益的保护,因而有必要调整为以法益侵害的危险存在为犯罪化的根据。但法益侵害危险的存在仅是犯罪化的必要条件,而非充分条件。除此之外,危险还应当达到为法所不允许的程度。

第五章为风险社会刑罚配置的基本原则。本章主要探讨风险社会的刑罚理念及刑罚配置问题。在风险社会,罪刑均衡原则仍然是刑罚配置的基本原则。不过,配置的标准不是法益侵害的结果,而是法益侵害的危险及其程度。尤其应注意的是,对于仅具有轻度法益侵害危险的行为,不得为追求威慑效果而配置重刑。

第六章为风险社会刑事立法的程序保障。本章主要探讨风险社会刑事立法的程序问题,内容涉及制定主体、规划方案、立法调研、草案拟定、草案修改、草案审议、法律公布、法条审查等方面。

第七章为风险社会刑事立法的实效评估。本章主要针对我国晚近刑法修正案增设或修改的特别有争议的罪刑规范条款,就其立法目标、立法技术、立法实效等正当性问题,予以具体的检视和评估。

第八章为风险社会刑事立法的配套制度。本章主要探讨风险社会及其理论在刑法领域渗透的历史必然性以及风险社会刑事立法的制度体系问题。风险社会刑事立法的扩张是必然趋势,在这一前提下,应当积极完善其他配套制度,将刑法的负面效应降低到最低程度。

四、本书的主要创新观点

本书在充分借鉴学界已有研究成果的基础上,在研究观点上有所突破和创新,主要观点撮要如下。

1. 当代社会是一个高风险社会

“风险社会”是贝克创造的概念。他指出,现代社会是一个风险社会。贝克在其诸多著作中都具体阐述了他对风险社会的观察和思考。从整体来看，他的见解全面、深刻，观点极富洞见性，批判一针见血，为后人的理论研究奠定了基础。2019年年末一场突如其来的疫情，堪称是风险社会的“完美样本”，它带来的冲击和破坏让人们看到了忽视长期风险所带来的严重影响，也再一次印证了贝克的观点：我们生活在“文明的火山”上，我们生活的社会是一个风险社会。

2. 风险社会理论中的“风险”实是刑法中的“危险”

贝克将风险和危险作了区分，前者是指人为风险，后者是指非人为风险。这一点，正好与刑法学界的用语习惯相反。在刑法学界，通常认为风险是中性的，与人的行为无关，而危险是指对法益侵害的可能性，与人的行为相关。因此，应当注意，风险社会理论中的风险，实是刑法理论中的危险，确切地说，是法不容许的危险。这种实际的相通性和一致性，正好为风险社会理论渗透到刑法理论领域提供了理论基础。

3. 风险社会刑事立法的基本立场应当适时调整

传统的古典主义刑法是结果主义的，以保障自由为唯一的价值目标，以法益侵害的结果实现为犯罪化的根据，以自由刑和生命刑等重刑为犯罪的基本后果。这与工业社会的发展状况是相适应的，但在风险社会，如果仍然僵化地固守这些做法，则难以满足现代社会治理的需要。为此，风险社会的刑事立法应当作出相应的立场调整，即以自由保障和秩序维持为并重的价值目标，以法益侵害的危险存在为犯罪化的根据，以财产刑、资格等为主流刑罚的必要补充。

4. 风险社会刑事立法的边界是“法益侵害的危险”

风险既是实在主义的，也是建构主义的。为防止非理性地放大风险，进而予以不必要的刑罚制裁，应严格将风险社会刑事立法的边界限定在法益侵害的危险的范围之内。立足于缓和的功能主义刑事立法观立场，刑事立法的科学限度应当从刑法基本理论和原理出发，对刑事立法的边界作出合理划分。

5. 风险社会的刑罚配置应当秉持轻刑理念

风险刑法中的刑罚配置以风险防范为核心，对犯罪配置相应的刑罚以实现威慑预防的目的，而这需要以相应的原则（实害结果、危险程度与均衡原则）为指引，以层次性的过滤方式实现保障安全与限缩刑罚的目标。

6. 风险社会的刑事立法应当受到合理制约

刑法毕竟是以剥夺行为人的利益来介入社会治理的，因而天然具有负面效应。鉴于定罪处刑难以杜绝的负面效果，刑罚的最后手段性是立法者始终应当秉持的理念。特别是，在民主社会中，应当理性辩证地对待民意，在新罪增设或提升刑罚之前，应当自觉接受谦抑主义的检视。

7. 风险社会的刑事立法更应强调立法的正当程序

风险与实害不同，实害是具体的、有形的、可见的，风险则是抽象的、无形的、不可见的，因而在判断上极具不确定性，存在被人为放大的高度可能性。要避免人为放大风险以致对“弱风险”动用刑罚，除要加强对风险的实体判断外，更要在程序上强调立法的正当程序，从而保证立法的理性。

8. 我国晚近的刑法修正总体上符合刑事立法的科学性要求

从我国晚近刑法修正案对恐怖主义犯罪、公共安全犯罪、食品药品犯罪、新型网络犯罪的应对来看，总体立法质量较好。一方面，在犯罪圈方面，没有无原则地扩张。许多新罪的设立，并不是犯罪圈的扩张，只是罪名的分离或独立，如高空抛物罪。另外一些新罪的增设，虽然扩张了犯罪圈，但核心仍以法益侵害的危险为入罪的根基，如危险驾驶罪。另一方面，在刑罚圈方面，新增的罪名绝大多数配置轻刑，如考试作弊罪。

第一章　风险社会理论的刑事立法镜鉴

风险社会理论是当代西方社会理论的一个重要分支，也是风险刑法的主要理论渊源。如果要全面认识风险刑法的源和流，深刻检视其正当性和合理性，准确评估和预测其发展趋势，则非先入社会学领域一窥风险社会理论的全貌不可。

第一节　风险社会的风险景观

风险社会理论的立论基础基于下述命题：当代社会是一个全球性的风险社会。正是敏锐地发现了这一命题，以贝克为代表的当代西方最具批判力的社会学家才构建起庞大复杂的风险社会理论体系。

一、风险社会：一座“文明的火山”

“风险社会”，系贝克首创的概念，用以指称当代西方高度发达的后工业社会。他指出：“在现代化进程中，生产力的指数式增长，使危险和潜在威胁的释放达到了一个我们前所未知的高度。”[①]从而导致现代社会就是一座“文明的火山”,现代人则生活在文明的火山上。“在山的表面是郁郁葱葱的森林,生机盎然,山的下面却涌动着炙热的岩浆。一俟岩浆喷发,就会给盎然的生机带来毁灭性的破坏。”[②]风险社会的最大威胁,在于这种社会的风险所带来的破坏力是毁灭性的——将导致整个人类社会的崩溃和瓦解。正如有的学者所言:“在此之前,从未有一种文明创造出一种手段,能够真正摧毁一个星球而不仅是一座城市。在此之前,从来没有因为人类的贪婪和漫不经心,整个海洋面临被完全毒化,整个物种一夜之间从地球上消失。”[③]

贝克提出的“现代社会是风险社会”的命题,在理论界激起了强烈反响,众多学者紧随其后,相继进行了长期的、持续性的研究。但比较而言,在对风险社会的描述和观察方面,贝克的阐述无疑是最深刻、最富洞见的。尽管其具体观点难免存在暧昧模糊、矛盾重复之处,但在这一点上,无人能出其右。[④] 结合贝克在不同著作中的论述,其犀利的观点可以撮要如下。

首先,风险社会是一种现代性突变。随着科学技术的飞速发展和全球化的扩张加剧,现代性悄然发生转型,人类社会开始进入风险社会。贝克将现代性分为两个进程:第一现代性(单一的现代性)和第二现代性(反思的现代性)。前者对应古典工业社会,后者对应后工业社会(风险社会)。风险社会是现代性的一种新形态,是现代性内部断裂

---

① [德]乌尔里希·贝克:《风险社会》,何博闻译,译林出版社 2004 年版,第 15 页。

② 庄友刚:《跨越风险社会:风险社会的历史唯物主义研究》,人民出版社 2008 年版,第 50 页。

③ Alvin Toffler, *Third Wave*, Bantam Books, 1984, p. 121.

④ 有学者指出,贝克意义上的“风险社会”有两个面向:一个是生存性风险社会,另一个是生活性风险社会。前者指包括生态危机、核危机等在内的对人类和地球具有毁灭影响的生存风险社会,后者指现代化社会中一种充满不确定性、流动性、选择性的生活状态。参见肖瑛:《反思与自反:反身性视野下的社会学与风险社会》,商务印书馆 2020 年版,第 347 ~348 页。

的后果。贝克指出,“现代性正从古典工业社会的轮廓中脱颖而出,正在形成一种崭新的形式——(工业的)‘风险社会’”①。这个阶段的中心论点是,“各种后果都是现代化、技术化和经济化进程的极端化不断加剧所造成的后果,这些后果无可置疑地让那种通过制度使副作用变得可以预测的做法受到挑战,并使它成了问题”②。

其次,风险社会是一个灾难社会。风险社会的风险类型不仅包括生态风险、技术风险,还包括经济风险、政治风险、文化风险、信任风险、恐怖主义等类型。风险“不仅是自然和人类健康的次级问题,而且是这些副作用所带来的市场崩溃、资本贬值、对工业决策的官僚化审查、新市场的开辟、巨额浪费、法律程序和威信的丧失。随着烟雾警报、毒物泄漏等或多或少地增加,在风险社会中出现的是一种灾难的政治可能性”③。因此,现代世界已经演变成了一个危机四伏、完全失控的世界。“伴随过去关于核能问题的决策和我们当今时代关于基因技术应用、人类基因、纳米技术、计算机科学等问题的决策,我们开始进入了一个不可预测、不可控制、不可言传的局面,这种局面将使地球上的所有生命都面临灭绝的危险。”④

再次,风险社会是一个全球性的风险社会。现代国际经济秩序和政治秩序的结构变化导致了社会风险的结构变化。“随着两极世界的消退,我们正在从一个敌对的世界向一个危机和风险的世界迈进……”⑤风险社会的风险不是一国的,而是全球性的,具有“飞去来器效应”。“生态灾难和核泄漏是不在乎国家边界的。即使是富裕和有权势的人

---

① [德]乌尔里希·贝克:《风险社会》,何博闻译,译林出版社2004年版,第2页。

② [德]乌尔里希·贝克、[德]约翰内斯·威尔姆斯:《自由与资本主义——与著名社会学家乌尔里希·贝克对话》,路国林译,浙江人民出版社2001年版,第124页。

③ [德]乌尔里希·贝克:《风险社会》,何博闻译,译林出版社2004年版,第22页。

④ [德]乌尔里希·贝克:《“9·11”事件后的全球风险社会》,王武龙编译,载《马克思主义与现实》2004年第2期。

⑤ [德]乌尔里希·贝克:《世界风险社会》,吴英姿、孙淑敏译,南京大学出版社2004年版,第4页。

也在所难免……从污染流通的普遍性和超国家的观点来看,巴伐利亚森林一片草叶的生命,最终将依赖于国际协议的制定和遵守。”[①]质言之,风险社会的风险是全球性的,这一点迥异于工业社会风险的个体性特征。工业社会的风险,是“个人的风险,而不像那些随核裂变和放射性废料储藏而出现的问题,对整个人类来说这是全球性的威胁”[②]。风险社会的风险是世界性的,它传播速度极快、渗透极广、影响极大,即使局部地区发生的小小一点涟漪,也会因蝴蝶效应引起连锁反应,使其副作用蔓延到整个世界。

复次,风险社会是一个人造风险的社会。一方面,风险社会的风险源于人类的各种决定。科学技术不断发展,社会生产力不断提高,社会生产规模不断扩大,人类对自然进行过度开发和掠夺而带来诸多生态风险、技术风险等。风险必定源于人类的决策:今天的风险就是昨天决策的结果,今天的决策正在制造明天的风险。“自 20 世纪中期以来,工业社会的社会机制已经面临着历史上前所未有的一种可能性,即一项决策可能会毁灭我们人类赖以生存的这颗行星上的所有生命。”[③]另一方面,风险的制造者还刻意掩盖风险。现代社会,人们对风险的判断几乎完全依赖于专家系统,对专家给予充分的、完全的信任。但专家系统的判断在技术上并非完全可靠,而且还存在基于利益集团的需要而故意掩盖隐瞒、误导公众的道德风险。“由于现代风险的高度不确定性、不可预测性、显现的时间滞后性、发作的突发性和超常规性,专家在面临新科学技术时,往往多注重科技的贡献性而忽略其副作用,或故意隐瞒其副作用,以至于人们在开始使用科技时,就已

---

① [德]乌尔里希·贝克:《风险社会》,何博闻译,译林出版社 2004 年版,第 21 页。

② [德]乌尔里希·贝克:《风险社会》,何博闻译,译林出版社 2004 年版,第 18 页。

③ [德]乌尔里希·贝克:《从工业社会到风险社会(上篇)——关于人类生存、社会结构和生态启蒙等问题的思考》,王武龙编译,载《马克思主义与现实》2003 年第 3 期。

经为风险埋下了发作的种子。”①

又次，风险社会是一个秩序失控的社会。风险控制的逻辑是，哪里有风险，哪里就会有对风险的控制；哪里风险越强烈，哪里的风险控制就会越严格。但在“世界风险社会”的语境下，人们的关注点却被引至对风险的有效掌控的能力方面。“主要的问题是，在人为的不确定的状况下如何作出决定。这种人为的不确定状况不只是知识基础不完全的结果，而是更多更好的知识往往意味着更多的不确定性。”②一方面，全球化加剧了高度现代化与高度风险性的发展，现代性的扩张导致社会风险的元素大量增加。“各种风险犹如悬在人类头顶的达摩克利斯之剑，现代社会发展模式本身就是一个巨大的自杀装置。”③随同技术选择能力提升的，是技术结果的不可预见性。“在风险社会中，不明的和无法预料的后果成为历史和社会的主宰力量。”④另一方面，风险界定是一种科学理性和社会理性共生的现象，不存在绝对客观和理性的判断。“在风险的界定中，科学对理性的垄断被打破了。总是存在各种现代性主体和受影响群体的竞争和冲突的要求、利益和观点，它们共同被推动，以原因和结果、策动者和受害者的方式去界定风险。”⑤简言之，尽管“风险披着数字和公式的外衣”，但因果关系的预设在本质上遭到了质疑。现代性的出发点是控制不确定性，但对不确定性的控制又产生了新的不确定性。

最后，风险社会是一个焦虑促动型团结的社会。在阶级社会中，财富分配是社会矛盾的关注点；在风险社会中，风险分配成为社会矛盾的关注点。“在古典工业社会中，财富生产的‘逻辑’统治着风险生

① 薛晓源、刘国良：《全球风险世界：现在与未来——德国著名社会学家、风险社会理论创始人乌尔里希·贝克教授访谈录》，载《马克思主义与现实》2005 年第 1 期。

② ［德］乌尔里希·贝克：《世界风险社会》，吴英姿、孙淑敏译，南京大学出版社 2004 年版，第 8 页。

③ 刘岩：《风险社会理论新探》，中国社会科学出版社 2008 年版，第 77 页。

④ ［德］乌尔里希·贝克：《风险社会》，何博闻译，译林出版社 2004 年版，第 20 页。

⑤ ［德］乌尔里希·贝克：《风险社会》，何博闻译，译林出版社 2004 年版，第 28 页。

产的‘逻辑’,而在风险社会中,这种关系就颠倒了过来。”[1]然而,风险社会并不排斥阶级社会的存在,二者在很大范围内存在重叠。“风险分配的历史表明,像财富一样,风险是附着在阶级模式上的,只不过是以颠倒的方式:财富在上层聚焦,而风险在下层聚焦。”[2]不过,阶级社会和风险社会在价值体系的表现形态上存在差异:前者追求的价值是公平,即每个人都应该分配到蛋糕;而后者追求的价值是安全,即每个人都应该免受毒害。从阶级社会发展到风险社会,是一个从需求型团结到焦虑促动型团结的演变过程。“阶级社会的驱动力可以概括为这样一句话:我饿!另一方面,风险社会的驱动力则可以表达为:我害怕!焦虑的共同性代替了需求的共同性。”[3]

二、新冠疫情:风险社会的再次印证

贝克关于风险社会的阐述虽然不乏过度渲染、不尽严谨之处,但整体来看,其观察是相当敏锐的,所提出的观点是极富洞见的,所进行的批判也是一针见血、相当深刻的。例如,关于“生活在现代社会就是生活在文明的火山上”这一命题,虽然不少学者难以苟同,但近数十年的社会发展,却一再印证了对其质疑是不经一驳的。地震、飓风、热浪、洪涝、蝗灾、瘦肉精、苏丹红、禽流感、疯牛病、SARS 病毒、核泄漏、金融危机、恐怖主义……这些社会风险频频暴发,此伏彼起,周而复始,几年一个轮回,不断地刺激公众的神经,不断地挑战公众的耐受极限。尤其是进入全球化发展时期以来,社会风险更是跨越民族国家的疆界而成为全球性问题,给人类的社会生活带来了极大的变动性。在应对诸如全球气候变暖、极端主义与恐怖主义、核试验与核扩散、贸易

---

① [德]乌尔里希·贝克:《风险社会》,何博闻译,译林出版社 2004 年版,第 6 ~ 7 页。
② [德]乌尔里希·贝克:《风险社会》,何博闻译,译林出版社 2004 年版,第 36 页。
③ [德]乌尔里希·贝克:《风险社会》,何博闻译,译林出版社 2004 年版,第 57 页。

保护主义与反全球化等风险之际,没有一个国家或地区可以独善其身。

2019 年年末、2020 年年初暴发的一场疫情,是风险社会的"完美样本"。它再一次警示世人:我们生活的社会是一个风险社会。这场疫情给全球的政治、经济、贸易、教育、科研、体育、生活等方面的秩序造成了前所未有的冲击和破坏,且迄今为止仍处于持续的侵害过程之中。为了抵抗这场疫情,各国不断加大管控措施。

这场疫情持续时间之长,影响范围之广,造成危害之重,令人扼腕。一方面,这场疫情给各国人民的生命、健康权益造成了严重损害。据约翰斯·霍普金斯大学公布的数据,截至 2022 年 12 月 31 日,全球新冠确诊病例 660, 392, 384 人,死亡病例 6, 690, 131 人。其中,美国确诊病例 100, 749, 731 人,死亡病例 1, 092, 674 人。另一方面,这场疫情也给全球的经济利益和公平发展造成严重损失。受疫情影响,餐馆、交通、旅游、教育、制造、贸易、医疗、文化、娱乐等各个行业均遭受重创,业务呈断崖式下降。世界经济论坛发布的 2021 年度全球风险报告指出,疫情不仅夺去了数百万人的生命,还加剧了各国和地区之间的分化,在未来 3 ~ 5 年将阻碍全球经济发展,在未来 5 ~ 10 年将加剧地缘政治紧张局势。

吊诡的是,给人类带来如此浩劫的元凶竟然是一粒体积极其微小的病毒。它整体尺寸只有 30 ~ 80nm,如果要清晰地观察其形态,必须借助专业的电子显微镜,放大 10 万 ~ 15 万倍才能做到。如此渺小的病毒,却集不确定性、不可靠性和不安全性于一体,堪称病毒世界的"毒王"。一方面,它的传染性极强。"毒性弱则传播性强",虽然新型冠状病毒的致死率没有 SARS 病毒高,但其传染率却是前者的 100 ~ 1000 倍。正是因为它毒性不强,所以早期根本无法识别。患者症状较轻却传染性极强,以致很多无症状患者将病毒传染给他人。另一方面,它极易发生变异。新型冠状病毒作为一种 RNA 病毒,比 DNA 病毒更不稳定,更容易发生变异,从而繁衍出新的亚型。

病毒亘古有之,但病毒引发的全球恐慌是一种现代性的现象。新冠疫情大暴发及其各种应对乱象,再一次表明:我们生活在一个“除了冒险别无选择的社会”①。

第二节　风险社会的风险界定

风险,是风险社会理论的核心概念,也是一个颇具争议的概念。社会学家尼克拉斯·卢曼指出:“人们一旦试图界定风险这个概念,便立刻陷入了迷惑之中,并获得了一个印象:视线连自身的保险杠都没法越出。甚至相关文献连一次都没有恰当地理解这个问题。”②尽管如此,明确这一概念的历史演变、语义范围、本质内涵、基本特征等,却是精准理解风险社会理论的必要前提。

一、风险概念的语义学溯源

(一)社会学风险概念的产生

自从人类文明诞生,风险现象便相伴而生,其表征之一是在各个民族的语言中,均出现了指称风险的词汇。在古代汉语中,虽然没有“风险”这一专门词汇,却有“凶”“险”“劫”“坎”等近似的字词。在现代汉语中,“风险”是一个合成词,指一种不能确定的危险。根据《现代汉语词典》的解释,风险是指“可能发生的危险”③。因此,对于“风险”一词最基本的含义,可以理解为“可能发生的危险”。不过,这一

① Niklas Luhmann, Soziologie des Risikos, de Gruyter, Aufl. 1991, S. 218.

② [德]尼克拉斯·卢曼:《风险社会学》,孙一洲译,广西人民出版社2020年版,第21页。

③ 中国社会科学院语言研究所词典编辑室编:《现代汉语词典》(第7版),商务印书馆2016年版,第391页。

语义学分析是一个相对简单的定义，与社会学者所理解的风险概念存在很大区别。

现代意义上的“风险”概念发源于西方国家，当今欧美各国的语源学辞典广泛收录了“风险”(risk)这一词条。不过，关于该词的词源却存在分歧：有的认为“risqe”这个词最早出现在1319年的意大利文献资料中；有的认为“risqe”这个词出现在几乎同一时期的西班牙语中。[①] 从词语上考察，“风险”的希腊语词根为“riza”，兼具“根”(确定性)和“悬崖”(非稳定性)的双重含义。尽管存在上述分歧，但学界普遍认为：风险概念的源起背景可以追溯至近代欧洲地中海沿岸频繁的商业贸易活动时，创制风险这一概念旨在描述商船在运输货物过程中可能遭遇的搁浅、触礁、碰撞、火灾或飓风等海难事故。对此，卢曼指出，“风险”的词源已然不可考，但这个词被印刷出来，似乎最先见于意大利与西班牙，而其重要的应用领域是航海与贸易。[②] 这一论断应是基本符合史实的。众所周知，意大利和西班牙都属于地中海沿岸国家，14世纪时地中海地区的海上贸易相当发达，商船往来频繁，但由于当时的航海技术和气象预测技术相对落后，商船在海上航行极易遭遇搁浅、触礁、碰撞、火灾或飓风等海难危险。于是作为一种认知自觉，风险概念就被创造出来，并催生了保险制度的产生。自此，风险概念开始具有现代含义，它不再仅是一个描述性的事实概念，而且是一个面向未来可能性的建构概念，属于社会历史的范畴。“风险概念表明人们创造了一种文明，以便使自己的决定将会造成的不可预见的后果具备可预见性，从而控制不可控制的事情，通过有意采取的预防性行

---

① See Piet Strydom, *Risk, Environment and Society: Ongoing Debates, Current Issues, and Future Prospects*, Open University Press, 2002, p. 75.

② 参见[德]尼克拉斯·卢曼：《风险社会学》，孙一洲译，广西人民出版社2020年版，第24页。

动以及相应的制度化的措施战胜种种副作用。”[①]风险概念体现了人类能动规避不确定性风险所作出的努力，彰显了人类勇于面对未来、积极趋利避害的一种冒险精神。它彰显了人类自主认知世界、主动改造世界的一种主体意识，这恰巧蕴含了马克斯·韦伯（Max Weber）所描述的一种资本主义精神，以及当代社会学家所剖析的该类现代性精神要素。[②] 随着资本主义在世界范围的蔓延和扩张，风险概念也先后进入不同国家的话语体系之中。

（二）社会学风险概念与相关概念的辨析

社会学中的风险概念是有其独特含义的，特别需要厘清其与相关概念的区别。在社会学家看来，风险不同于危险（danger）。从语义学来看，风险是指“可能发生的危险”，而危险是指“有遭到损害或失败的可能性”。[③] 如此一来，二者的内涵相同，并不存在区分的可能性。对此，风险社会理论的反对者质疑：“难道风险不是同工业社会至少一样久远，甚至可能与人类自己一样久远吗？难道所有的生命不是都从属于死亡的风险吗？难道所有时代的所有社会是或者曾经是‘风险社会’吗？”[④]为彻底明确二者的界限，贝克对风险概念赋予了全新的定义：“风险概念是一个很现代的概念，是个指明自然终结和传统终结的概念。”[⑤]在贝克看来，危险是自然界可能发生的危害，而风险是人为决策可能导致的危害，因而前者是可被感知的，后者则是不可被感知

---

① ［德］乌尔里希·贝克、［德］约翰内斯·威尔姆斯：《自由与资本主义——与著名社会学家乌尔里希·贝克对话》，路国林译，浙江人民出版社2001年版，第118页。

② 参见刘岩：《风险社会理论新探》，中国社会科学出版社2008年版，第14页。

③ 中国社会科学院语言研究所词典编辑室编：《现代汉语词典》（第7版），商务印书馆2016年版，第391、1357页。

④ ［德］乌尔里希·贝克：《世界风险社会》，吴英姿、孙淑敏译，南京大学出版社2004年版，第65页。

⑤ ［德］乌尔里希·贝克、［德］约翰内斯·威尔姆斯：《自由与资本主义——与著名社会学家乌尔里希·贝克对话》，路国林译，浙江人民出版社2001年版，第119页。

的。风险“一般是不被感知的,并且只出现在物理和化学的方程式中(比如食物中的毒素和核威胁)”①。“风险,与早期的危险相对,是与现代化的威胁力量以及现代化引致的怀疑的全球化相关的一些后果。”②为了使风险概念更具象化,贝克将其内容归纳为以下八个方面:(1)既不是毁灭也不是信任/安全,而是“真实的虚拟”;(2)是有威胁的未来,(始终)与事实相反,成为影响当前行为的一个参数;(3)既是对事实也是对评价的陈述,它在“数字化的道德”中结合起来;(4)控制或缺乏控制,就像在“人为的不稳定”中表现出的那样;(5)认识(再认识)的冲突中表现出来的知识或不知;(6)由于风险的“全球性”而使全球和本土同时重组;(7)知识、潜在冲突和症候之间的差别;(8)一个人为混合的世界,失去了自然与文化之间的二元性。③

吉登斯也认为,风险与危险密切相关但又不尽相同,二者的区别在于主体是否会对各选项有意识地权衡利弊。“准确地说,风险意味着危险(但并不一定已经意识到了这种危险)。当某人冒风险做某一件事时,在这里,危险被看成对预期结果的一种威胁。”④根据他的界定,风险是主体意识到的危害,而危险是主体没有意识到的危害。卢曼则从二阶观察的角度,即根据不同观察者在考虑同一事物时掌握的完全不同的信息,来区分风险与危险。他认为,区别的前提是假设存在与未来有关的不确定性,“可能的损失被视为决定的后果,也就是归因于决定”,即风险;“可能的损失被视为外部的推动,也就是归因于环境”,则为危险。⑤ 按照他的划分,风险只能来自主体的个人决定行

① [德]乌尔里希·贝克:《风险社会》,何博闻译,译林出版社 2004 年版,第 18 页。

② [德]乌尔里希·贝克:《风险社会》,何博闻译,译林出版社 2004 年版,第 19 页。

③ 参见[德]乌尔里希·贝克:《风险社会再思考》,郗卫东编译,载《马克思主义与现实》2002 年第 4 期。

④ [英]安东尼·吉登斯:《现代性的后果》,田禾译,译林出版社 2011 年版,第 30~31 页。

⑤ 参见[德]尼克拉斯·卢曼:《风险社会学》,孙一洲译,广西人民出版社 2020 年版,第 42 页。

为,自然环境以及主体之外的其他人的行为只能产生危险,而不可能产生风险。这就极大地限缩了风险的范围。尽管如此,他的风险概念仍然是以"人为性"(主体性)为基本内核的。综上所述,尽管上述学者对于风险的概念的界定标准不尽一致,但共同的元素是相同的,即风险一定是人为的,而危险是非人为(环境)的。

社会学中的风险概念和其他学科的风险概念也存在较大区别。在哲学中,风险是指人的一种生存状态:只要有人的存在就有人类活动,只要有人类活动就会产生风险;风险性是人类活动的本质特征。在管理学中,风险是指在特定环境下和特定期限内客观存在的、影响企业实现目标的各种不确定的情形。发生这些情形的概率及其波及程度均是无法事先预料的,但这些情形对企业的运营活动会产生影响,从而进一步动摇企业目标的达成信念。在保险学、统计学中,风险被界定为某种状态引起的损害或毁坏的概率,其算法公式为:风险(R)=伤害的程度(H)×发生的可能性(P)。经济学家富兰克·H.奈特(Frank Knight)通过引入概率值这一中介变量,提出了著名的"不确定性和风险的二分法":如果一个市场参与者所面临的随机状态可以用某种具体的概率值表示可能产生的结果,这种随机状态就是风险;相反,如果一个市场参与者所面临的随机状态至少在目前的条件下还不能用某种具体的概率值来表示可能产生的结果,这种随机状态就是不确定性。[①] 在他看来,在一定程度上可以计算风险的盖然性或者概率从而进行预测,而不确定性是指完全无法计算和预测的事态。[②] 换言之,"风险就是不能确定地知道,但能够预测到的事件状态;而不确定性是不能确定地知道,也不能预测到的事件状态"[③]。申言之,风

① 参见[美]富兰克·H.奈特:《风险、不确定性和利润》,王宇、王文玉译,中国人民大学出版社2005年版,第164~167页。

② 参见[英]珍妮·斯蒂尔:《风险与法律理论》,韩永强译,中国政法大学出版社2012年版,序言,第1页。

③ 陈禹主编:《信息经济学教程》,清华大学出版社1998年版,第16页。

险也属于某种不确定性，只是风险是一种对未然状态已然掌握了某种确定性（概率性预测知识）的不确定性。社会学的风险，则是指主体对未来危险的认知，体现主体与所处环境之间的互动关系。

综上可见，社会学的风险概念与其他学科的风险概念的区别主要在于以下两点：第一，前者是宏观的、文化的、群体的概念，认为风险是属于全人类的，每个人都参与其中，是由高技术以及决策的累积效应引发的；后者是微观的、理性的、个体的概念，认为风险是个体决策选择的结果。第二，前者是相对中性的概念，通常指向正面效益和负面效益的双重可能性；后者是贬义的概念，强调行为的负面效益，以警示危机、事故等具有毁灭性的负面后果发生的可能性。

二、风险社会的风险之特质

（一）社会风险的共同特征

作为一种普遍的社会现象，风险存在于人类社会任何一种文明形态之中。通常认为，风险具有以下基本特征：一是风险的属人性。风险与人类的目的以及利益具有关联性，只有对人类的生存、需求和目的形成胁迫的事物或现象才能被称为风险。二是风险的实践性。任何风险总是实践过程中的风险，与人类的实践活动相联系。三是风险的历史性。人类生活的拓展、活动范围的扩张导致风险的历史流变，体现为风险的规模扩大化、程度深入化、类型多元化、对策繁杂化。四是风险的潜在性。风险是一种具有威胁性的未来，是一种尚未成为现实的危害。五是客观性。风险虽然是一种危害的趋势，但这种发展趋势是事物本身所固有的，而绝非主观任意的想象。①

---

① 参见庄友刚：《跨越风险社会：风险社会的历史唯物主义研究》，人民出版社 2008 年版，第 31～33 页。

另有学者认为,社会风险具有以下基本特征:一是风险的客观性。风险的存在与否并不以人们主观的判断为依据,也不受制于人们的感觉。二是风险的主体性。风险是对人这个主体活动的确认,包括风险的主体人为性、风险不被主体所感知、风险带有主体意识色彩以及风险的主体可接受性。三是风险的历史性。在人类不同的历史阶段,风险的表现形态与社会生产力的发展、科技的进步一起呈现出历史性变迁的趋势。伴随人类生活与实践活动的日趋加深,风险在规模、程度、类型与对策方法等层面皆产生了深远巨大的变革。四是风险的多维性。在现代社会,各个不同利益集团或主体为了保护自己而站在各自的立场上定义风险,从而使风险定义呈现出多维性特征。①

(二)风险社会风险的特质

如果说任何一种文明社会的风险都具有上述特征,那么风险社会风险的特质体现在哪里呢?对此,贝克在不同的著作中均有涉及,但具体归纳的特质又不尽相同。如在《风险社会》一书中,他将风险社会风险的特质归纳为:难以感知性、人为性和全球性。② 在《风险社会政治学》一文中,他将风险社会风险的特质概括为:人为性和无人负责性。③ 在《从工业社会到风险社会(上篇)——关于人类生存、社会结构和生态启蒙等问题的思考》一文中,他将现代社会风险的特征提炼为:人为性、难以计算性、无人负责性。④ 虽然存在具体划分上的差异,但"人为性"始终是不可或缺的特质。因此,本书认为,风险社会风险的特质,是风险的实践性(人为性),这也是其与传统社会风险相区别

---

① 参见杨海:《风险社会:批判与超越》,人民出版社2017年版,第35~43页。

② 参见[德]乌尔里希·贝克:《风险社会》,何博闻译,译林出版社2004年版,第15页。

③ 参见[德]乌尔里希·贝克:《风险社会政治学》,刘宁宁、沈天霄编译,载《马克思主义与现实》2005年第3期。

④ 参见[德]乌尔里希·贝克:《从工业社会到风险社会(上篇)——关于人类生存、社会结构和生态启蒙等问题的思考》,载《马克思主义与现实》2003年第3期。

的根本所在。

如上所述,如果说实践性是人类不同文明社会风险的共同特征,那么又如何解释它是社会风险区别于传统社会风险的特质呢?这就要从社会风险构成说起。根据风险的引发因素的不同,任何人类社会的风险,大体上都可以划分为两类:一类是自然风险,另一类是人为风险。前者为外部风险,主要来自自然界;后者为内部风险,主要来自人类自身。在游牧社会,人类主要依靠采集和狩猎为生,生产力水平极其低下,大自然中充满令人恐惧的力量。凶猛的野兽、蔓延的山火、肆虐的洪水、频发的地震……面对强大的自然界力量,人类感受到了自身的渺小,认为自己的命运完全受制于大自然的支配。这是自然力对人类控制最强的时期。“……自然界起初是作为一种完全异己的、有无限威力的和不可制服的力量与人类对立,人们同它的关系完全像动物同它的关系一样,人们就像牲畜一样服从它的权力。因而,这是对自然界的一种纯粹动物式的意识。”①为躲避不确定的自然风险,人类社会产生了各种各样的动物崇拜和图腾崇拜,祈求神秘的大自然不降灾降难。进入农耕时代后,人类发明了青铜器和铁器,生产力水平大幅提高。人类建造房屋、圈养动物、种植庄稼、灌溉耕地,开启了“人化自然”的历史。在人类改造自然的同时,也开始出现一些局部的人为风险。但总体上看,这一时期,人类面临的绝大部分风险仍然是外部性的自然风险,规避风险的手段仍然是传统的社会经验。进入工业社会,伴随科技革命,人类改造自然、征服自然的能力空前提高,社会物质财富极大丰富。然而,工业文明的迅猛发展,也带来了日益严峻的环境污染和生态危机等全球性问题。当今社会中的任何一种风险(诸如核风险、基因风险、生化风险、金融风险、恐怖主义等)的现实化,都将给人类社会带来极其严重的、难以修复的损害后果。

然而,也有学者认为,“社会与它所在的自然系统是相通的,对自

① 《马克思恩格斯选集》(第1卷),人民出版社1995年版,第81~82页。

然系统的威胁往往又来自人类活动”①。按此观点，既然自然系统中含有人类活动，社会系统中含有自然运动，自然风险和人为风险的划分就是不可能的。另有学者虽然并不否认这一划分，但又认为，自然和人为之间的区分，其有用性是有限的。这一分类法仅仅是有目的性地划分了不同类型的危机，因而并不实用。这一点已被数量上不成比例的人为危机所证实，“绝大部分分析者对当今几乎没有灾难是完全‘自然’的意见是一致的”②。本书认为，上述论断过于绝对，值得进一步商榷。自然风险和人为风险的区分，是一种相对主义认识观的结论。确实，在人类社会，任何风险都难以绝对排除人为的因素，就此而言，纯粹的、没有人为因素的自然风险几乎是不存在的。“随着现代性的不断生成，人对自然的深度进入逐渐导致‘自然的终结’，纯粹脱离人的主体性实践而形成的自然风险几乎不存在，绝大多数自然风险实际上都可以归入人造风险，或者将自然风险称为生态风险。”③但是，从历史演进的角度考察，不同文明社会的人类行为对自然界的影响力及其风险形成的原因力是存在大小之分的。在前工业社会，人类对自然的改造能力和影响能力是微乎其微的；在工业社会，人类的影响力开始逐渐增大和不断彰显；在后工业社会，人类的影响力则达到前所未有的高度并持续增大。在农业社会和古典工业社会，社会风险的构成主要是自然风险，自然风险的引发因素主要是自然的力量；在后工业社会，社会风险的构成既有自然风险，更有人为风险，而且自然风险中人类的外部干预因素所占的比重逐步增大，甚至导致有的自然风险开始转变为人为风险。具体而言，当今社会的风险主要有三种表现：一是主要由自然力量引发的风险，如地震、海啸、洪涝、火山喷发等；二

---

① [美]珍妮·X. 卡斯帕森、[美]罗杰·E. 卡斯帕森编著：《风险的社会视野（上）：公众、风险沟通及风险的社会放大》，童蕴芝译，中国劳动社会保障出版社 2010 年版，第 10 页。

② 参见[荷]乌里尔·罗森塔尔、[美]迈克尔·查尔斯、[荷]保罗·特哈特编：《应对危机——灾难、暴乱和恐怖行为管理》，赵凤萍译，河南人民出版社 2014 年版，第 438 页。

③ 潘斌：《风险社会形上阐释》，上海人民出版社 2018 年版，第 166 页。

是人类为改善生活生产条件，造成自然环境破坏，从而加剧自然界本身所具有的风险，如沙尘暴、赤潮、雾霾、温室效应等；三是人类因预防和控制风险、采取各种决策和行动而带来的进一步风险，如转基因食品、瘦肉精、人类基因编辑等。第一种风险亦存在于前工业社会中；第二种风险亦然，但所占比重相当小；第三种风险则为后工业社会所独有。“技术因素而导致的时间/空间距离的消失并没有使人类状况向单一化发展，反而使之趋向两极分化。”①因此，从相对主义的角度出发，完全可以认为，在风险构成上，前工业社会是自然风险占绝对比重的社会，后工业社会则是人为风险占绝对比重的社会。在风险总量上，前工业社会的风险来源单一，因而总量是有限、可控的；后工业社会的风险来源多元，因而总量是无限、不可控的。究其原因，在于当今社会存在大量的“被制造出来的风险”。正如吉登斯所言，很长一段时期，风险主要被理解为无法抵御的自然力量或近似于自然力量的人类外部干预活动所导致的后果——“外部风险”，是源自外部的、由传统或者自然的非变动性和稳固性所引发的风险；而现今对风险的认识蕴含了这样一种意志：人们为了缓和风险而使用各类技术对自然进行干预和通过各项政策或经济活动对社会进行干涉，或许会引发无法预料的和更难以掌控的风险——“人为风险”或“被制造出来的风险”。②

综上所述，与前工业社会的自然风险（外在风险）相比，风险社会的风险的最大特质在于风险的人为性（内部风险）。贝克指出，诸如有关人类基因的讨论、环境灾难、亚洲经济危机、切尔诺贝利核事故及当前的恐怖主义袭击之类的事件和威胁的共同特性在于，“我们通过使用某些技术而不知不觉地将这个世界推向了危险的境地，而人类语言

---

① [英]齐格蒙特·鲍曼：《全球化：人类的后果》，郭国良、徐建华译，商务印书馆 2013 年版，第 17 页。

② 参见[英]安东尼·吉登斯：《失控的世界》，周红云译，江西人民出版社 2001 年版，第 22 页。

在面临告知未来多少代人有关某处有危险这一任务时却显得无能为力了"[①]。可见,人为性是现代风险与传统风险相区别的最重要特征。至于风险的难以感知性、不可计算性、全球性、无人负责性等,均是人为性的衍生特征。

第三节 风险社会的风险应对

风险社会是现代性发展的自然结果。面对人类这一宿命,以贝克等为代表的风险理论家深入反思、批判现代性运动,分析、揭示风险社会的风险生成机制,并提出相应的预防、消解、控制风险的解决方案。

一、风险社会的风险生成

(一)风险社会的风险生成背景

风险作为当代社会理论的关键词,存在于现代性语境之中。贝克指出,"所谓'现代性',指的是西方的生活方式的结构以及社会组成模式、文化形态特点"[②]。现代性,不仅是指资本主义、工业化、功能分化,还包括政治自由、市民身份以及市民社会的动力。以资本主义和机器化生产为特征的工业革命具有二律背反性:一方面,它极大地提高了社会生产力,创造了大量的社会物质财富,给人类社会带来巨大的福祉。"资产阶级在它的不到一百年的阶级统治中所创造的生产力,比过去一切世代创造的全部生产力还要多,还要大。自然力的征

① [德]乌尔里希·贝克:《"9·11"事件后的全球风险社会》,王武龙编译,载《马克思主义与现实》2004年第2期。

② 参见[德]乌尔里希·贝克:《风险社会》,何博闻译,译林出版社2004年版,第39页。

服，机器的采用，化学在工业和农业中的应用，轮船的行驶，铁路的通行，电报的使用，整个大陆的开垦，河川的通航，仿佛用法术从地下呼唤出来的大量人口——过去哪一个世纪料想到在社会劳动里蕴藏有这样的生产力呢？"[①]另一方面，它也提高了人类制造风险的能力，加剧了人类破坏自然的程度，带来各种消极的社会后果。高歌猛进的城市化、工业化和现代化运动，制造了大量的复杂的生态问题和社会矛盾，从而使社会深陷不稳定的风险窘境。

20世纪中叶以来，伴随现代社会的急剧变迁，特别是全球化运动以来，风险问题愈益凸显并成为社会各界的关注对象和争论议题。"全球化首先是对人类共同命运的意识，世界所有国家和民族已经被纳入一个休戚与共、相互依存的'风险共同体'。面对文明的危险和风险，没有一个国家能够置之度外，独善其身，所有人都坐在同一条船上。"[②]对风险问题的讨论强化了人类的风险意识，人类风险意识的强化反过来又促进了对风险问题的讨论。在激烈的交锋过程中，社会不同阶层的群体均从各自的立场和视角表达了对风险问题的观点。尽管争议各方观点相异，依据不同，但都认为核能、环境污染、生物技术等是一种风险。随着讨论议题的不断扩大，风险问题早已不再局限于技术专家所关注的风险计算的狭隘视域，而是发展为对风险问题全方位、立体式的分析和探讨。这一关于风险问题的争论过程，也是风险问题研究范式的转换过程。根据学者的总结，风险研究争论的历程，大致历经了以下四个阶段：第一阶段主要关注于核能安全和风险评估的探讨；第二阶段转至风险的比较和社会承受力问题；第三阶段聚焦于对科技风险的剖析以及从心理学层面对风险的感知机制的分析；第

① 《马克思恩格斯选集》（第1卷），人民出版社1995年版，第256页。

② ［德］乌尔里希·贝克、［德］约翰内斯·威尔姆斯：《自由与资本主义——与著名社会学家乌尔里希·贝克对话》，路国林译，浙江人民出版社2001年版，第104页。

四阶段侧重于对风险的跨学科解析以及对风险的社会转型阐释。[①] 这些议题无一不是现代化发展过程中的问题。“风险社会不是政治争论中的可以选择或者拒斥的选项。它出现在对其自身的影响和威胁视而不见、充耳不闻的自主性现代化过程的延续性中。后者暗中累积并产生威胁,对现代社会的根基产生异议并最终破坏现代社会的根基。”[②]

以贝克为代表的风险理论家也是在现代化情境下,确切地说,是以“反思现代化”为主轴界定风险概念的。贝克指出:“风险是个指明自然终结和传统终结的概念。或者换句话说,在自然和传统失去它们的无限效力并依赖于人的决定的地方,才谈得上风险。”[③]这里的“终结”,实质上是一种结构性的断裂,是一种全新的社会体制及其结构取代第一次简单现代化后的社会体制及其结构,而造成这种断裂的原因是现代化过程所伴生的副产品——“风险”。吉登斯亦认同这一观点,并使用“脱域”这一概念来指称这种断裂:“所有脱域机制都使具体的个人和团体失去对事物的控制。”[④]与后现代主义者一样,贝克也赞同这样的论断,“当下的时代构成了一个新奇的历史阶段和一种崭新的社会文化形式,需要用新的概念和理论去阐述”[⑤]。但是,贝克没有像后现代主义者一样使用“后现代性”的概念,而是以“第二现代性”概念予以替换。他将现代性分为第一现代性与第二现代性:前者是以民族国家为根源的现代性,以地域为特性,集体的生活形式、发展和制约

---

① See Piet Strydom, *Risk, Environment and Society: Ongoing Debates, Current Issues, and Future Prospects*, Open University Press, 2002, p. 11 – 13.

② [德]乌尔里希·贝克、[英]安东尼·吉登斯、[英]斯科特·拉什:《自反性现代化:现代社会秩序中的政治、传统与美学》,赵文书译,商务印书馆 2014 年版,第 10 页。

③ [德]乌尔里希·贝克、[德]约翰内斯·威尔姆斯:《自由与资本主义——与著名社会学家乌尔里希·贝克对话》,路国林译,浙江人民出版社 2001 年版,第 119 页。

④ [英]安东尼·吉登斯:《现代性的后果》,田禾译,译林出版社 2011 年版,第 111 页。

⑤ [美]道格拉斯·凯尔纳、[美]斯蒂文·贝斯特:《后现代理论:批判性的质疑》,张志斌译,中央编译出版社 1999 年版,第 4 页。

能力、完全就业和对自然的开拓均是其表征；后者是超越民族国家疆域的现代性，全球化、个体化、不完全就业、性别革命和全球风险等是其表征。第一现代性与工业社会相对应；第二现代性则与风险社会相对应。

（二）风险社会的风险生成逻辑

现代化发展所带来的生态危机、社会异化等负面效应，引起了社会思想家的极大关注。具有代表性的主要有新世界观的熵理论、法兰克福学派的社会异化理论、罗马俱乐部的生存危机论以及后现代主义的现代性危机理论。[①] 以贝克、吉登斯等为代表的风险社会理论学家在与后现代主义者对话、交锋的过程中，共同提出了"自反性现代化"（reflexive modernity）的概念，以揭示风险社会的风险之生成逻辑。所谓自反性现代化，是指现代化运动过程中出现的、超出理性设计的各种危机与风险。这种意料之外的结果根植于现代化的结构窘境，即现代化内部包含反对自身、排斥自身和跨越自身的否定性力量。换言之，"现代性内蕴的自反性运动造成了风险社会的生成与凸显，风险社会就是现代性转型的后果"[②]。"自反性现代化"这个概念，首先是指自反（self-refutation），即自我对抗（self-confrontation）、自我否定、自我排斥；其次是指反思（reflection），即克服各种非理性因素，以追求自知和确定性。自反性现代化具有结构二重性，自反的力量内在于反思之中，反思的目标则是实现自反的结果。[③] 自反性，蕴含着实践、人、制度、价值目标等在社会体系内一种自我反驳、自我反对、自我反叛的

① 参见刘岩：《风险社会理论新探》，中国社会科学出版社2008年版，第25～37页。

② 潘斌：《风险社会形上阐释》，上海人民出版社2018年版，第195页。

③ 需要注意的是，贝克与吉登斯对"自反性现代化"的理解存在细微的差别：前者强调的是"自反"，侧重于"不知"和"意外后果"，即自我对抗和自我破坏；后者强调的是"反思"，侧重于"行动的反身性监控"和"制度性反身性"，即获取某种确定性知识的理性。参见肖瑛：《反思与自反：反身性视野下的社会学与风险社会》，商务印书馆2020年版，第25～26页。

推演。

有学者指出，“无论是在吉登斯还是贝克的思想中，都充满一种反思与自反的张力关系，一种对现代性的浓郁的悲观主义情调”①。现代社会是一个自反性社会，它本身既是结果又是问题。一方面，风险社会的形成是工业现代化发展断裂的结果。现代化的发展路径，经历了从第一现代化向第二现代化的转型。第一现代化，以工业革命为标志，破除了对传统和权威的迷信，发动了一场启蒙主义的祛魅运动，极大地解放了社会生产力，创造了丰厚的社会物质财富，因此也被称为工业现代化。第二现代化，发端于对现代性的消极后果的反省，将现代性的风险作为研究目标，将对主体性精神和知识理性的批判作为思索要点，主张进行生态启蒙，构建可持续发展的责任理论，因此也被称为“现代化的现代化”。从工业现代化到自反性现代化的转型，驱动力源于现代性自身，即现代性内在的必然的结构性悖论引发了现代性的困窘境地，导致的结果是社会的高风险化，风险社会就标志着现代性的转型。② 这一现代性的悖论，就是高度技术化与高度风险性并存、高度确定性与高度不确定性同在。另一方面，风险社会的概念，是理论自觉的结果。风险社会的概念、自反性现代化观点自身，就蕴含了对社会的反思性考察。“风险社会从本质上表明自己是一个自我批评的社会，不仅针对个别情况进行批评，而且还在原则上进行批评。”③

循着自反性现代化的理路，风险社会中的风险概念，既是实在论的，也是建构论的。实在论认为，风险是客观存在的实体，是全球化时代普遍存在的确真事实。具体要点有三点：第一，风险的存在并不取决于人类的喜好。吉登斯指出：“不管我们喜欢与否，有一些风险是我们大

---

① 肖瑛：《反思与自反：反身性视野下的社会学与风险社会》，商务印书馆 2020 年版，第 391 页。

② 参见潘斌：《风险社会形上阐释》，上海人民出版社 2018 年版，第 194 ~ 195 页。

③ ［德］乌尔里希·贝克、［德］约翰内斯·威尔姆斯：《自由与资本主义——与著名社会学家乌尔里希·贝克对话》，路国林译，浙江人民出版社 2001 年版，第 161 页。

家都必须面对的，诸如生态灾变、核战争，等等。”[①]第二，风险的存在并不取决于人类的态度。沃特·阿赫特贝格（Wouter Achterberg）认为：“风险社会不是一种可以选择或拒绝的选择。它产生于不考虑其后果的自发性现代化的势不可当的运动中。”[②]第三，风险的存在是全球性的。在关于风险社会全球性的争辩中，贝克澄清，风险社会理论并不认为存在德国甚至巴伐利亚中心主义。“如果真是这样，是不是就意味着英国，即便是在出现了疯牛病之后，也不是世界风险社会的一部分呢？”[③]相反，建构论认为，风险只是主体的一种主观判断，是主体对社会事实进行反思性实践的结果。具体要点有三点：第一，风险存在于人类的任何一个历史阶段，因而并不能作为从简单现代化向自反性现代化过渡的标识。拉什认为，风险社会的概念不在于其过于现代了，而在于它还不够现代。在贝克的风险社会中，决定性的制度规范力量尚存，反传统还不够全面，而这只有通过风险文化取代风险社会才能实现。[④] 第二，风险的增多并非一种“确真”，而只是被关注多了而已。道格拉斯和阿伦·威尔达夫斯基（Aaron Wildavsky）在《风险与文化》一书中反复强调，在当代社会，实际上风险并没有增多也没有加剧，相反，仅仅是被察觉、被意识到的风险增多和加剧了。[⑤] 第三，风险不是一个实体，只是一种思考的方式，具有很强的人造色彩。斯万·欧维·汉森（Sven Ove Hansson）认为，在当今社会，纵使出现了譬如核电站、有机合成农药、转基因食品、空难等新型风险，但绝症、饥

---

① ［英］安东尼·吉登斯：《现代性的后果》，田禾译，译林出版社 2011 年版，第 29 页。

② ［荷］沃特·阿赫特贝格：《民主、正义与风险社会：生态民主政治的形态与意义》，周战超编译，载《马克思主义与现实》2003 年第 3 期。

③ ［德］乌尔里希·贝克：《风险社会再思考》，郗卫东编译，载《马克思主义与现实》2002 年第 4 期。

④ 参见［英］芭芭拉·亚当、［德］乌尔里希·贝克、［英］约斯特·房·龙：《风险社会及其超越：社会理论的关键议题》，赵延东、马缨译，北京出版社 2005 年版，第 69 页。

⑤ See Mary Douglas & Aaron Wildavsky, *Risk and Culture*: *An Essay on the Selection of Technological and Environmental Dangers*, University of California Press, 1983, p. 1 – 5.

荒、矿难和海难等传统风险却减少了。实际上，从全球富裕地区人口的预期寿命来看，风险总量非但没有增加，反而有所减少。风险表象上的增加，只是人类强化对该方面风险的关注的结果。[①]

无论是实在论还是建构论，都不能合理地阐明现实世界，因此，唯有跳出二者划定的怪圈，采取一种折中主义的分析方法，才是理智的出路。事实上，风险既是客观的存在，也是主观的感受，是主观与客观、事实与价值的有机统一体。"风险部分地是对人们的一种客观的伤害的威胁，部分地是文化和社会经验的一个结果。"[②]一方面，风险的客观性源于实践活动的普遍性。只要存在人类的实践活动，就必定存在风险。无论是作为社会事实的风险，还是作为现代性转向的风险，都是可经验和确证的存在。"风险是在自然中先天存在的并且在原则上是能够通过科学的衡量和计算进行鉴别并运用这些理论进行控制的。"[③]另一方面，风险的主观性源于对风险认知的主体性。对任何风险的认知，都是特定主体对特定事实的评判过程。在这一过程中，主体对风险的感知、识别、选取以及主体的认知能力水准、所采用的评判准据等，都会影响到对风险目标和风险结果的判断，这本质上是一个连续反馈与建构交互的过程。"风险完全是一种社会的、文化的和心理的现象，关于值得担忧的风险的选择、对于风险所作出的判断、有关风险管理的责任分配以及风险处理的应对措施等，不同的个体之间、群体之间和文化之间差别很大。"[④]因此，即便是作为最坚定的制度主义者，贝克的立场也发生了转变，从最初坚持绝对的实在论到最后采取折中主义。"风险是一种现实，但它不是全然本体论意义

---

① 参见[瑞典]斯万·欧维·汉森：《知识社会中的不确定性》，刘北成译，载《国际社会科学杂志(中文版)》2003年第1期。

② [英]尼克·皮金、[美]罗杰·E. 卡斯帕森、[美]保罗·斯洛维奇编著：《风险的社会放大》，谭宏凯译，中国劳动社会保障出版社2010年版，第36页。

③ [澳]狄波拉·勒普顿：《风险》，雷云飞译，南京大学出版社2016年版，第19页。

④ Richard V. Ericson & Aaron Doyle eds., *Risk and Morality*, University of Toronto Press, 2003, p. 69.

上的，必须有认识论的参与，也就是说人们需要以一种建构主义的思维方式来思考风险。”①

二、风险社会的风险消解

与后现代主义者单纯地停留在批判解构的立场不同，面对现代性内含的重大危机，以贝克、吉登斯、拉什等为代表的社会理论家则坚持一种建构的改良主义立场，并各自提出了风险社会的应对方案。

（一）贝克的“亚政治秩序重建”

对于现代化发展及民族国家的命运，贝克整体上秉持一种悲观主义的心理，他甚至直言自己是一个“乐观的悲观主义者”。② 这一点，从他对“自反性现代化”这一术语的界定中也能隐约窥见一二。他认为，自反性现代化是指“创造性地（自我）毁灭整整一个时代——工业社会时代——的可能性。这种创造性毁灭的‘对象’不是西方现代化的革命，也不是西方现代化的危机，而是西方现代化的胜利结果”③。因此，自反性现代化是“二次现代化”，是工业现代化的成功转型。

正是基于上述立场，贝克在对现代化批判之余，仍然尝试探寻其解决方案。现代性发展到一定阶段，出现了工具理性和价值理性的分裂。韦伯最早发现了这一现代性变异④，贝克在此基础上进一步发现了工具理性内部的分裂：“科学理性”与“社会理性”的分裂。当代社

① 田国秀：《风险社会环境对当代个体生存的双重影响——吉登斯、贝克风险社会理论解读》，载《哲学研究》2007 年第 6 期。

② 参见［德］乌尔里希·贝克、［德］约翰内斯·威尔姆斯：《自由与资本主义——与著名社会学家乌尔里希·贝克对话》，路国林译，浙江人民出版社 2001 年版，第 165 页。

③ ［德］乌尔里希·贝克、［英］安东尼·吉登斯、［英］斯科特·拉什：《自反性现代化：现代社会秩序中的政治、传统与美学》，赵文书译，商务印书馆 2014 年版，第 5 页。

④ 参见［德］马克斯·韦伯：《韦伯作品集（Ⅶ）：社会学的基本概念》，顾忠华译，广西师范大学出版社 2005 年版，第 40～41 页。

会风险是一种结构性风险,是现代性结构变异的增量或副产品。这导致现代风险控制必然陷于一种结构依赖和结构互倚的困境:一方面现代性在不断地分解和改良社会结构,以便更融洽地顺应外力的转变;另一方面新的社会结构又不停地形成新的结构性风险。[①] 这种风险控制的结果,必然导致"有组织的不负责任"。有风险,就有责任;但各类庞杂的公共机构和烦琐的程序设置,反而让原本必须负责的人轻松规避责任。"第一次现代化所提出的用以明确责任和分摊费用的一切方法手段,如今在风险全球化的情况下将导致完全相反的结果,即人们可以向一个又一个主管机构求助并要求它们负责,而这些机构则会为自己开脱,并说'我们与此毫无关系',或者'我们在这个过程中只是一个次要的参与者'。"[②]

既然现代社会风险是一种结构性的制度风险,那么制度重建则是一种必然的选择。为此,贝克提出"亚政治秩序重建"的解决方案。他认为,亚政治区别于政治之处体现在:其一,政治体系和法团主义体系之外的代理人也可以出现在社会设计的舞台上;其二,不仅是社会和集体代理人,个人也可以和后者相互竞争,争夺新兴的政治型塑权。[③] 贝克强烈批判现代社会的政治结构以及专家系统对社会风险控制造成的严重后果,他认为要重构现代性,必须实现组织权力的转移,即将组织权力从政治领域转移到非政治领域。在古典工业社会中,社会的机构和制度是通过中央政治权力结构自上而下构建的;在自反性现代社会中,亚政治秩序的构建则是自下而上的。贝克高喊"再造政治"的口号,倡导构建亚政治秩序,以应对现代社会的风险。他指出:"这样的政治不是培育和恢复旧有敌意,也不从中汲取其权力和强化其手

① 参见刘岩:《风险社会理论新探》,中国社会科学出版社 2008 年版,第 71 页。

② [德]乌尔里希·贝克、[德]约翰内斯·威尔姆斯:《自由与资本主义——与著名社会学家乌尔里希·贝克对话》,路国林译,浙江人民出版社 2001 年版,第 143 页。

③ 参见[德]乌尔里希·贝克、[英]安东尼·吉登斯、[英]斯科特·拉什:《自反性现代化:现代社会秩序中的政治、传统与美学》,赵文书译,商务印书馆 2014 年版,第 29 页。

段，而是设计并创造出新内容、新形式和新联盟。”[①]究其实质，贝克意欲推行的是一种“超民族国家的治理”，这无疑是一场政治复兴运动。

（二）吉登斯的“第三条道路”

与贝克一样，吉登斯也是一个制度建构主义者。但与贝克不同的是，吉登斯的制度建构方案相对比较缓和，其重在对制度的修补和校正，而不是对制度的彻底推翻和再造。

吉登斯认为，当今社会风险实质上是一种制度性风险，人们生活在风险社会当中，其实在相当大的程度上属于生活在现代性制度的消极效应当中。现代性制度“是一台无法控制的巨大的发动机”，对社会系统不断地予以解构——“社会并没有随着技术的提高受到我们的控制，反而似乎是不受我们的控制，成了一个失控的世界”。[②] 具体而言，现代性的四重维度至少引发了以下社会风险：一是工业主义引发了生态危机与环境失衡；二是工业主义与资本主义的结合导致了以寻求利润最大化为主旨的经济增长模式；三是社会监控面临极权主义的风险；四是战争工业化导致了核战争和世界性冲突的风险。其中，全球化是现代性的本质性结果，“它不仅仅只是西方制度向全世界的蔓延，在这种蔓延过程中其他的文化遭到了毁灭性的破坏”[③]。

风险社会是现代性制度自身无法逃避和化解的后果，是一种现代性危机。这一危机的根源，在于信任机制的失效以及共同道德的失序。现代性制度的专家系统，在提供更多的本体性安全的同时，也有其致命缺陷，即“既不能提供个人信任关系中的交互性，也不能提供私

---

① ［德］乌尔里希·贝克、［英］安东尼·吉登斯、［英］斯科特·拉什：《自反性现代化：现代社会秩序中的政治、传统与美学》，赵文书译，商务印书馆2014年版，第48页。

② 参见［英］安东尼·吉登斯：《失控的世界》，周红云译，江西人民出版社2001年版，第3页。

③ ［英］安东尼·吉登斯：《现代性的后果》，田禾译，译林出版社2011年版，第152页。

密性,只有冰冷冷的稳定性”[①]。为此,一方面是要恢复公众对专业知识的信任。“人们常常是带着某种嫉妒的眼光去看待那些据称是由专门知识构筑起来的专业:专门知识恰似某种不对外开放的商店,其内部人员(比如律师或社会学家)所使用的专门术语仿佛是存心修筑起来以阻隔外人进入的厚重高墙。”[②]要破除这道高墙,就要对公众进行科学启蒙,让专业知识接受公众的质疑,并在专家的释疑中获得认同。另一方面是要打造一种生态政治或生活政治。“生态政治是一种损失政治——是自然的损失、传统的损失——但也是恢复政治。”[③]这种生活政治的恢复,同样需要充分的、平等的沟通和对话。他认为,专门知识是相对的,没有人是无所不能的专家,也没有人一窍不通。但无论采用哪种制度去解决问题,结果都会因为采取行动而改变社会,从而又衍生出新的问题。因此,重点是解决问题而不是构建制度。他积极呼吁“第三条道路”,以期跨越“左与右”的制度,探求可以解决新矛盾的新方案。[④] 吉登斯充满激情地憧憬道:“与后现代主义的难题决裂之后,我们可以看到,私人生活中的‘情绪民主’有可能向外延伸为全球性秩序中的‘对话民主’。作为人类整体,我们并非命中注定要遭受难以弥补的零散化,也不会被禁锢在韦伯所设想的铁笼中。”[⑤]

(三)拉什的“风险文化建构”

与贝克、吉登斯等制度建构主义者不同,拉什是一个文化建构主

---

① 杨善华、谢立中主编:《西方社会学理论》(下卷),北京大学出版社2006年版,第109页。

② [英]安东尼·吉登斯:《现代性的后果》,田禾译,译林出版社2011年版,第78页。

③ [英]安东尼·吉登斯:《超越左与右——激进政治的未来》,李惠斌、杨雪冬译,社会科学文献出版社2000年版,第239页。

④ 参见[英]安东尼·吉登斯:《第三条道路:社会民主主义的复兴》,郑戈译,北京大学出版社、生活·读书·新知三联书店2000年版,第27页。

⑤ [德]乌尔里希·贝克、[英]安东尼·吉登斯、[英]斯科特·拉什:《自反性现代化:现代社会秩序中的政治、传统与美学》,赵文书译,商务印书馆2014年版,第134页。

义者。他认为,风险是一种文化建构。有别于贝克和吉登斯的结构性自反性和认知反思性,拉什是从文化、美学的角度来凸显文化反思性和自我自反性的。[①] 无论是实际存在的风险数目的增长,抑或是人类对风险察觉本领的提升,都与人类在一种相对个体化的、不稳定性的生活状态中不停地追寻更高层次的生活品质有关。因此,与其说现代人生活在一个实际存在的风险社会之中,毋宁说是生活在一种连续被建构的风险文化之中。

拉什认为,制度建构主义者将风险固定在一个由制度性的结构所支撑的风险社会之中。[②] 这种理论首先假设在社会中有一个公众关注的难题,并将其确定为社会的焦点;又设想存在一个固定的、规范的、制度性的治理区域,形成一个具有一定等级秩序的纵向垂直结构。但这混淆了事实与判断,因而始终无法给出一个有效的答案。“用技术手段来防范和化解风险、危险和灾难的风险预警与控制机制,又必然会导致另一种我们所不愿意看到的结果,那就是,这种风险预警与控制机制可能会牵扯出新的进一步的风险,可能会导致更大范围更大程度的混乱无序,可能会导致更为迅速更为彻底的瓦解和崩溃。”[③]这充分揭示了风险社会的两难困境:一方面现代社会风险的特殊性在于现代变异所引发的结构性风险;另一方面规避和控制风险又需要通过创设更多的社会结构来实现。这种“以子之矛攻子之盾”的做法,必然导致人类坠入一个怪圈:出于避免某个过错的目的,冒着触犯更大过错的风险,用另一个更大的错误去纠正前一个错误。如此循环反复,导致现代社会的风险和不确定性不断增加,带来更多的负效应。

---

① 参见[德]乌尔里希·贝克、[英]安东尼·吉登斯、[英]斯科特·拉什:《自反性现代化:现代社会秩序中的政治、传统与美学》,赵文书译,商务印书馆2001年版,第140～146页。

② 参见[英]斯科特·拉什:《风险社会与风险文化》,王武龙编译,载《马克思主义与现实》2002年第4期。

③ [英]斯科特·拉什:《风险社会与风险文化》,王武龙编译,载《马克思主义与现实》2002年第4期。

文化建构主义则与此不同,它以风险的主观性为起点,指出现实存在的风险本身并不重要,重要的是谁认识并强化了风险意识,故应从风险意识、风险文化的角度来解释风险现象,通过改变人们的风险意识、生态运动等防范和化解风险。在风险文化时代,人们对风险的判断事实上是一种反思性判断,而不是确定性判断。这是一种主观性判断和审判判断,不能像确定性判断那样进行逻辑法则的推演。"在讨论我们的生存环境和其他有关自然界或人类社会自身之不好的、不利的、有风险的那些方面的问题时,我们不能作出纯客观的判断,我们不能把所讨论的事情或对象纳入某一个既定的规律之中,相反,我们只能对未来的事情作主观的判断。"①风险社会总是与制度联系在一起,风险文化却总是与非制度性和反思性的社会形式相联系。现代社会不是等级有序的垂直结构,而是呈现一种混乱无序的横向结构。因此,风险社会时代下治理社会成员的手段并非依赖技术措施、专业配置、法令条规这些客观性的程序,而应当是依靠高度自主的风险文化意识。风险文化是对风险社会的自省与反思,包含象征意蕴的有关理念与信念。"在风险文化时代,人们更多的不再是通过理性的精确计算和颇具规范性的假定来排除风险,而只是通过具有象征意义的运作方式,特别是通过具有象征性的理念和信念来处理好涉及风险文化的各种问题。"②

风险文化与风险意识具有双重性:风险文化产生风险意识,而风险意识反过来要求规避风险。这个矛盾的本质属于怎样确立"谁应该为风险负责"的问题。风险文化并非从现实风险中去确定风险,而是从风险归因的责任主体立场去认定风险,这本质上是根植于美学意蕴的反省与反思。拉什指出,"我们也许就要向风险社会说再见了,风险

① [英]斯科特·拉什:《风险社会与风险文化》,王武龙编译,载《马克思主义与现实》2002年第4期。

② [英]斯科特·拉什:《风险社会与风险文化》,王武龙编译,载《马克思主义与现实》2002年第4期。

社会的时代终将过去，而且风险社会现在可以说正在走向衰落。在风险社会之后，我们将要迎来的是风险文化的时代"①。在风险文化时代，人类的首要职责是预防和消解包括核风险、生态风险在内的各种危害人类甚至摧毁人类的巨大风险。

上述三种方案，反映了风险社会理论家积极探寻社会风险治理方案的尝试。贝克的"亚政治秩序重建"的方案虽然具有浓烈的乌托邦色彩，但也不乏有启迪之处；吉登斯的"第三条道路"的方案曾经被英国布莱尔政府所采用，取得了一定的成效；拉什"风险文化建构"的方案虽然有陷入纯粹主观主义的风险，但对于辩证地看待风险社会的风险及理性地采取应对措施，却颇有启迪之效。

第四节　风险社会理论的移植

风险社会理论是针对后工业社会的社会现象和社会发展所进行的研究，其所发现的规律及认知能否为刑事立法活动所借鉴，是一个颇具争议的问题。学界对此展开了全方位辩论。尽管尚未取得完全一致的意见，但总体倾向于刑法理论应有限度地移植风险社会理论。

一、学界对风险社会理论引入刑法的批判

风险刑法理论虽然在立法实践中得到一定程度的体现，但在学界远未得到一体肯认。相反，迄今为止，学界仍有相当多的学者对其持怀疑、批判和否定态度。总体而言，这些批判体现在两个层面：一是对风险社会理论移植到刑法领域的批判，这是一种釜底抽薪式的批判；

① 参见[英]斯科特·拉什：《风险社会与风险文化》，王武龙编译，载《马克思主义与现实》2002年第4期。

二是对风险刑法理论建构范式的批判,这是一种单刀直入式的批判。

(一)对风险社会理论移入刑法领域的批判

风险刑法理论的渊源是风险社会理论,后者是建构前者的依据和本源。风险刑法理论的反对者认为,风险社会理论属于社会学的范畴,而刑法理论属于法学的范畴,二者分属不同的学科体系,因而不能简单地将前者移入后者的领域。具体的反对理由如下。

理由之一:风险社会理论和刑法理论的价值取向不同,因而不能移植。风险社会理论的核心是从技术、制度、文化等层面,探寻当前社会走向自反性现代化的根本动因。现代刑法作为实现国家政治统治和维护社会秩序的"刀把子",公民防范司法擅断和保障公民个人自由的"大宪章",以及体现社会正义这一法规范终极价值和目的的"天平"①,其制定和研究的出发点是保障自由。这与风险社会理论并不完全重合,因此对于风险社会理论如何引入刑事立法的研究,不应仅停留在发现两者存在可以对接之处的层面,也应该清醒地认识到两者在研究内容和价值取向上的差异,避免研究得出的结论从一个极端走向另一个极端。

理由之二:风险社会理论的风险并不是刑法理论中的危险,因而二者不存在对接的可能。风险刑法理论的主张者认为,在风险社会中,客观上新型风险数量和影响力的增加,以及公众主观上风险意识的提高和对安全保障需求的增加,都对刑事立法提出了新的要求,这是风险刑法的理论前提。但这一理论前提却受到许多学者的质疑和批判。例如,张明楷教授在对风险社会理论被引入刑法潮流进行系统批判时,指出刑法保护早期化是对刑法自由保障机制的忽视,认为刑法保护早期化正是通过剥夺公民的自由来实现社会的无害化。② 按其

---

① 参见梁根林:《合理地组织对犯罪的反应》,北京大学出版社 2008 年版,第 6 页。

② 参见张明楷:《"风险社会"若干刑法理论问题反思》,载《法商研究》2011 年第 5 期。

主张，刑法保护早期化有侵犯公民自由之虞，因为此时行为没有法益侵害的危险，即只具有社会学意义上的中性的风险而已。在陈兴良教授看来，风险社会的风险以技术风险为基础，其他的风险则是技术风险的外在表现，因而将风险扩展到制度风险甚至犯罪风险，以及将经济犯罪纳入风险刑法的范畴，是一种对风险社会风险的泛化。[①] 他主张，所谓风险社会的新型风险仍然只是一种技术风险，无法通过刑法手段予以解决。至于风险社会的其他风险，则更不是刑法中的危险，不能将其犯罪化。

理由之三：风险社会的新型风险具有不确定性，难以成为刑法规制调整的对象。风险社会的新型风险具有不确定性，人类决策所制造的风险是否会引发严重的实害后果，实害后果在强度、时间、空间上会达到何种程度，均难以有效预测或确定，这是风险社会的新型风险与其他社会发展阶段中占据主导地位的风险的显著区别。陈兴良教授在将风险社会的风险理解为技术风险的基础上，认为"技术风险具有极大的不确定性，对于这种不确定的风险不能直接纳入刑法调整的范围"[②]。张明楷教授亦明确指出，主张用刑法规制具有高度不确定性的风险的观点是自相矛盾的，因为"风险具有高度不确定性意味着人们事前难以知道某种行为是否具有造成实害结果的可能性，既然如此，就不能盲目禁止"[③]。在他们看来，风险社会新型风险的不确定性是刑法对其有效规制的重要障碍，在坚守刑法明确性原则和谦抑性原则的前提下，以刑法的手段规制新型风险必然会陷入隔靴搔痒的困境。

理由之四：风险社会理论本身没有提出预防风险的有效方案，缺乏可资刑事立法借鉴的东西。风险社会理论的重点在于描绘工业社

① 参见陈兴良：《风险刑法理论的法教义学批判》，载《中外法学》2014 年第 1 期。
② 陈兴良：《风险刑法理论的法教义学批判》，载《中外法学》2014 年第 1 期。
③ 张明楷：《"风险社会"若干刑法理论问题反思》，载《法商研究》2011 年第 5 期。

会发展到一定成熟阶段后人类社会发展的新特点。这归根结底是一种现象描述和规律总结,本质上是对客观存在的还原。但对于如何防控风险社会中居于主导地位的新型风险,社会学家们并没有提出相应的解决方案。在刑事立法研究中引入风险社会理论,是在证成风险社会理论本身具有科学性的前提下,推进刑事立法的革新,以更好地应对风险社会的新型风险,使风险在合理范围内得到控制,更加充分地发挥刑法的法益保护功能。然而,风险社会理论自己尚未提出有效的预防和减少社会风险的方案,又何来为刑事立法所借鉴和移植呢?

理由之五:预防和控制风险是行政法的任务,不是刑法的任务。鉴于刑法在应对风险社会的新型风险时所处的进退维谷的困境,部分学者提出以其他部门法控制具有不可预测性的风险的主张。如有学者认为,风险刑法事实上不属于刑法,而是一种行政法甚至民事责任法,因而在刑法中设置风险控制的条文不具有合理性,对于新型风险的控制应该通过行政法(包括行政刑法)和民法手段解决。① 另有学者认为,法律对于风险社会中技术风险的应对应当是间接控制而非直接消除,具体的方式应该是在制定技术政策和技术规范时建立严格的法律程序,对技术风险进行评估,并分担避免风险的费用成本以及对不可避免的风险承担设置公平合理的法律程序。因此控制风险社会中新型风险的法律主要是行政法,控制风险的主体主要是政府。② 按照这些学者的观点,对新型风险的预防和控制,只能采用民法、行政法手段,无论如何都不能采用刑法手段。

(二)对风险刑法理论建构范式的批判

风险刑法理论,主张以风险为刑法干预的介入点,将预防风险作

---

① Vgl. Winfried Hassemer, Kennzeichen und Krisen des Modernen Strafrechts, ZRP 25 (1992), S. 382.

② 参见陈兴良:《风险刑法理论的法教义学批判》,载《中外法学》2014 年第 1 期。

为刑法的目标，并主张积极预防主义刑法观。一些学者对此进行了强烈的批判，主要内容撮要如下。

第一，认为风险刑法理论违反法益保护原则。犯罪的本质是侵害法益，刑法的目的是保护法益，这被认为是传统刑法的基本立场。风险社会的到来，导致刑法的法益范畴逐渐突破物质性的限制，法益概念的实体内容日渐稀薄。为此，风险刑法理论主张精神化的法益概念，如将不安感也作为保护法益。这实质上违反了法益保护原则，将使法益概念面临被终结的结果。在风险社会中，社会大众对犯罪的恐惧总是远远超过实际被害的可能，如果以公众的安全感为刑法所保护的法益，刑事立法的边界将不断扩张。①

第二，认为风险刑法理论不能恪守责任主义原则。没有责任，就没有犯罪；没有责任，就没有刑罚。责任既是犯罪的条件，也是量刑的基准，这是传统刑法的基本原则。风险刑法理论却淡化主观罪过要素在犯罪构成中的地位和作用，甚至提倡严格责任或负责主义，这相当于废弃责任主义。负责主义恐怕只是结果责任的翻版，而且比结果责任对人尊严的损害有过之而无不及。因为结果责任是等实害结果发生了才追究责任，而负责主义意味着，凡是参与实施风险行为的人，即使没有故意和过失也要承担责任。②

第三，认为风险刑法理论违反主客观相统一原则。主客观相统一原则是传统刑法的基本原则，风险刑法理论则背离了这一原则。无论是风险刑法还是抽象危险犯，其价值导向都是对传统刑法的一种反叛，是对主客观相一致的刑法基本原理、罪刑均衡原则的一种反叛，本质上都是重拾刑法的恐吓效应，是对人道主义信念的违背。③

第四，认为风险刑法理论违反刑法谦抑原则。传统刑法认为，刑

---

① 参见李琳：《风险刑法的反思与批判》，法律出版社2018年版，第69页。

② 参见张明楷：《“风险社会”若干刑法理论问题反思》，载《法商研究》2011年第5期。

③ 参见孙万怀：《风险刑法的现实风险与控制》，载《法律科学（西北政法大学学报）》2013年第6期。

罚如两刃之剑,应尽可能地少适用;必须适用时,也应尽可能减少其分量。风险刑法理论关于法益保护前期化、未遂行为正犯化等的主张,将导致刑罚的不当扩张,这违反了刑法谦抑原则。在坚持建设法治国家的今天,风险社会理论的提出以及风险刑法理论的侵入都不能动摇刑法谦抑主义,因而风险刑法理论是违反法治要义的,它导致了刑法处罚范围不断扩大、罪责刑法转变为风险刑法、行为刑法转为行为人刑法等后果。①

第五,认为风险刑法理论将导致预防刑法。传统刑法认为:刑法是惩罚法而不是预防法;刑法重在事后惩罚不法行为,而不在于事先防范风险行为;刑法是后盾法,其功能是亡羊补牢的,而不是未雨绸缪的。风险刑法理论主张积极主义的预防刑法观,将大大前移刑法的防范关卡,使其冲到社会治理的最前线,从而不当扮演了行政法的角色。刑法是防范和治理风险的利器,但不是遏制危险的良药,也不是预防犯罪的有力武器。预防刑法是社会需求的产物,虽具有种种合理性与优势,但预防总是和无节制相关,具有不确定性和难以捉摸性,威胁和改变法治国的核心价值、模糊刑法干预社会的应有界限等危险。②

二、对学界批判风险社会理论的检讨反思

学界对于风险刑法理论的批判,存在明显的偏误,不仅放大了风险社会理论引入刑事立法的局限性,而且对风险刑法理论的主张存在诸多误读。任何法律都具有历史性,风险社会理论提出的“对风险防早防小”的主张完全契合当前社会治理的需求,对实现刑法的保护功能意义重大。为此,有必要对学者批判和质疑的观点进行检讨和

① 参见刘艳红:《“风险刑法”理论不能动摇刑法谦抑主义》,载《法商研究》2011 年第 4 期。

② 参见何荣功:《预防刑法的扩张及其限度》,载《法学研究》2017 年第 4 期。

反思。

（一）误认为风险社会的风险仅有技术风险

反对者的偏误之一，是将风险社会的风险局限于技术风险，从而限制了刑法将新型风险纳入调整范围。事实上，在风险社会理论的视角下，新型风险并不仅指技术风险，还包括更广范围的、由人类决策所导致的制度风险等。在贝克看来，“这恰恰是因为风险的积聚——生态、金融、军事、恐怖分子、生化和信息等方面的各种风险——在我们当今的世界里以一种压倒性的方式存在”[①]，因此风险社会的概念对于理解当今社会和政治的动力和转型具有关键性的作用。另外，各种风险并非孤立地发挥作用，而是交织在一起发生连锁反应。“世界风险社会不仅包含有经济风险，而且这些风险还会转化为社会风险、政治风险，最终会像我们在某些国家所能看到的那样重新激起迄今为止在民族国家的妥协框架中一直受到控制的种族冲突。”[②]吉登斯认为，影响甚至瓦解经济和政治领域内的等级制的指挥系统的变革，并不仅仅是以采用计算机化和信息技术为代表的技术革新的结果，首要的影响还是来自后传统秩序大背景下所发展起来的制度自反性的扩张。[③]由此可见，风险社会中具有主导性的新型风险，并不仅仅包括技术革新所带来的风险，而是涵盖了当今社会中各个领域与新技术和新制度相关的各种风险。尽管技术的革新以及在此过程中人类预测和控制风险的能力与人类认识和发现新事物的能力之间的矛盾加剧，确实是风险社会中新型风险产生的根本原因，而且这种风险在科学技术领域

---

① ［德］乌尔里希·贝克、邓正来、沈国麟：《风险社会与中国——与德国社会学家乌尔里希·贝克的对话》，载《社会学研究》2010年第5期。

② ［德］乌尔里希·贝克、［德］约翰内斯·威尔姆斯：《自由与资本主义——与著名社会学家乌尔里希·贝克对话》，路国林译，浙江人民出版社2001年版，第118页。

③ 参见［德］乌尔里希·贝克、［英］安东尼·吉登斯、［英］斯科特·拉什：《自反性现代化：现代社会秩序中的政治、传统与美学》，赵文书译，商务印书馆2014年版，第238页。

的表现尤为突出,但是不能忽视的是除了纯粹的科学技术领域之外,人类社会的各种领域均出现了与新技术和新制度紧密相关的新型风险,而这些风险是工业社会的法律制度所难以有效控制的。如果将风险社会的新型风险全部归纳为技术风险,并且以传统刑法已有技术型犯罪(事故犯罪、环境犯罪)的规定为由,否认刑法应该在应对风险社会时作出更为积极的回应,显然是一种在误读风险社会理论所指风险的基础上对工业社会刑事立法的执拗的固守。即使技术型犯罪在工业社会刑法中已然出现,但不可否认的是,对于这些犯罪的刑事立法不应一成不变,而应随着技术的发展和风险认识的变化不断修补和完善。

需要注意的是,刑事立法对风险社会的回应,并非简单等同于对风险社会理论的回应,而是对风险社会理论中所提炼的且存在于当前社会中的新型风险的回应。因此,通过比较刑事立法的修改与风险社会理论的提出在时间上的不同步,而否认刑事立法的发展变化与风险社会的新型风险之间具有内在关联性,在逻辑上是不成立的。因此,即使有关的立法草案说明未表明刑事立法的修正与风险社会或风险社会理论之间存在直接关联,只要立法的内容与风险社会中的新型风险相关,便应该承认这种修正属于实定法对于风险社会的回应。

应当指出的是,对于风险社会中的风险,如果不加区分地均以风险刑法应对,则有矫枉过正之虞。这是因为,风险社会中的风险不仅有技术风险,还有制度风险;风险社会中的风险,不仅有现有技术和制度难以预测和控制的新型风险,而且也有传统的自然风险和人为风险。需要以风险刑法规制的,应当是其中的新型风险。在对这类风险进行规制时,刑法不应将规制范围限定在与技术直接相关的工业事故、环境事故等方面,而应扩至金融犯罪、信息犯罪、恐怖主义犯罪等领域。

(二)误认为风险的不可预测性是刑法干预的桎梏

反对者的偏误之二,是将风险社会新型风险的不可预测性的负面效应无限放大。诚然,新型风险的不可预测性是刑法功能有效发挥的不利因素,但如果刑法不积极应对风险社会中的新型风险,不充分发挥安全保障机能,则显然不利于从根本上保障人类生存的权利与自由。相比传统风险而言,风险社会中的风险具有后果扩展性,表现为风险导致的实害将超越国界和地域的限制,并且会随着技术和制度的创新不断产生新的风险类型和新的实害结果。这就要求刑法应当与时俱进地将更多的风险纳入规制范围,并通过早期介入的方式尽可能地避免风险演化成实害。新型风险的不确定性,可能导致实害后果的严重性程度难以估量,这就必然要求刑法不能仅仅针对已经造成实害后果的行为,而应将具有高度危险性的风险消灭在萌芽阶段。风险的后果扩展性,对刑法的法益保护功能提出了新的要求,即刑法应当以法益保护范围扩大、时点前移的方式应对风险社会的新型风险。“既然制度所制造出的现实的社会风险已经酿成,并且民众从情感上已经排斥、反对风险之存在,法学家关注的重点应该是法律是否干预这种社会风险,以及如何以合理的法律规范反应、规避这些风险。”①总之,以刑法手段防控风险社会中的新型风险具有现实的必要性和正当性。

当然,刑法的明确性原则与防控不确定性的社会新型风险之间必然存在激烈的紧张关系。但是,以此为由绝对放弃刑法对新型风险的干预而完全以其他部门法控制的构想,在法律体系上存在难以弥补的缺陷。一方面,试图完全倚赖行政法来规制新型风险的做法,在逻辑上无法做到自洽。在我国现行的法律体系中,并没有实定法意义上的“行政刑法”,并且刑事立法具有定性和定量的双重特征。在这种前提下,行政犯是违反行政法规范且危害程度达到入罪标准的不法行为,因而行政犯同时具有行政违法性和刑事违法性。它与一般行政违法行为在违法性质、行为后果和追究责任程序、执法主体等方面具有显

---

① 姜涛:《风险刑法的理论逻辑——兼及转型中国的路径选择》,载《当代法学》2014年第1期。

著差异。另一方面,仅以民法和行政法的手段控制风险社会的新型风险,难以有效发挥法律的安全保障功能。刑法与行政法或民法对风险的控制并不是互斥关系,而是补充关系。“正是因为刑罚可以除去犯罪现象这一社会最大的疾病,安定秩序,使国民能够更好地生活,所以刑罚自身也得以正当化。”[①]当某个行为的社会危害性已经达到相当严重的程度,并且通过行政法手段或民法手段难以对其有效遏制时,就需要刑法就位。简言之,在面对风险社会的新型风险时,行政法和民法仍然是前锋,但刑法的后卫角色也是不可或缺的。

(三)误认为风险社会的风险与刑法中的危险具有异质性

反对者的偏误之三,是将风险社会的“风险”与刑法理论中的“危险”完全对立,从而将其排除在刑法的规范范围之外。风险社会的“风险”与刑法规制的“危险”具有较大的差异,但这些差异仅是表象,在本质上二者具有相通性。风险社会理论的“风险”与刑法理论的“危险”具有质的相同性,而风险社会理论的“危险”与刑法理论的“危险”恰恰具有不同的含义。任何犯罪都以具有一定量的社会危害性为必要条件,危险犯中的危险状态以实害结果发生的可能性为表现形式。对于具体危险犯而言,这种可能性在现实中通过特定的危害结果以征表;对于抽象危险犯而言,这种可能性则通过特定的危害行为以征表,危险状态便隐藏在危害行为之中。[②] 换言之,刑法所禁止的危险,是指行为导致的危险状态具有产生实害结果的可能性。无论是处罚具体危险犯还是抽象危险犯,都是以法益保护前置化的方式强化刑法的法益保护机能。风险社会的风险,是人类决策所导致的一种主客观相统一的不安全状态,与抽象危险犯所潜藏的危险具有相同的内涵。

---

① [日]前田雅英:《刑法总论讲义》,曾文科译,北京大学出版社 2017 年版,第 4 ~ 5 页。

② 参见李林:《风险社会背景下我国危险犯立法范式转化研究》,载《华中科技大学学报(社会科学版)》2012 年第 2 期。

关于风险社会中“风险”和“危险”的区别，贝克指出，现代社会处理自己造成的人为不确定性的关键，在于“区分在原则上能够被控制的决策依赖型风险和已经逃脱控制或者使工业社会的控制需求归于无效的危险”①。我国刑法学者对风险和危险的概念作了更加明确地区分：第一，风险是人造的，而危险可能是自然的也可能是人为的，且两者根据作用对象的区别可以互相转化，决策对于决策者来说是风险，而对于其他人来说表现为危险；第二，风险是中性名词，危险则具有完全的负面意义；第三，风险基于知识的有限性而发生，威胁结果与风险之间的因果关系和盖然性无法确定，危险则是基于已掌握的知识而发生的，可以依据经验法则判断引发的原因。② 但本书认为，在风险社会中，风险与危险是具有中性意义还是负面意义，并非两者的本质区别，而是一种客观的表征；风险与危险的核心区别，并不在于结果的发展是否可以预测，而在于其是否可以被控制。风险与危险一旦产生并引发实害结果，结果的作用范围都是不可控的，但是风险相比较危险而言，是否产生却是可以通过人类决策从源头上予以控制的。反观刑法中关于危险的定义，只有对实害结果的发生具有现实可能性的人的行为，才可以成为刑法所禁止的危险。因此，刑法中的危险正是由人的行为直接引发的，虽然其能否实际导致实害结果的发生不再是区分罪与非罪、既遂与未遂的标准，但是不可否认的是，这种危险也是可以从源头上进行控制的，因而与风险社会理论中的风险具有同质性。

（四）误认为风险刑法要干预所有不可预测的风险

反对者的偏误之四，是认为风险刑法要将人类决策所导致的所有不可预测的风险都纳入调控范围。恰恰相反，风险刑法只是将那些具

---

① ［德］乌尔里希·贝克：《世界风险社会》，吴英姿、孙淑敏译，南京大学出版社 2004 年版，第 40 页。

② 参见陈晓明：《风险社会之刑法应对》，载《法学研究》2009 年第 6 期。

有导致实害结果高度可能性的风险纳入刑法的调控范围。正如高铭暄教授所言,在以社会安全的急切需要为前提的情况下,应当"对风险进行严格鉴别,把公认的、具有严重危险的风险行为进行规制,而把具有争议的风险或为了社会的发展必须容忍的风险排除在刑法规制之外"①。

根据上文的分析,可以得出风险社会中应当为刑法所禁止的新型风险事实上属于刑法理论中的抽象危险犯,因而抽象危险犯的立法准则当然可以在风险刑法中予以适用,"立法者只需将某些从生活经验与科学法则中被明确的、具有高度风险的行为犯罪化,就能向公众表明这些行为是不被允许的"②。风险社会中的不确定的新型风险,是技术和制度革新背景下人类决策的必然产物。如果出于追求绝对安全的需要而禁止所有可能导致新型风险的行为,则科研工作者必然会因为担心触碰刑法的红线而丧失技术创新的积极性,人类社会的发展将停滞不前。显然,政策制定者必须在科技创新和安全保障这对冲突价值之间保持微妙的平衡。刑法在控制风险社会的新型风险时,也需要对禁止的行为范围进行限缩,而不能将所有的科技创新活动都予以禁止。那些经过严密论证、不具有导致严重实害结果发生的高度盖然性的风险行为,不应当为刑法所禁止。就此而言,为刑法所禁止的新型风险,实际上具有相对可预测性。只要将刑法所禁止的风险限定于具有相对可预测性的风险范围内,就能够让公众心有所畏、行有所止,立法也就满足了明确性原则的要求。

三、刑事立法引入风险社会理论的合理性

风险社会理论的关键词是"风险",这是一个与刑法中的"危险"

---

① 高铭暄:《风险社会中刑事立法正当性理论研究》,载《法学论坛》2011 年第 4 期。

② 陈君:《风险社会下公害犯罪之抽象危险犯》,载《北京理工大学学报(社会科学版)》2014 年第 3 期。

具有同质性的概念。确切地说,这里的“风险”,应当是指人为风险,而不包括自然风险。即使对这一概念作相对扩大的理解,它至少也是“危险的危险”,而非纯粹中性的、无破坏性的危险,故而其具有刑法规制的特质。

(一)风险的人为性要求刑法适度介入风险防控

风险社会新型风险的首要特征是人为性,即它是由人类决策而产生的。这一特征使其与传统社会的自然风险存在本质差异。在人与自然关系及其风险样态的发展演变中,人类的主观能动性起着越来越重要的作用。哲学上将自然风险分为种性自然风险和类性自然风险:前者主要存在于人与自然之间处于总体和谐状态而生产力水平较为低下的社会阶段,体现了自然界物质运动的随机性、自发性和偶然性;后者则存在于人类对自然规律的认识不断深化,控制、改造甚至征服自然的能力不断增强的社会阶段,这一社会阶段人与自然的关系随着人类活动的介入而严重失衡。[①] 从种性自然风险占主导到类性自然风险占主导的自然风险流变,对应的正是人类社会从农业社会到工业社会再到风险社会的社会形态转变过程。传统社会中的主导风险,并不是由人类的社会实践活动所致,而是由人类难以绝对控制或影响的自然因素所致。随着科技进步,人类控制自然的能力不断增强,各种决策导致的社会风险的比重也随之增加。在风险社会语境下,人类所面临的新型风险主要是类性自然风险,而原先传统社会中占主导地位的种性自然风险,则随着人类认知水平和技术水平的提升而逐渐减少,不再是威胁人类生存的主要风险。

风险社会风险的人为性特征,决定了其能够成为刑法规制的对象。一方面,这些可能造成难以为人类控制的危害后果的风险,是由

---

① 参见刘岩:《从种性、群性风险到类性风险——当代风险整体转型的人性解读》,载《社会科学战线》2014 年第 7 期。

人所造成的，而非单纯的自然灾害、动物侵袭等与人类活动没有直接关系的因素造成的；另一方面，风险社会中的人类决策，充分体现了人类在改造自然、改造社会中的意志，因而当新型风险对人类的危险达到需要通过刑法手段予以规制的程度时，对决策者就具有非难可能性。

（二）风险的扩展性要求刑法及时防控风险

风险社会的风险具有扩展性，即在客观后果的强度、时间和空间上的扩展性。相比传统社会的风险而言，这种风险一旦导致实害后果的发生，其严重程度往往是传统风险导致的实害后果所不能比拟的。

人类认知的局限性以及风险成因的复杂性等因素，决定了风险社会的风险造成的实害后果的高强度性，即实害后果往往超出人类认识和控制的范围，甚至会对人类造成毁灭性打击。风险既可能在极短的时间内引爆剧烈的实害后果，也可能在相当长的潜伏累积期后才引发实害后果。因此，风险社会的新型风险所引发的实害后果，在时间纬度上具有扩展性。相比一次违章驾驶引发的交通事故所造成的危害，核事故造成的危害在持续时间上显然更加长远。

此外，风险在空间上具有明显的后果扩展性。人类活动的全球化，使风险的后果也得以跨越地域而无限扩展。对于风险的全球性与本土性，贝克曾一针见血地指出，“新类型的风险既是本土的又是全球的，或者说是‘全球本土’的。这种本土和全球危险选择上的‘时空压缩’进一步证实了世界风险社会的诊断”①。风险社会中的新型风险，跨越了国家和地域的界限，并伴随全球化运动而影响着全球公民。因此，刑法在面对风险社会中的新型风险时，不能坐以待毙，而应适当地调整刑法规制的对象范围，以风险防控早期化的方式，将那些最为严重的高风险消灭在萌芽阶段。

---

① ［德］乌尔里希·贝克：《风险社会再思考》，郗卫东编译，载《马克思主义与现实》2002 年第 4 期。

（三）风险的建构性要求刑法保障公众的主观安全感

风险社会的风险具有建构性，“科学‘确定风险’，而人们‘感知风险’”[①]。换言之，风险部分是由文化认识和定义的。风险社会的风险不仅存在于客观世界，也存在于人们的主观世界，在很大程度上取决于人类的认知状况。只有风险被人类感知时，才能谈及如何对其防控。当今社会，公众之所以具有更强的风险感知能力，主要基于以下两大因素：第一，专家系统的矛盾特性加剧了公众对风险的感知。科学技术的高度发展，推动了专家系统的产生。但专家系统具有矛盾性，这会加剧公众对于风险的感知。这种矛盾性主要表现在：一是科学知识的无限性与人类认知范围的有限性，导致专家系统也不能就某一问题达成具有压倒性的共识；二是专家系统通常都是基于决策者的立场，因而其所作的关于科学性、无害性的决策论证，在价值中立性上极易受到怀疑；三是专家系统与公众之间横亘着一道由专业术语体系搭建的壁垒，这道壁垒往往会成为矛盾的催化剂，加剧公众对于专家系统的不信任。第二，大众传媒的发展强化了公众对风险的感知。大众传媒的发展，加快了知识传播的广度和速度，但也可能加速传播对于风险的恐慌。在信息社会，报纸、广播、电视等传统的大众传媒在信息传播领域的垄断地位不复存在，微博、微信等网络社交平台成为信息传播新的“集散地”。各种自媒体上充斥着真伪不明、立场各异的信息，这严重地影响了公众对风险的判断，加剧了公众对于未知风险的恐慌。

传统刑法仅将对生命、健康、自由、名誉、财产等具体利益造成侵害的行为作为规制对象，而通常不会将人类的感受作为评价对象。在风险社会中，由于建构性的风险占据主导地位，如果仍严守这一铁则，则难以充分发挥刑法的安全保障功能。申言之，在风险社会中，焦虑

---

① ［德］乌尔里希·贝克：《风险社会》，何博闻译，译林出版社2004年版，第67页。

的共同性已经取代需求的共同性,“人们觉得自己像是在滚轮中不停奔跑的小仓鼠,然而对生命和世界的渴望不但没有因此被满足,反而却更加渴望、倍感挫折”①。因此,刑法如果仅限于保障物质层面的、具有直接性的具体利益,而在减少人们对于风险及其可能导致的严重后果的恐惧感方面无所作为,则显然过于滞后。因此,在风险社会中,刑法所保护的法益应当从纯物质层面向精神层面适度拓展。但应注意的是,这种拓展绝非对法益概念的摒弃,而是在强调主客观统一原则的前提下对传统刑法以处罚实害犯为基本范式的适当延伸。

具体而言,为了防止刑法走向保护精神化利益的极端,刑事立法在对风险社会现状进行回应时,应当保持一定的限度。风险社会的风险,只有在客观层面上具有后果扩展性,在主观层面上具有建构性,才可以成为刑法规制的对象。换言之,只有当公众主观定义的风险确实存在引起严重危害后果的高度可能性时,刑法才可以对其予以干预。主观定义的风险,既可能是客观上会导致危害结果实现的“真风险”,也可能是客观上不会导致危害结果实现的“假风险”。对于前者,可以予以刑法规制;对于后者,刑法则应克制规制的冲动。此外,对于客观上缺乏科学证据证明其具有导致危害结果实现的高度可能性的“真假不明的危险”,刑法亦应保持必要的谦抑性。

(四)风险社会的个体化要求刑法作出积极回应

个体化是风险社会的必然现象。风险主题和个体化主题,是风险社会理论的一体两面。因此,研究风险社会理论及其视阈下的刑事立法问题,不能仅关注风险社会的风险特征,也应关注风险社会的结构形态。风险社会中的个体化现象有两重内涵:一是包括阶级、社会地位、性别角色、家庭、邻里等在内的既有社会形式走向解体;二是现代

---

① [德]哈特穆特·罗萨:《新异化的诞生:社会加速批判理论大纲》,郑作彧译,上海人民出版社2018年版,第37页。

社会新的要求、控制和限制被强加给个体。[①]

个体化是工业社会发展到风险社会这一高级社会阶段的必然现象。在农业社会，生产以家庭为单位进行，自给自足是社会的鲜明特征。进入工业社会，生产不再以家庭为单位进行，人们开始以个体为单位参与社会化生产。相应地，劳动保障和社会保障成为人们获取生活必需的物质条件的来源，这些恰恰又是一种新的阶级社会下固化的社会关系模式。然而从工业社会进入风险社会后，这种固化的社会关系模式又发生了变化。贝克指出，“在工业社会中正在发生一种转变，即从终身的单一工作场所里面的全职工作，到充满风险的灵活、多样和分散的就业体系的转变，进而导致一种普遍的就业不安全感”[②]。在风险社会中，个体化进程的不断深化，使个人越来越成为风险社会中各种风险的承受者，这意味着风险社会下的个人将要承受更大强度的风险。这便出现了风险承担和风险化解之间的冲突与矛盾：一方面个人所承担的风险远超于以往社会；另一方面“有组织地不负责任”现象的存在导致个人在化解风险上作用有限。这种个体化进程所导致的矛盾本身，也是风险社会亟待解决的问题。

风险社会的个体化呼唤刑事立法的积极回应。针对风险社会的个体化进程，刑事立法应当从宏观和微观两个层面进行调整。首先，在宏观层面，应当重新衡量个体的自由价值与社会的安全价值，使刑法能够更好地控制新型风险及其向实害后果的转化，进而减少每个个体所要承担的风险。为了更好地应对风险社会相较于工业社会的新变化，降低新型风险转化为实害后果的可能性，减少人们对新型风险的恐惧感，刑法的安全保障功能应当得到充分发挥，即不应仅局限于对造成实害后果的行为予以惩罚，对于具有导致实害后果高度可能性

---

① 参见王建民：《转型社会中的个体化与社会团结——中国语境下的个体化议题》，载《思想战线》2013年第3期。

② ［德］乌尔里希·贝克：《风险社会》，何博闻译，译林出版社2004年版，第175页。

的风险亦应干预。其次,在微观层面,当民法手段和行政法手段难以有效规制某种不法行为时,诉诸刑法手段则有其必要性和合理性。特别是,对于弱势群体利益的保护,刑法更不能缺位。例如,《刑法修正案(八)》增设的拒不支付劳动报酬罪,便是刑法加大对劳动者权益保护力度的重要体现;《刑法修正案(九)》增设的虐待被监护、看护人罪,则体现了刑法对包括未成年人、老年人、患病的人和残疾人在内的弱势群体的特别保护。

第二章　风险社会刑事立法的科学性危机

刑事立法的科学性，是指立法机关所制定的罪刑规范在实体和程序方面的正当性、合理性。综观世界各国的刑事立法史，在从前工业社会进入后工业社会或者风险社会、信息社会时，均出现了刑事立法频繁启动、罪刑规范大量增加、刑罚幅度不断攀升的现象①，从而引发了刑事立法科学性的危机问题。

第一节　风险社会刑事立法的扩张化态势

虽然风险社会最初是对人类所生活的时代的一种带有文学色彩的形象描绘，而非一个具有确切起止时间的历史概念，但各国在其发展过程中，均感受到了风险社会带来的严重震荡。就刑事立法而言，

① 据学者统计，1969 年至 2019 年，德国立法者通过种种形式对《刑法典》进行了 202 次修订，所涉及的条文难计其数。其间对众多附属刑法的修订更是不胜枚举。参见王钢：《德国近五十年刑事立法述评》，载《政治与法律》2020 年第 3 期。

各国均出现了从稳定化向活性化转变的发展态势，具体表现为犯罪圈扩张和刑罚量攀升。这一“双增长”态势，无论是日本、德国还是英国、美国等国家，都在一定范围内不同程度地存在。① 我国这一时期的刑事立法，亦不例外。如果说我国在1979年刑法典诞生之时，尚处于前工业社会或工业社会，那么在1997年对这部刑法典进行全面修改及其之后进行部分修改之际，我国应该处于向后工业社会、风险社会转型之时。这一时期，我国刑事立法的活跃程度，与域外主要发达国家的立法状况基本相同。以下主要梳理我国进入风险社会以来刑事立法的发展状况。

一、1979年刑法典及其修改的主要内容

（一）1979年刑法典：新中国第一部刑法典的孕育和诞生

新中国成立之初，便明令废除了以“六法全书”为代表的国民党政权的全部法律；随后，又颁布了一系列单行刑法，如1950年《关于严禁鸦片烟毒的通令》，1951年《惩治反革命条例》《妨害国家货币治罪暂行条例》，1952年《惩治贪污条例》等。这些单行刑法为巩固新生政权、发展国民经济发挥了重要作用。与此同时，刑法典的起草工作也被提上议事日程。但由于各种原因，刑法典的起草工作比较艰难，一波三折，数易其稿，历时漫长。1979年7月1日，孕育历时30年、前后易稿38次的新中国第一部刑法典——《中华人民共和国刑法》在五届全国人大二次会议上获得一致通过，同年7月6日正式公布，并自

① 参见黎宏：《日本近年来的刑事实体立法动向及其评价》，载《中国刑事法杂志》2006年第6期；金燚：《德国五十年刑事立法发展史的考察、评析与启示》，载《德国研究》2020年第2期；陈家林：《英国刑事立法的新动向》，载《国外社会科学》2019年第4期；皮勇：《〈网络犯罪公约〉框架下的美国网络犯罪立法：特立与趋同》，载《国外社会科学》2020年第5期。

1980年1月1日起施行。

这部刑法典在体系结构上分为两编，共计192个条文。第一编是总则，共计89条，分为5章：(1)刑法的指导思想、任务和适用范围；(2)犯罪；(3)刑罚；(4)刑罚的具体运用；(5)其他规定。第二编是分则，共计103个条文，分为8章：(1)反革命罪；(2)危害公共安全罪；(3)破坏社会主义经济秩序罪；(4)侵犯公民人身权利、民主权利罪；(5)侵犯财产罪；(6)妨害社会管理秩序罪；(7)妨害婚姻、家庭罪；(8)渎职罪。这部法典虽然"粗而不细"，却是一部充满着谦抑精神、轻刑主义的刑法典，而且立法技术也不乏高明之处。据统计，这部法典规定的罪名仅129个，其中死刑罪名仅28个。这种立法状况与当时我国正处于农业社会向前工业社会过渡的发展状况相适应。

(二)1979年刑法典施行之后的补充立法

1979年刑法典通过以后，我国旋即拉开了改革开放的帷幕。为适应改革开放中出现的新情况、新问题，出于惩治、预防犯罪的实际需要，全国人大常委会自1981年至1995年先后通过了23部单行刑法，并在107部经济、民事、行政、军事、环境和资源保护、社会保障等非刑事法律中规定了"依照""比照"刑法的有关规定追究刑事责任的内容，涉及附属刑法条款共130条。这些特别刑法对刑法典的有关内容作了重要修改、补充和解释。具体而言，上述单行刑法对刑法典的修改主要有：增加普遍管辖权原则；个别条款采用从新原则或有条件的从新原则；增设剥夺勋章、奖章和荣誉称号的资格刑；增设劳动改造期间逃跑加重处罚的规定；增设战时缓刑制度；新罪增设；补充某些犯罪的构成要件；增加某些犯罪的单位犯罪主体；提高某些犯罪的法定刑幅度；等等。上述附属刑法对刑法典的修改主要有：增设剥夺军衔的附加刑；通过设置罪状，比照刑法相关条款追究刑事责任的方式创设新罪；对个别犯罪增设加重的犯罪构成；补充某些犯罪的构成要件；等等。

上述补充立法,改变、替换、增加、补充了刑法典的相应规定,在一定程度上"蚕食""架空"了刑法典。据统计,这些补充规定新增了133个罪名,导致刑法规定的总体罪名的数量翻倍,达到262个罪名。其中,死刑罪名由28个增加到70个,不少罪名的法定刑也大幅提高。这种立法状况与当时我国正由计划经济向有计划的商品经济转变、由前工业社会向工业社会转型的社会发展状况是相适应的。

二、1997年刑法典及其修改的主要内容

(一)1997年刑法典:刑法典的全面修订

大量的单行刑法和附属刑法游离于刑法典之外,给刑法的统一适用带来了困难。为此,1982年全国人大常委会提出修订刑法典的建议。1988年7月1日,刑法典的修订工作被正式列入立法规划。经过多方努力,重点攻关,数次审议,八届全国人大五次会议于1997年3月14日通过了修订的《中华人民共和国刑法》,并规定修订后的《刑法》自1997年10月1日起施行。这次刑法修订的指导思想,是制定一部完备、稳定、明确的刑法典。具体表现为:(1)制定一部有中国特色的、统一的、比较完备的刑法典。基于这一考虑,所有单行刑法均被纳入刑法;附属刑法的部分规定成为刑法分则的具体条款;修订后的刑法对一些新型犯罪也作了规定。(2)注意保持刑法的连续性和稳定性。对刑法的原有规定,如果没有原则性问题,尽量不作修改。(3)突出《刑法》的明确性。对原来比较笼统的规定,尽量作出具体规定。

修订后的刑法典在结构上分为总则、分则和附则三个部分,分为15章,共计452个条文。这次修改虽然幅度很大,涉及范围很广,但就内容而言,主要是将之前分散、零乱的单行刑法和附属刑法予以汇编,整合在刑法典之中。当然,修订后的《刑法》也增加了不少新罪。据统计,修订后的刑法典包含的罪名共计412个,其中源自1979年刑法典

的罪名为 116 个,源自单行刑法和附属刑法的罪名为 132 个,修订后新设的罪名为 164 个。另外,死刑罪名减至 68 个。

(二)1997 年刑法典施行之后的补充立法

从罪名增设情况来看,1997 年刑法典已经相当完备,但法律永远具有滞后性。为了更好地惩治外汇犯罪,1998 年 12 月 29 日全国人大常委会通过了一个单行刑法,即《关于惩治骗购外汇、逃汇和非法买卖外汇犯罪的决定》。其增设了骗购外汇罪,完善了逃汇罪的构成要件,明确了其他非法买卖外汇行为的法律性质。

之后,为了避免单行刑法在刑法典体外循环的弊端,防止重新回到原来刑法修改的老路上,自 1999 年起,全国人大常委会开始采用颁布刑法修正案的方式对刑法典进行增、改、删。迄今为止,全国人大常委会共颁布了 11 个刑法修正案,修改、增加了大量的刑法条文,总则和分则均有涉及。这 11 个刑法修正案分别是:《刑法修正案》(1999 年 12 月 25 日颁布);《刑法修正案(二)》(2001 年 8 月 31 日颁布);《刑法修正案(三)》(2001 年 12 月 29 日颁布);《刑法修正案(四)》(2002 年 12 月 28 日颁布);《刑法修正案(五)》(2005 年 2 月 28 日颁布);《刑法修正案(六)》(2006 年 6 月 29 日颁布);《刑法修正案(七)》(2009 年 2 月 28 日颁布);《刑法修正案(八)》(2011 年 2 月 25 日颁布);《刑法修正案(九)》(2015 年 8 月 29 日颁布);《刑法修正案(十)》(2017 年 11 月 4 日颁布);《刑法修正案(十一)》(2020 年 12 月 26 日颁布)。这 11 个刑法修正案,共计增加刑法条文 68 条,增加罪名 71 个,增设单位犯罪主体 9 个,修改 90 个罪名的构成要件,提高 48 个罪名的法定刑,补充、修改 23 个总则性规定,创设 19 个刑罚执行方式。在扩大犯罪圈和提升法定刑的总体立法态势之下,其也有取消罪名(但实质是合并罪名和挪移罪名),以及削减死刑罪名。据统计,《刑法修正案(八)》废除了 13 个死刑罪名,《刑法修正案(九)》再度废除了 9 个死刑罪名,由此刑法典中死刑罪名的数量减至 46 个。

三、我国历次刑法修改的主要特点

自第一部刑法典颁行以来，刑法就一直处于不断立、改、废、释的完善过程之中，总体呈现出一种主动适应社会发展状况的态势。概而论之，我国刑法修改大体上具有以下主要特点。

(一)刑法修改呈现出一种明显的高频现象

新中国成立之初，便明令废除了以“六法全书”为代表的国民党政权的全部法律，仅颁布了数量极其有限的几个单行刑法。由于当时我国是个超稳定的农业社会，人口流动小，商业交易少，因而这些屈指可数的单行刑法基本也能满足惩治犯罪的需要。党的十一届三中全会之后，新中国第一部刑法典颁布，但基于当时相对固化的社会结构，立法设立的犯罪圈相当小，仅有 129 个罪名。但随着改革开放政策的确立及推行，国家的经济体制发生了重大转变，社会的经济结构发生了重大变化，人口流动开始增多，商业活动逐步增加，一些新型的犯罪行为开始凸显。为此，在 1997 年刑法典全面修订之前，全国人大常委会先后颁布了 23 个单行刑法，平均每年颁布 1.3 个。在 1997 年刑法典全面修订之后，仅 1 年多时间，全国人大常委会又颁布了 1 个单行刑法。此后，立法机关虽然采用修正案的修改模式，但修法频率并未降低，迄今为止一共颁布了 11 个修正案。采用修正案的修改模式，初衷是要减缓刑法修改的节奏，但事实并非如此。粗略计算，在 1997 年刑法典颁行至今的 23 年间，立法机关一共启动修改 12 次，平均每隔 1 到 2 年就要修改 1 次。这样的修改频度，虽然较 1979 年刑法典施行期间单行刑法模式下的修改频度略有下降，但考虑到修改的内容和幅度的差异，修正案模式下的刑法修改节奏实际上并不亚于单行刑法模式。究其原因，是自 1997 年以来，我国经济结构仍然处于不断的转型和调整之中，而且伴随城市化、信息化、全球化的浪潮，我国社会结构也发生了巨大变化，此种情形下产生的一些新型的犯罪行为，需要刑法作出及时反应。

由上可见，我国刑法修改存在明显的“高频现象”。这一现象的背后，是经济、技术等方面的发展推动社会结构发生根本变化的结果。它表明，一劳永逸地打造一部“垂范久远”的刑法典，提供一个“毕其功于一役”的完美主义立法方案，也许过于理想化；相反，在社会变动加速的后现代时期，刑法的频繁修改是一个不得已的常态现象。不过，对于刑法修改过于频繁还是应予警惕，正如有的学者所言，“立法国家，即连续不断地制定法律、撤销法律和修订法律的国家，乃是一种异常现象”①。大量的法律被制定出来，但一部分永远不会被实际使用，一部分将会给其他法律带来无意但灾难性的改变，还有一部分可能在明天就会被废止。②

（二）刑法修改的最大特点表现为犯罪圈的扩张

我国刑法修改的最大特点，是不断新罪增设，从而不断扩大犯罪圈。刑法修改从未减少罪名，唯一的一次废除罪名（嫖宿幼女罪的废除），实质上也只是将其重新纳入奸淫幼女型强奸罪的处罚范围。1979 年刑法典刚颁布时，规定的罪名是 129 个。在其施行期间，立法机关通过颁布单行刑法，增设了 133 个罪名，罪名数量直接翻倍。1997 年刑法典刚颁布时，规定的罪名是 412 个。在其施行期间，立法机关通过颁布单行刑法和修正案，增设了 71 个罪名，增长率为 17.23%。新罪的增设通常是直接扩大犯罪圈，如危险驾驶罪的设立，将醉酒驾驶等行政违章行为升格为犯罪行为；再如代替考试罪，将一些替考重要考试等违反行业规范的行为以犯罪论处。当然，也有一些

---

① ［美］杰里米·沃尔德伦：《立法的尊严》，徐向东译，华东师范大学出版社 2019 年版，第 8 页。

② 参见［英］哈利·波特：《普通法简史》，武卓韵译，北京大学出版社 2022 年版，第 392～394 页。

新罪的增设只是将其从现有罪名分离出来,或强调独立成罪的宣示效果,或提升其法定刑,但并没有扩大犯罪圈。换言之,这些新罪在其创设之前,所针对的犯罪行为原本就有相应的罪名可以适用,因而其并未扩大犯罪圈。例如,袭警罪,只是将部分妨碍人民警察执行公务的行为从原来的妨害公务罪中分离出来,并配置相对较重的刑罚,但这些行为本来就是作为犯罪处罚的,因而并没有扩大犯罪圈。扩大犯罪圈的另一个常见方式,是修改现有罪名的构成要件,扩大所涵盖的行为类型,从而在不改变罪名的前提下实质性地扩大犯罪圈。例如,盗窃罪的修改,是在普通盗窃罪的基础上,又增加了多次盗窃、入户盗窃、携带凶器盗窃、扒窃四种常见多发的治安违法行为,从而在罪名不改的前提下实现犯罪圈的扩大。

(三)刑法修改的另一个特点是刑罚量的增加

我国刑法修改的另一个特点是对犯罪的法定刑结构的调整,具体表现为以下四种方式:一是增加一档法定刑,从而提高犯罪的法定最高刑或降低犯罪的法定最低刑。前者如《刑法修正案(九)》第30条对扰乱无线电通信管理秩序罪增加了一档法定刑,即对“情节特别严重的,处三年以上七年以下有期徒刑,并处罚金”。后者如《刑法修正案(七)》第6条对绑架罪增加了一档法定刑,即“情节较轻的,处五年以上十年以下有期徒刑,并处罚金”。二是为原有罪名配置罚金刑或将限额罚金刑改为无限额罚金刑。前者如《刑法修正案(九)》第45条在提高行贿罪主刑幅度的同时,增配了罚金刑;后者如《刑法修正案(十一)》第12条将非法吸收公众存款罪的罚金,分别由“并处或者单处二万元以上二十万元以下罚金”“并处五万元以上五十万元以下罚金”改为“并处或单处罚金”“并处罚金”。三是删除死刑的规定。例如,《刑法修正案(八)》第32条删去刑法第205条第2款,即虚开增值税专用发票、用于骗取出口退税、抵扣税款发票罪的死刑规定。四是增加死刑缓期执行的方式。例如,《刑法修正案(九)》第44条中规定,对贪污罪适用死刑缓期执行的,根据犯罪情节等情况,可以决定在死刑缓期执行 2 年期满依法减为无期徒刑后适用终身监禁。

总体来看,我国刑法对犯罪法定刑结构的修改,既有加重法定刑的一面,也有减轻法定刑的一面。减轻法定刑主要体现在对一些重罪死刑的废除方面;加重法定刑主要体现在对原有罪名增加自由刑的刑种或者提升自由刑的刑度,以及增加罚金刑或者将数额罚金制、比例罚金制、倍数罚金制、倍比罚金制等限额罚金制变更为无限额罚金制。

(四)修正案是刑法修改的基本模式

我国立法机关对刑法典的修改经历了一个发展演进的过程。1979 年刑法典施行期间,主要采取单行刑法和附属刑法的模式对刑法进行修改;而在 1997 年刑法典施行期间,除了一次适用单行刑法的模式修改刑法外,立法机关均采用修正案的模式修改刑法。由此可见,刑法修正案已经成为当前修改刑法的基本模式。对于这种方式,虽然学界不乏质疑之声,但立法机关却毫不动摇地予以坚持。这是因为,"采取修正案方式的好处是不打乱刑法典的体系结构和条文的排列次序,有利于保护刑法典的统一性和完整性,有利于司法工作的实际操作和掌握运用,也便于广大公民的学习和遵守,同时,也较好地解决了刑法的稳定性与适应性之间的关系"①。

(五)刑法解释是刑法修改的补充模式

我国刑法修改还有一个特点是采取刑法解释的模式,即不改变法条本身,而是通过对法条用语进行"扩张解释"来实现扩大罪刑规范的调整范围的目的。从有权解释主体来看,刑法解释主要有全国人大常委会作出的立法解释和由最高人民法院、最高人民检察院作出的司法

---

① 高铭暄:《中华人民共和国刑法的孕育诞生和发展完善》,北京大学出版社 2012 年版,第 13 页。

解释两种。刑法解释,本应仅对刑法规范条文及术语的含义予以阐明,但从实践来看,除诠释性解释外,还存在大量的造法性解释。这些造法性解释,往往跳出刑法条文的制约,将一些不符合构成要件的行为解释为符合构成要件,进而纳入处罚范围。这实际上是创设了新的行为规范,已经属于立法活动的范畴。在1979年刑法施行期间,司法解释是刑法有权解释的唯一形式,立法机关并未制定过刑法解释。但在1997年刑法颁行以来,除最高司法机关颁布了大量的司法解释外,立法机关也开始进行刑法解释。据统计,自2000年4月至2023年,全国人大常委会先后颁布了13个立法解释。在这些立法解释中,有的属于诠释性解释,有的则属于造法性解释。前者如针对村民委员会等村基层组织人员是否属于国家工作人员或准国家工作人员问题的解释,由于纯粹是对术语含义进行解释,并未超出语词文义的范围,因而属于诠释性解释;后者如针对刑法分则第九章渎职罪主体的范围确定问题的解释,实际上是将刑法条文规定的渎职罪的主体"国家机关工作人员"扩大到"国家工作人员",已经跳出语词文义的范围,因而属于造法性解释。这期间,最高司法机关也颁布了大量的司法解释。同样,在这些司法解释中,有的属于诠释性解释,有的则属于造法性解释。前者如2013年《关于办理盗窃刑事案件适用法律若干问题的解释》第3条第4款将"在公共场所或者公共交通工具上盗窃他人随身携带的财物"的行为,认定为"扒窃",进而以非典型盗窃罪论处。由于这一解释是对"扒窃"这一语词含义的阐明,因而属于诠释性解释;后者如2000年《关于审理破坏野生动物资源刑事案件具体应用法律若干问题的解释》(已失效)第1条将"列入国家重点保护野生动物名录的国家一级、二级保护野生动物,列入《濒危野生动植物种国际贸易公约》附录一、附录二的野生动物而繁育出来的动物",也认定为"珍贵、濒危野生动物",这明显不符合"野生动物"这一语词的本义,超出了刑法第341条第1款规定的非法猎捕、杀害珍贵、濒危野生动物罪(该罪名现已修改为危害珍贵、濒危野生动物罪)的涵盖范围,因而属于造法性解释。

第二节　对风险社会刑事立法的科学性拷问

自 1997 年刑法典施行以来,20 余年间,我国刑事立法活动呈现出一种非常活跃的状态,进入了所谓的“刑事立法的活性化”时代①。对此,相当一部分学者对刑事立法科学性进行考问,认为我国晚近刑事立法不断扩大犯罪圈和增加刑罚量的做法,违反了刑法谦抑性原则,有侵犯公民自由之虞,应对其给予足够的警惕和反思。与此同时,也有相当一部分的学者认为,晚近刑事立法总体上是合理的,符合社会发展的需要,并不违反刑法谦抑性原则。双方观点针锋相对,引发了一场关于刑事立法科学性的大讨论。

一、风险社会刑事立法的正当性危机

(一)学界对晚近我国刑事立法正当性的争论

对于晚近我国刑事立法扩张化态势下的刑事立法正当性,不少学者予以强烈批评,认为其存在以下四大问题:一是风险刑法导致刑法保障机能减弱的问题;二是预防刑法导致刑法保护机能前移的问题;三是象征性立法导致刑法适用实效阙如的问题;四是情绪性立法导致刑法理性难以保持的问题。

1. 关于风险刑法的争论

风险刑法,是指在风险社会中,针对反规范行为产生的危险,以处罚危险犯的方式来更早期地保护法益,实现刑罚的积极一般预防目的

---

① 参见[日]关哲夫:《现代社会中法益论的课题》,王充译,载赵秉志主编:《刑法论丛》(第 12 卷),法律出版社 2007 年版,第 333 页。

而形成的一种刑法体系。作为一种法律概念,风险刑法尚未臻成熟及被普遍接受。但是,作为一种立法现象,学界却普遍认为它在晚近刑事立法中是大量存在的。

对于风险刑法,不少学者提出强烈的反对意见。如有学者指出,风险刑法固然能够发挥一定的化解风险的作用,但风险刑法本身也存在一定的风险,因而也需要化解。如果刑法为化解风险社会的风险而过于扩张甚至突破罪刑法定主义、责任主义等法治刑法的底线,则是不可取的。[①] 另有学者认为,风险刑法偏重预防和管理,本身就蕴含摧毁自由的巨大危险,即所谓"危险(或风险)刑法"对刑法所造成的危险(或风险)。[②] 还有学者指出,在坚持建设法治国家的今天,风险社会理论的提出以及风险刑法理论的侵入都不能动摇刑法谦抑主义,因为风险刑法理论是违反法治的,它导致刑法处罚范围不断扩大、罪责刑法转变为风险刑法、行为刑法转变为行为人刑法等后果。[③]

不过,也有不少学者赞同风险刑法的主张。如有学者认为,伴随风险社会的来临,刑法体系面临着由罪责刑法向安全刑法的转变,风险社会的刑法应将安全作为基本的价值取向,考虑法益保护的早期化和处罚的预防性。可以通过增加危险犯的规定,将某些预备、未遂性质的行为规定为独立的犯罪构成类型,增设持有型犯罪,以及使刑罚适用重心偏向人身危险性等来发挥刑法控制风险的功能。[④] 另有学者认为,在风险社会中,风险源的复杂化、风险发生的不确定性、风险波及范围的广泛性,导致社会公共安全面临着前所未有的威胁。此时,如果刑法仍然固守传统的结果本位立场,片面强调对犯罪的事后惩

---

① 参见陈兴良:《"风险刑法"与刑法风险:双重视角的考察》,载《法商研究》2011 年第 4 期。

② 参见刘明祥:《"风险刑法"的风险及其控制》,载《法商研究》2011 年第 4 期。

③ 参见刘艳红:《"风险刑法"理论不能动摇刑法谦抑主义》,载《法商研究》2011 年第 4 期。

④ 参见郝艳兵:《风险社会下的刑法价值观念及其立法实践》,载《中国刑事法杂志》2009 年第 7 期。

罚,忽视对犯罪的事先预防,势必不利于对社会公共安全的保护。[①] 还有学者认为,传统刑法是以实害犯为核心的体系,过于注重对规范体系中危害与罪过等内在变理的探讨,忽视了社会性的外在参数对刑事立法与刑法理论的构造性影响,因而在应对现代社会的风险时漏洞百出,难以回应公众防控风险的诉求。在风险社会,控制风险、保障安全成为公众的首要诉求。风险刑法将刑法防线前置化,更加强调积极的事前预防,"预防必要性"替代"非难可能性"成为处罚的重心。[②]

2. 关于预防刑法的争论

预防刑法,是对我国晚近刑事立法处罚早期化现象的一种指称。预防刑法立基于启蒙思想之上的传统刑法,针对的是已然发生的危害行为,严格以行为造成的法益侵害结果为归责的根据,"无侵害结果则无刑罚",体现出一种消极主义刑法观。预防性立法则与此相对,针对的是未然的危害行为,以行为具有法益侵害的危险作为归责的根据,"有法益侵害危险即有刑罚",体现出一种积极主义刑法观。预防刑法以及由此催生的刑罚积极预防机能空前强化,展示了现代刑法正在经历规范结构和机能上的综合调整。预防刑法在我国晚近刑事立法中大量存在,主要体现为刑罚处罚的早期介入,大量处罚抽象危险犯和犯罪预备行为。[③]

对于预防刑法,个别学者提出了明确的反对意见,认为刑法是防范和治理风险的利器,但并不是遏制危险的良药,也不是预防犯罪的有力武器。未来我国刑事立法要反思积极预防性刑法观,并防止其演变为激进式刑法观。[④] 一些学者虽然承认预防性立法在风险社会背景

---

① 参见利子平:《风险社会中传统刑法立法的困境与出路》,载《法学论坛》2011 年第 4 期。

② 参见郭浩、李兰英:《风险社会的刑法调适——以危险犯的扩张为视角》,载《河北法学》2012 年第 4 期。

③ 参见何荣功:《预防刑法的扩张及其限度》,载《法学研究》2017 年第 4 期。

④ 参见刘艳红:《积极预防性刑法观的中国实践发展——以〈刑法修正案(十一)〉为视角的分析》,载《比较法研究》2021 年第 1 期。

下有其相对合理性,但又提出要对其进行必要限制,实际上隐含着对其做法予以否定的意思。如有学者认为,预防刑法是社会需求的产物,虽具有种种合理性与优势,但预防总是和无节制相关,具有不确定性和难以捉摸、威胁和改变法治国的核心价值,模糊刑法干预社会的应有界限的危险。①

但是,也有许多学者明确支持预防性立法。如有学者认为,预防性刑事立法及其理念的出现与发展,是传统刑法学主动回应风险社会及网络社会的自觉之举,是传统刑法学主动促成知识转型的积极行动,是面向未来的刑法新领域。② 另有学者指出,传统刑法对现代社会中的重大超个人法益的保护不够充分,需要预防刑法为之提供超前保护。预防刑法符合刑法的谦抑性原则,是现代社会刑法机能动态平衡的具体表现。③ 还有学者承认预防刑法有刑法工具化、处罚界限模糊化、过度干预公民自由的危险,但也认为利用行为规范和裁判规范在一定范围内分离的现象可以对其进行克服。④

3. 关于象征性立法的争论

象征性立法,顾名思义,是指刑事立法并不追求刑罚规范的适用效果,而只是表明立法者对某种犯罪行为施以惩罚威胁的姿态、态度与立场。象征性立法,通常不是为了保护法益,而是"为了谋求刑法之外的目的,就像安抚选民或者表达国家自我姿态的法律规定"⑤。众所周知,一切立法活动均有其目的,立法者总是试图让法规范发挥所预设的规制效果及其背后的政策目标,从而引导公民的行为向正面发展。如果立法者只是为了作出一份"规范申明"(行为规范——明确

---

① 参见何荣功:《预防刑法的扩张及其限度》,载《法学研究》2017 年第 4 期。

② 参见高铭暄、孙道萃:《预防性刑法观及其教义学思考》,载《中国法学》2018 年第 1 期。

③ 参见王良顺:《预防刑法的合理性及限度》,载《法商研究》2019 年第 6 期。

④ 参见黎宏:《预防刑法观的问题及其克服》,载《南大法学》2020 年第 4 期。

⑤ [德]克劳斯·罗克信:《刑法的任务不是法益保护吗?》,樊文译,载陈兴良主编:《刑事法评论》(第 19 卷),北京大学出版社 2007 年版,第 155 页。

某种行为的违法性),但并不期待发挥实质的规制效果(裁判规范——对违法行为适用刑罚),这种立法便只是在特定时空背景下单纯为了满足公众的期待和需要而生的产物,只是立法者回应社会诉求的一种姿态而已。

有学者指出,象征性立法是立法者在特定时空与社会背景下对于社会问题的情绪或者价值偏好,并无实际成效;这种立法以犯罪化为主,而不服务于法益保护并招致保护法益的稀薄化。我国晚近刑事立法存在大量的象征性立法现象。其中,恐怖犯罪、网络犯罪与环境犯罪,是象征性刑事立法的典型代表。除此之外,还存在其他象征性立法,如雇用童工从事危重劳动罪、拒不支付劳动报酬罪、强令他人违章冒险作业罪、利用未公开信息交易罪、背信损害上市公司利益罪、对有影响力的人行贿罪等。[①]

对此,有学者指出,立法机关规定恐怖犯罪、网络犯罪和环境犯罪三类犯罪只是为了表述国家的自我姿态,并不符合事实;试图否认这三类犯罪的法益侵害性、严重性与普遍性,更不合适。简言之,此三类犯罪规定仍是以法益保护为目的,并不属于象征性立法。[②] 另有学者认为,某罪名立法是否是象征性刑法,一方面,应审慎考察其效力,而不能仅从不完整的适用率统计或能否根治犯罪、处置犯罪等方面得出结论;另一方面,刑事立法彰显国家的价值观本是立法活动的应有之义,为了安抚民众的不安感等"潜在的目的"设定,也并非一律失当。在当前社会背景下,象征性刑法没有必要也无法全面恪守扎根于古典社会形态的刑法谦抑性原则。[③]

---

① 参见刘艳红:《象征性立法对刑法功能的损害——二十年来中国刑事立法总评》,载《政治与法律》2017 年第 3 期。

② 参见张明楷:《新罪增设的观念——对积极刑法观的支持》,载《现代法学》2020 年第 5 期。

③ 参见贾健:《象征性刑法"污名化"现象检讨——兼论象征性刑法的相对合理性》,载《法商研究》2019 年第 1 期。

4. 关于情绪性立法的争论

情绪性立法，是指在刑事立法过程中，立法机关因受情绪性的民意和舆论的影响，对刑法规范进行立、改、废。情绪，是指主体从对客体所持的态度中产生的一种主观体验。它以人的情感为基础而形之于外，具有明显的主观性、短暂性和情景性的特点。鉴于此，在情绪的裹挟下，往往容易产生非理性的决策。在刑事立法活动中，亦存在这种风险。因此，刑事立法活动应当摒弃情绪化的干扰，力戒情绪性立法，这一点应当是不言自明的道理。

有学者认为，《刑法修正案（九）》中的情绪性立法现象表现较为突出和严重。废除嫖宿幼女罪，增设编造、故意传播虚假信息罪，增设拒不履行信息网络安全管理义务罪，加重对袭警行为的处罚，对收买被拐卖的妇女、儿童行为一律追究刑事责任，以及对重大贪污贿赂犯罪不得减刑、假释等规定均是情绪性立法的典型立法例。①

但是，也有学者不同意上述看法，指出：不能认为，凡是满足公民诉求的立法就是情绪性立法。诚然，在刑事立法的过程中，对公民的"意志"与"情绪"不得混同，但没有理由认为，公民主张将某种行为科处刑罚，只是基于情绪，而不是因为这种行为侵害了法益。立法不可不考虑公众的诉求，国家对国民的刑法保护，应当成为一项公共服务内容。②

（二）对学界争论观点的简要评析

1. 象征性立法、情绪性立法缺乏刑法的实效性

上述观点孰是孰非，难以判断。不过，首先可以肯定的是，从立法技术上看，象征性立法、情绪性立法均是立法非理性的表现，不符合刑

① 参见刘宪权：《刑事立法应力戒情绪——以〈刑法修正案（九）〉为视角》，载《法学评论》2016 年第 1 期。

② 参见张明楷：《新罪增设的观念——对积极刑法观的支持》，载《现代法学》2020 年第 5 期。

事立法科学性的要求，难以谓之为“良法”。但问题是，如何判断一个罪刑规范是象征性立法或情绪性立法？

一方面，不应将罪刑规范的适用率作为判断象征性立法的标准。刑法既是裁判规范，也是行为规范，而任何一个罪刑规范，一经颁布，即具有向社会公众宣示的效果：遵循规范的禁令要求，不逾越雷池半步的，刑法不会干预；不遵循规范的禁令要求，以身试法的，刑罚必然加诸其身。基于这种事先的、公开的宣示，刑法取得其威慑效应——绝大多数公民均能服从刑法的行为规范指令，使自己的行为远离刑罚的触发机制，从而使罪刑规范的法律条件难以满足，罪刑规范失去适用的机会。在这种情形下，罪刑规范的负面效应虽然没有实现，但罪刑规范仍然发挥了实效。当然，当行为人公然挑战罪刑规范的禁令，以身试法，触发刑罚的适用机制，使罪刑规范的法律效果得以实现时，罪刑规范的实效性更是确定的。总之，当罪刑规范的法律效果因行为人实施法律禁止的行为而得以实现时，这一规范固然属于实效性立法；当罪刑规范的法律效果因行为人克制实施法律禁止的行为而没有实现时，这一规范仍然属于实效性立法。因此，“不能认为新罪增设的法条没有得到较多的适用就是象征性立法”①，规范的适用率与规范的实效性并不具有正相关关系。可见，以罪刑规范的适用率作为象征性立法的判断标准，进而认为我国晚近刑事立法存在大量的象征性立法现象，是不妥当的。不过，论据虽然选择不当，但结论本身是否正确呢？换言之，我国晚近刑事立法究竟有无象征性立法呢？对此，本书认为，绝对地作出否定回答，恐怕也不尽符合事实。如果说象征性立法的判断标准是罪刑规范中欠缺值得刑法保护的法益，则晚近增加的个别罪刑规范应属于这种类型。

另一方面，不应将回应型立法认定为情绪性立法。诚然，情绪有

---

① 张明楷：《新罪增设的观念——对积极刑法观的支持》，载《现代法学》2020 年第 5 期。

一定的副作用,人们在情绪作用下往往不能客观和冷静地观察,所作出的判断和决策极易失之理性。立法机关亦不例外。如果立法机关处于民众强烈的情绪裹挟、感染之下,则其恐怕难以保证理性和客观,极易认同刑法工具主义和重刑主义,进而制定非理性的罪刑规范。不过,情绪性立法的标签也不能乱贴,特别是不能认为,立法遵从民意、回应民众的诉求,就是情绪性立法。在风险社会,由于风险的普遍性,民众经常通过自己的代表、媒体等发出新罪增设或提高刑罚的呼声。基于对这种呼声的回应而进行的立法,其实是一种回应型立法。回应型立法不同于情绪性立法,不是被动地适应社会政治环境,而是有选择地主动适应。它“把社会压力理解为认识的来源和自我矫正的机会”①,从而使法律的完整性和开放性得以平衡。质言之,回应型立法虽然也考虑民意,但并不简单地顺从民意,而是在充分尊重民意的基础上,始终坚持实体正当原则、正当程序原则等法治原则。区别情绪性立法和回应型立法的关键是,前者是对民意的盲从迁就,而后者是对民意的理性听取。我国晚近刑事立法绝大多数应当是回应型立法,其立法科学性应当得到肯定,但也不应否定个别罪刑规范的增设有情绪性立法的影子。

2. 风险刑法、预防刑法契合安全的价值追求

从立法价值取向来看,关于风险刑法和预防刑法的争论,尽管具体争点不同,但均涉及刑事立法的目标转向问题,即刑法究竟应当继续坚守保障自由的立场,还是转向维护安全的立场。自由、平等和安全是法的三大基本价值,这是由人性中根深蒂固的意向所驱使的。②在这三大基本价值中,自由和平等被视为正义的价值内核,安全则是实现正义的相关因素,是法律制度的派生价值。的确,追求自由乃是

---

① [美]诺内特、[美]塞尔兹尼克:《转变中的法律与社会:迈向回应型法》,张志铭译,中国政法大学出版社 2004 年版,第 85 页。

② 参见[美]E. 博登海默:《法理学:法律哲学与法律方法》,邓正来译,中国政法大学出版社 1999 年版,第 296 页。

人类内心的一种强烈愿望,因为自由意味着人的个性的自由和全面发展。在一个正义的法律制度中,自由始终被置于最重要的位置,是评价法律制度的价值和正当性的最高价值准则。正如康德所言:"自由乃是每个人根据其人性所拥有的一项绝对的和原始的权利。"①不过,自由虽然至关重要,但并不意味着安全可有可无。根据心理学家亚伯拉罕·马斯洛(Abraham H. Maslow)的研究,人的需要具有层次性:生理需要、安全需要、归属和爱的需要、尊重需要、自我实现需要。其中,安全需要和生理需要一并被视为低层次的需要,均属于缺乏型需要。人只有在低层次的需要得以满足之后,才可能产生高层次的需要。②安全需要是人类的生存需要,安全需要的满足是许多法律制度制定和实施的目标。正义之所以是善的,是因为它具有建立和维护公共安全状态的倾向。这种状态是以有组织、有秩序的人类活动为前提的。非正义则趋向于破坏这种安全状态。就此而言,安全和自由、平等一样,也是正义的基本内核。

然而,传统刑法理论将自由价值作为立法追求的唯一价值目标,并无安全价值的存在余地,有时甚至将二者对立、割裂开来。自由保障机能被认为是刑法的首要机能。所谓自由保障机能,是指刑法具有通过制约国家刑罚权的行使保障行为人不受国家滥用权力的侵害,进而保障公民的个人自由及其他利益的机能。③ 只要行为人的行为不构成刑法所规定的犯罪,国家就不能动用刑罚予以干预,这就限制了国家刑罚权的发动,也就意味着行为人是自由的,因而刑法能保障公民的自由。这是就加害人角度而言的。站在被害人的立场,如果其自由受到他人的严重侵犯,则国家就具有动用刑罚对他人予以惩罚的根

---

① Immanuel Kant, *Metaphysical Elements of Justice*, Trans by John Ladd, Bobbs-Merrill, 1965, p. 43 – 44.

② See Abraham H. Maslow, *A Theory of Human Motivation*, Psychological Review, Vol. 50, p. 370 – 396(1943).

③ 参见张明楷:《外国刑法纲要》(第3版),法律出版社2020年版,第5页。

据，从而保障、恢复被害人的自由。因此，刑法不仅是犯罪人自由的大宪章，也是善良公民自由的大宪章。另外，如果仔细分析，自由与安全绝非对立关系，而是有着密切的关联性。自由固然是个体自主地安排事项、处理事务的权利，但如果个体缺乏安全性，人身、财产等利益得不到保障，能够被他人任意侵害，则自由权利的基础将不复存在。安全是较低层次的价值，是自由的前提；自由是较高层次的价值，是安全的发展。安全意味着生存权，自由意味着发展权，没有生存，何来发展？由此可见，自由和安全关系密切，无论是自由还是安全，都是满足人类生存和发展必须具备的价值基础，将二者割裂开来是欠妥的。一些学者对安全刑法持猛烈批评态度可能是因其存在认识上的误区。当然，这些学者之所以推崇自由刑法而排斥安全刑法，可能与安全刑法极易导致极权主义倾向有关。极权主义下，一旦安全面临危险，国家往往会以维护“集体安全”“公共秩序”的名义，对公民自由进行过度、不必要干预。但这属于权力行使方面的问题，不能以这类问题的存在而全面否定刑法的安全价值。

与此相对应的是，刑法的任务究竟是保护法益还是预防风险？对风险刑法持反对意见的学者坚定地认为：刑法的任务是保护法益而不是预防风险，国家只对侵害他人法益的行为才可以动用刑罚，而不能借口维护安全的需要对风险行为动用刑罚；风险是中性的，既可能带来坏的结果，也可能带来好的结果，因而不应当受到法的否定评价；预防风险是行政法、管制法的任务，而不应是作为后盾法的刑法的任务。诚然，如果认为风险社会中的“风险”有别于刑法中的“危险”，则所谓的风险刑法的正当性就欠缺坚实的根基。一些主张风险刑法的学者确实将风险社会的风险作了最宽泛理解，进而提出间接危险犯、风险犯等概念。然而，绝大多数风险刑法的支持者是将风险社会的风险作狭义理解——类似于贝克的负面理解，即将其与刑法中的危险贯通起来，认为二者在“质”上具有同一性。这也正是本书的主张。由此可见，风险刑法的支持者和反对者之间的分歧并非不可调和。详言之，即使是最坚定的风险刑法否定论者,也不会绝对反对刑法惩罚未遂犯、预备犯,而未遂犯、预备犯并未对法益造成实害结果,只是具有造成实害结果的危险性。就此而言,未遂犯、预备犯,也是一种危险犯,惩罚这类行为就是预防风险。但对于刑法普遍性地惩罚未遂犯、预备犯的做法,却没有一个刑法学者质疑过。事实上,风险刑法,亦是惩罚可能对法益造成侵害危险的行为,而非惩罚对法益不具有任何侵害危险或者中性的行为。区别仅在于,古典刑法将实害犯作为惩罚的主要对象,而将未遂犯、预备犯作为惩罚的例外;风险刑法将危险犯作为惩罚的主要对象,而将实害犯作为惩罚的例外。申言之,风险刑法仍然维持保护法益的立场,但将保护的触动扳机从实害前移到危险。当然,这一变化虽然不会改变基本的价值目标,但会带来刑法的基本范式的改变。

二、传统古典刑法理论的合理性危机

一种社会理论的合理性,在于其能够对社会现象提供强大的解释以及对社会问题提供有效的解决方案。古典刑法理论对于前工业社会的刑事立法具有很好的指导功能,但对于风险社会的刑事立法却表现出明显的滞后性,在风险社会背景下难以满足整个社会对预防风险、保障安全的迫切需要。究其原因,在于在古典刑法理论的型塑过程中,刑法方法论上的科学主义一直伴随其左右。无论是旧派的客观主义还是新派的主观主义,都过度地依赖科学的作用,片面强调事实问题的重要性,忽视了价值问题的特殊性。表现在实践中,无论是立法活动还是司法活动,行为定性均以客观事实为唯一的判断基准,而排斥主观价值的判断,同时辅之绝对的罪刑法定原则,从而使刑事审判成为一条机械生产的流水线,法官也沦为“法律的传声筒”。正如有的学者所言,古典刑法理论就是在解释犯罪与刑罚之间的因果关系,而只有自然科学的方法才能奏效,传统的三阶段的犯罪构成理论就是自然科学实证主义的产物。① 在风险社会背景下,以安全为价值取向的风险刑法,给古典刑法理论带来严峻挑战,从而使其面临合理性的危机。

(一)法益原则遭受一定冲击

法益原则的核心命题是,"无法益侵害结果则无犯罪"。因此,法益论的支持者无不坚持结果无价值和结果责任,亦即只有法益实际受到侵害之时,刑法才能干预,将行为规定为犯罪,予以刑罚规制。任何一种行为,只要没有对法益造成实际侵害,即使造成侵害威胁,也不能够将其犯罪化。法益论上述主张的出发点,是要保护个人自由,限制刑罚处罚范围,防止刑法过度膨胀化。然而,如果严格地坚持上述主张,必将导致风险行为完全游离于刑法的调整范围之外。其结果是,虽然立法者将犯罪圈的大小控制得非常理想,但刑法的适应性却相当地受到掣肘。

1. 坚持绝对的结果责任导致对未遂犯的处罚缺乏根据

如果坚持绝对的结果责任原则,则传统刑法对未遂犯、预备犯的处罚都将失去合法性。众所周知,古代刑法刑民不分,带有强烈的结果责任色彩。任何一种不法行为,只有对他人的权益造成了实害结果,才可能被追究责任,无论这种责任是民事责任还是刑事责任。换言之,不仅民事责任坚持的是结果责任原则,刑事责任坚持的也是结果责任原则。

近代刑法高举保障个人自由的大旗,抨击封建刑法的恣意性、残酷性,追求刑法的人性化、轻缓化,这无疑是进步的表现。但应当注意的是,就犯罪圈而言,近代刑法相较于古代刑法,实际上是扩大了范围,而不是限缩了范围。这集中表现在,近代刑法松缓了结果责任原则,不仅处罚造成实害结果的不法行为(既遂犯),而且处罚可能造成

---

① 参见许玉秀:《当代刑法思潮》,中国民主法制出版社 2005 年版,第 119 页。

但还没有造成实害结果的不法行为(未遂犯)。以《德国刑法典》为例,其所规定的犯罪原则上都是以单独犯的既遂形态为样本的,即处罚的是实害犯。但是,其第 23 条规定,重罪的未遂一律处罚。同时,在一些轻罪中,其又根据处罚需要特别规定,"本罪的未遂也处罚"。无论是未遂犯还是预备犯,都没有对他人的法益造成实害结果,如果严格贯彻法益原则,则根本不能对其予以犯罪化,不应对其施加刑罚处罚。这些规定显然是对法益原则的变通,已经偏离了法益论的原初主张。因此,当提出"违法性的实质是对法益的侵害或者威胁"[1],从而将既遂犯和未遂犯一并纳入犯罪圈时,就已经不是原初意义上的法益论了。因为,至少从表面上看,未遂犯的处罚根据与既遂犯是相同的,也是行为对法益的侵害,"既遂犯是因为行为侵害了法益而受处罚,未遂犯则是因为行为具有侵害法益的危险性"[2]。但实质上,"侵害法益"和"侵害法益的危险(威胁)"显然是根本不同的。

总之,近代刑法处罚未遂犯和预备犯,已经放弃了恪守法益论的结果责任的立场,而是悄悄地向行为责任的阵地靠拢了。如果不承认这一点,则根本没有办法解释未遂犯的责任根据问题。这一点在不能犯的处罚根据问题上尤为明显。在刑法理论上,不能犯有狭义和广义之分。最初的不能犯是狭义的概念,仅指行为人出于犯罪的意思而实施了行为,但是该行为从其性质来看不可能引起结果的情况。[3] 这种不能犯也称为迷信犯,如诅咒杀人等。由于行为客观上没有侵害法益的危险,主观上行为人对自己的行为手段和行为对象也没有发生错误认识,因而不构成犯罪。对此,刑法理论界几无争议。有争议的,是一些学者提出的广义的不能犯的概念,即将未遂犯中的工具不能犯和对象不能犯两种未遂不能情况也纳入不能犯的范畴,并主张也应对其予

---

① 张明楷:《法益初论》,中国政法大学出版社 2003 年修订版,第 271 页。

② 张明楷:《刑法学》(上),法律出版社 2016 年版,第 337 页。

③ 参见[日]大谷实:《刑法各论》(新版第 2 版),黎宏译,中国人民大学出版社 2008 年版,第 339 页。

以非罪处理。这一主张表面上很新颖,在国内刑法学界有相当多的赞同者,但实际上,它却是一个在德国刑法理论界炒作数百年但却一直被德国立法部门否定的观点。[①]《德国刑法典》第 23 条第 3 款规定:“行为人由于对犯罪对象和手段的认识错误,其行为根本不能实行终了的,法院可免除其刑罚,或酌情减轻其刑罚。”本书认为,德国立法机关的立场是正确的,没有完全追随错误的理论,坚持了基本的正义原则。相反,日本和我国台湾地区的做法却令人不敢恭维。《日本刑法典》第 43 条规定:“已经着手实行犯罪而未遂的,可以减轻处罚,但基于自己的意志中止犯罪的,应当减轻或者免除处罚。”该条规定仅针对未遂形态和中止未遂形态,而没有关于不能犯未遂的规定。换言之,日本刑法事实上是排除了不能犯未遂的可罚性。一旦认定为不能犯,即认为不构成犯罪,不得予以刑罚处罚。我国台湾地区走得更远,其在立法上明确排除了不能犯的可罚性。我国台湾地区 2005 年修订的“刑法”第 26 条后段规定:“行为不能发生犯罪之结果,又无危险者,不罚。”

以上三个国家和地区关于不能犯的处理,实际上体现了三种模式:明确规定可罚(减轻责任);明确规定不可罚;不予规定。比较而言,德国的做法最为可取;日本的做法有点骑墙,留下过多的自由裁量和解释空间,会导致司法裁判的不确定性,影响法的安定性;而我国台湾地区的做法最为糟糕,会导致立法规定与司法裁判严重不一致,进而影响法的权威性。我国台湾地区的“修法”理由是:“关于未遂犯之规定,学理中有采客观未遂论、主观未遂论、或折中之‘印象理论’。参诸不能犯之前提系以法益未受侵害或未有受侵害之危险,如仍对于不能发生法益侵害或危险之行为科处刑罚,无异对于行为人表露其主观

---

① 有学者指出,当前我国关于不能犯的争论是德国 1871 年至 20 世纪 30 年代这段时期的翻版:立法未明确是否处罚不能未遂、通说持客观未遂论、司法实践一直旗帜鲜明地践行着主观未遂论(肯定不能未遂的可罚性)。参见张志钢:《德国未遂理论的流变及其启示》,载《环球法律评论》2016 年第 3 期。

心态对法律敌对性之制裁,在现代刑法思潮下,似欠合理性。因此,基于刑法谦抑原则、法益保护之功能及未遂犯之整体理论,宜改采客观未遂论,亦即行为如不能发生犯罪之结果,又无危险者,不构成刑事犯罪。”①但迄今为止,对于这一“不能犯以客观主义检阅并不罚”的“修法”结论,在我国台湾地区仍有不少学者持有异议。在实务中,自2005年“修法”之后到现在,在不能犯的问题上,我国台湾地区立法与司法实践之间的矛盾问题似乎也并无明显好转。裁判中时常引用折中说的重大无知理论,或是将具体危险说搭配重大无知理论作为裁判认定是否构成不能犯的依据,让“修法”明文规定的客观主义检阅标准被束之高阁。② 质言之,尽管立法规定相当明确,司法却经常不依法而断,千方百计规避、架空立法。例如,对于陈某健杀人未遂案的处理,我国台湾地区三级法院就出现了不同的定性,最后不再援用客观危险说作为判断依据而结案。该案的基本案情及审理过程如下:被告人陈某健于2008年4月9日晚间8时许,受友人尤某熙之邀,得悉詹某胜欲于台南县某停车场谈判,遂携带具有杀伤力的半自动改造手枪1支以及子弹2颗前往。8时20分许,陈某健随詹某胜与对方杨某智及其友人陈某津等人谈判并因一言不合在停车场发生互殴,陈某健于混乱中突起杀意,自其裤子后方口袋取出其所携带之改造手枪,并手拉滑套将子弹上膛后,朝陈某津腹部瞄准并扣下扳机进行射击,幸因子弹卡在弹夹中而未能顺利击发。适于陈某健见状欲将子弹退出再行上膛之际,为陈某津趁势夺下改造手枪并将陈某健制伏在地而报警处理。③本案经历一审判决杀人未遂,二审原改判不能犯杀人不罚后改判杀人未遂,最终在三审的“最高法院”驳回原审判决被告再度上诉全案以杀人未遂尘埃落定。其中,从一审判决认定杀人未遂,到二审原判决认

---

① 马克昌:《我国台湾地区刑法修正述评》,载《中国刑事法杂志》2005年第4期。

② 参见韩其珍:《不能犯研究——以司法裁判对不能犯的认定为中心的展开》,载《当代法学》2016年第4期。

③ (1981年)台上字第7323号判例。

定不能犯不罚,终审法院发回重审后二审法院改判杀人未遂,再到最后终审法院认定杀人未遂,由于念及行为人素行尚可并为初犯,因而以杀人未遂判决5年有期徒刑的这一过程,充分展现出未遂犯和不能犯之间,在危险认定上由于不同理论所造成的罚与不罚的差距,甚至是在杀人未遂等重案上关系到重刑与不罚之间的巨大差距问题。究竟哪个判决更为合理,更符合正义原则,相信读者诸君自有判断,在此不予展开。

综上,如果将工具不能犯和对象不能犯均纳入不能犯的范畴,并以客观危险的有无作为处罚的根据,则将导致不能犯的范围极度扩张,刑罚处罚漏洞极度扩大,甚至可能导致所有的未遂犯都是不可罚的。"未遂都是因为某种原因而不能既遂。"①如果认为传统刑法理论中的工具不能犯(如将食盐当作毒药杀人)和对象不能犯(如误将男子当作妇女实施"强奸"行为)均因客观上缺乏具体危险而不罚,则对于能犯未遂(如因子弹卡壳而未能杀死他人,因临时忘记保险箱密码而未能窃取财物)也完全可以以同样的理由不罚。在上述能犯未遂的情形下,法益被侵害的具体危险、客观危险也是不存在的。因为虽然子弹卡壳、忘记保险箱密码等是非常罕见的"偶然因素",但毕竟因为这些因素的存在,行为人所实施的侵害行为在客观上就不可能发生法益侵害的实害结果,也就是说,是"没有任何危险性"的。既然如此,当然不能对其处罚。事实上,未遂犯之所以"未遂",都是特定的外在环境、他人阻止等外部因素和主体的认知、技能等内部因素共同作用下的结果;而既然是"未遂",也就缺乏法益侵害的"具体危险",否则,法益就能够被侵害,就是"既遂"的了。因而,所有的未遂犯,都不可罚。显然,上述推理所得出的结论是荒唐的。

2. 坚持绝对的结果责任导致对新型风险行为无法规制

随着风险社会的到来,人为风险已经常态化,公众对安全问题日益关注,迫切需要立法机关将一些高风险但尚未造成现实危害的行为

① 张明楷:《刑法学》(上),法律出版社2016年版,第359页。

规定为犯罪。但是,如果囿于绝对的结果责任原则,就难以将这些危险行为犯罪化。以《刑法修正案(八)》增设的危险驾驶罪为例,在该罪增设之前,不少学者认为,危险驾驶行为仅会造成一种非常抽象的危险,并未给法益造成实害结果,根本不能予以犯罪化。在该罪增设之后,直至《刑法修正案(八)》生效施行十余年后的今天,仍有不少学者认为,增设危险驾驶罪是一个立法错误。如有学者在该罪增设之初就预测,危险驾驶入罪将导致选择性执法的困境,并可能导致处罚上的不公平。危险驾驶入罪将原本只需通过行政执法手段解决的问题上升为刑事司法程序,在削弱执法效率的同时,也加剧了警力不足的矛盾,导致选择性执法的出现,最终损害民生福利。[①] 另有学者从法律效果的角度论证危险驾驶罪的不合理之处,即在其看来危险驾驶罪只能留存于文本中却难以发挥法律实效,危险驾驶罪在程序上、实体上皆存在难题。[②] 还有学者从刑法谦抑性角度入手,认为增设危险驾驶罪有损刑法的最后手段原则,从而过度加重行为人的法律责任;解决醉酒驾驶等危险驾驶行为的关键在于惩罚的必然性而非严厉性,在我国"违法"和"犯罪"二元化评价的处罚结构下,强化对危险驾驶行为行政处罚的普遍性和不可避免性才是解决问题的根本之策。[③]

与上述意见不同,绝大部分学者对增设危险驾驶罪持肯定态度。有学者指出,当前我国危险驾驶行为高发、多发,而危险驾驶的行政治理力度有限,我国刑法在惩治危险驾驶肇事行为方面又存在一定的缺陷,且国际社会上有不少采用刑法惩治危险驾驶行为的做法,因此将危险驾驶行为入罪具有必要性和可行性。[④] 另有学者从费尔巴哈的心

---

① 参见周详:《民生法治观下"危险驾驶"刑事立法的风险评估》,载《法学》2011 年第 2 期。

② 参见王政勋:《危险驾驶罪的理论错位与现实危险》,载《法学论坛》2011 年第 3 期。

③ 参见于志刚:《刑法修正何时休》,载《法学》2011 年第 4 期。

④ 参见赵秉志、赵远:《危险驾驶罪研析与思考》,载《政治与法律》2011 年第 8 期。

理强制说入手,认为将酒后驾驶行为入罪可以起到威慑作用,因为行为人能预见作出某一行为的后果,从而基于合算与不合算的角度作出相应的行为抉择;而面对酒后驾驶的严峻状况,提高酒后驾驶的违法成本,让行为人能预先估测到违法成本大于守法成本,无疑能起到积极的威慑作用。[①] 还有学者在比较域外国家规制醉驾行为的立法经验后,认为顺应"犯罪化""处罚的早期化"等刑事立法发展的潮流,将刑法防卫的视线前提,把危险驾驶行为犯罪化,阻遏和警戒危险驾驶犯罪,是我国交通犯罪立法成熟的表现。[②] 总之,为回应风险社会情境下民众对于安全性的追求,谋求社会安全性保护和稳定化,将刑法作为控制风险的工具加以利用的动向相当显著。

本书认为,增设危险驾驶罪是风险社会背景下刑法理论和实践发展的必由之路。刑法的价值不仅仅在于惩罚犯罪分子,阻遏潜在的犯罪行为,更是要在此基础上保障社会的安全稳定。风险社会中大量新型风险的出现,给公众生活增加了不安全性和不可控性。作为保护社会的最后一道屏障,刑法的保护机能需要进一步发挥。为了更好地实现刑法的保护机能,需要倡导预防刑法、积极主义刑法观,不再将责任的设定仅限于造成实害结果的场合,而应前移至具有造成实害结果危险的情形。随着汽车社会的到来,危险驾驶行为的潜在危险和现实危害不断增大,民众更容易感受到这种行为的高风险性,而行政处罚又存在处罚空隙,不可能用足用全,难以有效遏制这类行为,因而以刑罚这一最具强制力的制裁形式来塑造民众的交通伦理,防患于未然,具有现实合理性。[③]

---

① 参见贾凌、毕起美:《醉酒驾驶行为入罪论》,载《法学杂志》2010 年第 9 期。

② 参见李朝晖:《危险驾驶行为犯罪化的应然表述》,载《江汉论坛》2011 年第 6 期。

③ 参见叶良芳:《风险社会增设危险驾驶罪契合当前情势》,载《中国社会科学报》2011 年 5 月 3 日,第 14 版。

(二)因果关系地位有所下降

古典刑法理论将法益侵害结果的实现作为入罪的根据,必然重视行为与结果之间的因果关系,以及作为因果关系判定根据的物理规律的存在。因果关系在认定责任时具有定磐石的作用,如果行为没有造成实害结果,就不能让行为人承担刑事责任。但是随着风险社会的来临,因果关系的地位不再坚如磐石,因果关系的认定也有所松动,这意味着因果关系在责任认定方面的地位有所下降。

1. 结果概念的外延延伸到“危险”领域

因果关系在责任根据问题上失去重要地位,一个重要的原因是危险犯在刑法体系中的比重逐步上升。从当代刑法的罪刑规范来看,危险犯早已成为犯罪形态的一个重要分支。伴随风险刑法的渗透,刑法理论不得不将结果这一概念扩大到“危险”的范畴,并在解释因果责任问题时,将关联度较弱的联系也解释为刑法上的因果关系,或者干脆跳出因果关系的制约。例如,在认定危险犯的因果关系时,不再考察危害行为和危害结果之间引起与被引起的关系,而是考察危害行为与危害结果的危险之间引起与被引起的关系,或者干脆只考察危害行为本身,不再考察危害结果或危害结果的危险。刑法理论在因果关系问题上的这种转变,直接动摇了传统因果关系的根基。

具体而言,与传统因果关系认定不同的是,风险刑法的因果关系不再以实害结果的产生为前提。认定因果关系时所关注的重点,开始从实害结果转移到危险结果。正是因为“危险”本身被解释为一种危害结果,所以违反义务的行为就已经具有危险性。换言之,行为和结果已经合二为一,行为就是结果,结果也就是行为。此时,已经没有必要就因果关系进行专门判断,因为这种因果关系必然存在。例如,关于抽象危险犯的认定,只要肯定行为存在,便可以推定危险存在,根本不必再专门判断行为和危险之间的因果关系是否存在。再如,对具体危险犯的认定,由于其结果是以具体的危险的形式出现的,故而本质上也无须考察传统意义上的因果关系的存在。

2. 无须验证的"疫学因果关系"

除因果关系在认定责任时的地位下降之外，用于解决一些特殊犯罪的因果关系认定问题的疫学因果关系理论，也和传统因果关系理论的主张有很大不同。"疫学因果关系的特殊之处在于，它是行为与结果之间连自然科学意义上的条件关系都无法确凿证明的因果关系。"①换言之，行为与结果之间的事实因果关系根本无法证明，或者说只要很可能存在因果关系，即使也有不存在联系的概率，依然可以肯定行为与结果的因果关系，从而认定刑事责任。据此，疫学因果关系理论是一个拟制刑法层面因果关系成立的理论，它通过降低因果关系的判断标准来实现归因，继而实现归责。

疫学因果关系本来是传染病学中判断因果关系是否存在的标准，这种理论认为："疫学上所采用的因果认识方法，某因子与疾病之间的关系，即使不能从医学、药理学等观点进行详细的法则性证明，但根据统计的大量观察，认为其间具有高度的盖然性时，就可以肯定存在因果关系。"②换言之，在行为引起结果的可能性具有高度盖然性的场合，虽然根据现有的科技水平尚无法证明该结果是由该行为引起的，但只要行为人不能证明自己没有造成危害后果，就可以推定成立因果关系。这种推定需要遵循以下基本规则：第一，该因子在发病前的一定期间已经发生作用；第二，该因子的作用程度越明显，疾病的发生率越高；第三，根据该因子的发生、扩大等情况作的疫学观察记录，能说明流行的特性，而没有矛盾；第四，从该因子为原因的发生机制上可能予以生物学的说明而不发生矛盾。③ 尽管如此，从疫学因果关系的基本观点和基本原则看，这毕竟是一种在科学上只能证明一个大致的概

---

① 劳东燕：《风险社会与变动中的刑法理论》，载《中外法学》2014 年第 1 期。

② [日]大冢仁：《犯罪论的基本问题》，冯军译，中国政法大学出版社 1993 年版，第 104 页。

③ 参见[日]野村稔：《刑法总论》，全理其、何力译，法律出版社 2001 年版，第 143 页。

率而无法明确认定的关系。据此,“高度盖然性”成为认定部分犯罪具有因果关系的标准,这对传统刑事诉讼证明标准是一个挑战,在本质上并不符合传统刑法因果关系认定的基本立场。

(三)责任主义开始有所动摇

传统责任理论的核心基础,在于行为人具备自由意志,但是在风险社会背景下,自由意志的确定却存在本源性的障碍。风险社会的刑事立法,为更好地预防和控制风险,防止风险制造者轻易逃避处罚,放宽了主观方面的要件设置,在一定程度上突破了严格的责任主义的限制。

1. 取消罪过要求的严格责任

严格责任最初源自英美法系国家的刑法理论和司法实践,后为大陆法系国家刑法所借鉴。“严格责任原则,即授权将一个道德上无过错但实施了刑法定义中要求具备犯罪心理的违法行为的人定罪的刑事责任规则。”[①]严格责任的提出及其在刑事司法领域的适用,表明罪过在责任认定时的地位已经有所下降。

严格责任是功利主义思想在刑法领域的直接产物。随着工业技术的提高,社会风险与日俱增,与技术相伴而生的公害犯罪、产品责任犯罪数量也大幅增长,需要刑法有力应对。但问题在于,在起诉这些犯罪时难以证明行为人的主观过错。因为这类犯罪涉及面广、危害成因也十分复杂,责任主体常常存在推卸责任的情况。显然,第一次现代化所提出的用以明确责任和分摊费用的一切方法手段,在如今的风险社会中将会导致完全相反的结果。在风险社会中,随着科学技术的不断发展,社会分工越来越精细,各种复杂的工业机构和烦琐的程序安排都使得风险来源越发多元化和复杂化,风险后果与风险制造人之

① [美]约书亚·德雷斯勒:《美国刑法精解》,王秀梅等译,北京大学出版社2009年版,第132页。

间的因果关系也通常难以准确断定，致使风险责任主体具有不确定性。尤其是在公害犯罪中，大量的损害后果难以找到归责主体，这种"有组织地不负责任"成为风险社会中责任归属的难点。为保护公共利益，节约诉讼成本，严格责任应运而生。

严格责任背后的深层次制度机理和价值选择是，"从保护社会和公众利益出发，在立法上表明对这种行为不可容忍和统一处理的态度，可谓'两害相权取其轻'"①。在刑事诉讼中选择严格责任，实际上就是排除了说明主观状态的证明责任，也就是减轻了诉讼层面的压力。至于行为人是否确实存在罪过，是故意还是过失，均不是需要被考虑的因素。总之，严格责任实质上是立法机关在自由与秩序、个人利益与公共利益发生冲突之时如何选择的一种制度设计。这种对主观状态证明的免除，本质上已经超越了责任原则的基本立场。

2. 自由意志存疑的法人责任

一直以来，法人责任的认定都是一个值得关注的问题，而这一问题在风险社会背景下变得越来越重要。法人"既没有应当坠入地狱的灵魂，也没有应当受到鞭笞的肉体"，该如何认定它的责任呢？如果认为，法人作为一个组织，根本不可能存在所谓的"自由意志"，那么认定法人责任本身，就是对责任主义的突破；倘若认为，法人的意志是依托于自然人的意志，那么还需要解决的问题是，如何认定自然人的意志就是法人的意志？或者说法人的自由意志如何体现？

否认法人犯意说的观点，并不在意法人这一主体能不能具备或者实际上存不存在自由意志，而是在具体的犯罪中根本不考虑法人的犯意，直接遵循严格责任来认定法人的责任。从历史的进程看，严格责任本就与法人犯罪相伴而生，风险社会所带来的一个重要风险问题就是法人犯罪的问题。但是，证明个人的犯意尚有迹可循，证明法人的犯意则几乎无路可走。因此，为了预防公害犯罪，最大限度地保护公

---

① 刘仁文：《刑法中的严格责任研究》，载《比较法研究》2001 年第 1 期。

众利益,约束企业的不法行为,以严格责任的基本原理来确定法人的责任,这显然是对传统责任主义的突破。

理论上,关于法人责任的根据,有替代责任说和整体责任说的对立。前者认为,基于替代责任的原理,法人应当为他人的犯意和行为承担责任;后者认为,自然人的意志与行为不再是连接和证明法人意志和行为的媒介,因为法人本身就存在自己的意志。整体责任论意识到,法人的犯罪主观方面和自然人具有本质上的不同,而传统的责任理论均是以自然人为中心展开的,法人犯罪只是其中一种特殊的附属存在。整体责任论增加了所谓法人的犯意,它不仅承认法人犯罪的目的,还有法人犯罪的认识、法人犯罪的轻率与过失等。[①] 可见,传统的责任理论认为,法人至多只有拟制人格,而没有所谓的意图,因此只能借助自然人实施犯罪来承担刑事责任。所以,整体责任论为法人这一主体强行增加了"意志",这是极具冲击性的理论观点。虽然整体责任论也强调自由意志及法人犯意的确定,但与传统责任主张相比,还是有很大区别的。本书认为,法人犯罪事实上是一种拟制犯罪,法人责任只能是一种弱化的主观责任。因为法人犯罪的实现,自始至终都必须依赖于自然人,所以,再怎么强调法人独立的犯意,它也只能是自然人犯意的集合或转嫁。总之,承认法人责任,就意味着在替代责任或者整体责任中有限地接受某种法人的犯意。

3. 立场模糊的混合罪过

混合罪过,又称复合罪过,指行为人在实施单一罪行或者同一性质的犯罪过程中,其主观上可能呈现故意和过失掺杂在一起的情形。例如,《刑法》第129条规定了丢失枪支不报罪,丢失枪支本身是一种过失,但在丢失之后不报告的行为,却是一种故意。混合罪过的提出也是风险社会发展的结果。随着科学技术的发展,新兴产业的崛起,

① 参见黎宏:《美国近年来的法人刑事责任理论述评》,载《法商研究(中南政法学院学报)》1999年第1期。

混合罪过开始出现在部分涉及科技、业务等领域的风险犯罪中。

混合罪过源自单一罪过在说明具体犯罪问题时的瓶颈。除了丢失枪支不报罪,还有交通肇事逃逸的问题。传统罪过理论很难说明,如何将一个“过失”的交通肇事行为和一个“故意”的逃逸行为容纳进一个罪名中,但混合罪过却能对此作出较为合理的解释。当行为人的主观罪过模糊,从证据角度看无法辨明时,如果按照传统罪过理论的单一罪过主张,非要对具体犯罪的罪过作一种绝对的故意或过失的判定,则将导致归责的流产。混合罪过则另辟蹊径,通过追溯立法本意,认为立法者在设立罪名之时即将罪过设定为故意和过失兼具的状态,由此回避了罪过认定非黑即白的判断难题。但不可否认的是,混合罪过是对传统罪过理论的扬弃。

第三节　风险社会刑事立法科学性标准之建构

刑事立法,是创设、修改、补充、删除罪刑规范的活动,而罪刑规范是一种最具制约力的强行性规范,对公民自由的影响重大。因此,刑事立法,必须符合一定的科学性标准,才能实现保障机能和保护机能的统一。

一、刑事立法科学性问题溯源

“科学”一词,源自拉丁语 scientia,意为普适知识。它最初是指以数学和实验科学为代表的自然科学。作为一种文化意识,自然科学首先表现为对中世纪经院哲学的对立。它从柏拉图的“观念世界”和“现实世界”的二分法出发,严格区分事实和价值,致力于对客观存在的自然规律的探寻。它是一种求真的学问,关键在于回答“是”与“不是”的问题,其特点是可证伪性。在启蒙时代,受笛卡尔的理性主义

（唯理论）的影响，科学的概念开始向社会领域渗透，确定性和唯一性也成为社会活动追求的目标。至19世纪初，孔德、涂尔干等分析主义哲学家更是直接模仿自然科学的方法，对社会现象进行求真研究。按照这些学者的观念，在研究人类行为时，也可以采用物理学等自然科学的实验方法，用严格的自然科学的语言定义人类的行为。至此，"社会科学"的概念应运而生，科学也从自然界全面渗透到社会界，成为一个普适性的概念。这种广义的科学，在当代更是被人们自然而然地接受。例如，《现代汉语词典》对科学定义如下："反映自然、社会、思维等的客观规律的分科的知识体系。"①

然而，社会科学是以社会现象为研究对象，以发现社会规律为研究目标的，而社会规律迥异于自然规律。社会科学以"应当"或"不应当"为社会问题的答案范式，解决的不是"是或非"的事实问题，而是"对或错"的价值选择问题。由此，对于包括法学的社会科学，始终存在是否是科学的疑问。尽管如此，理性主义认为，只有理性才是真理的标准，应当充分发扬人类的理智去发现具有必然性和精确性的客观规律。受唯理论思想支配，在十七八世纪的欧洲，几乎每个学科领域的学者都抱负远大，法律专家亦不例外。"在这些法律专家的眼中，法律是，而且也必须是一个可以从少量普适且不证自明的原则中推导出来的体系。"②他们竭力在法学领域也建立一个知识的绝对体系，由此推动法典编纂运动的盛行。"西方的法典原是为信奉理性主义的社会制定的，法典的抽象性结构是西方笛卡尔主义思想的产物。"③作为一个包罗万象的绝对真理的体系，法典的成立至少依赖两个条件：其一，立法主体有着至上的认识能力，能够无一遗漏、全知全能地发现真理，

① 中国社会科学院语言研究所词典编辑室编：《现代汉语词典》（第7版），商务印书馆2016年版，第735页。

② ［英］弗里德利希·冯·哈耶克：《法律、立法与自由》（第2、第3卷），邓正来等译，中国大百科全书出版社2000年版，第40页。

③ ［法］勒内·达维德：《当代主要法律体系》，漆竹生译，上海译文出版社1984年版，第505页。

形成理性的观念基础，这一条件为理性主义者所肯定和褒扬；其二，现实是静止不变的，人们可以建立绝对、无限、终极的理论体系，这一条件又被“绝对真理”的哲学体系所默许和承认。[①] 理性主义者致力于制定一部明确清晰、逻辑严密和体系完备的法典，从而规范、引导人们作出理性选择。“理性支配着人的一切活动。人们乐观地认为，从无懈可击的自然法中合理产生出来的新法规，将会取代现存的法律和制度。”[②]

在轰轰烈烈的法典编纂运动中，启蒙思想家和古典学派也开启了对刑事立法科学性的探索之旅。孟德斯鸠认为，与专制政体不同，共和政体的刑法应当符合以下要求：其一，刑法应当繁而多；其二，刑法只能由立法机关制定；其三，不得将思想入罪；其四，刑罚应当宽和。[③] 贝卡里亚认为，规定犯罪与刑罚的刑法应当满足以下要求：其一，刑法只能由立法者制定，司法官员没有解释刑法的权力；其二，刑法条文应当明确和公开，且一律平等适用；其三，刑罚与犯罪相类似和相均衡，形成对应的罪刑阶梯；其四，不应规定死刑，因为没有效益。[④] 边沁认为，刑法是以刑罚为本质的，而刑罚本身是一种恶，但只要刑罚所要排除的犯罪之恶大于刑罚之恶，刑罚就是正当的。因此，立法者所要做的，就是判断和对比犯罪之恶与刑罚之恶的轻重，以必要、有效的刑罚来制止犯罪，并辅之以符合功利主义的犯罪补偿等预防犯罪的手段。[⑤] 费尔巴哈认为，犯罪的本质是对权利的侵害，刑罚的本质是一种感悟

---

① 参见封丽霞：《法典编纂论——一个比较法的视角》，清华大学出版社 2002 年版，第 214 页。

② ［美］约翰·亨利·梅利曼：《大陆法系》，顾培东、禄正平译，知识出版社 1984 年版，第 18 页。

③ 参见［法］孟德斯鸠：《论法的精神》（上册），许明龙译，商务印书馆 2016 年版，第 102 页以下。

④ 参见［意］切萨雷·贝卡里亚：《论犯罪与刑罚》，黄风译，北京大学出版社 2008 年版，第 12 页以下。

⑤ 参见［英］边沁：《道德与立法原理导论》，时殷弘译，商务印书馆 2000 年版，第 57 页以下。

害恶,刑法则是通过刑罚对犯罪人施加的一种心理威慑。法治国的刑罚权应当受到以下限制:其一,根据法律的限制,明确“无法无刑、无法无罪”的罪刑法定原则;其二,根据行为的限制,明确刑罚科处的对象是行为而非行为人;其三,严格区分法与道德,明确犯罪不是违反道德而是违反法律的行为。①

不过,对于理性主义在社会领域的“帝国主义式”的扩张,也有学者持有异见。休谟率先发现,在道德哲学体系中,普遍存在一种从事实命题向价值命题的跳跃,而且这种跳跃缺乏相应的论证和说明。在仔细观察和思考之后,他提出了著名的怀疑论,认为自然科学领域和社会科学领域的认识对象是不同的,前者解决的是事实判断问题,后者解决的是价值判断问题。事实问题具有恒常的、确定的答案,价值问题却始终脱离不了个体的经验和感知,只能是一种观念和印象的归纳。他犀利地指出:“简单地说,有两个原则,我不能使它们互相一致,同时我也不能抛弃两者中的任何一个。这两个原则就是:我们全部的个别知觉都是个别的存在物;而且心灵在个别的存在物之间无法觉知到任何实在的联系。”②价值问题是相对的,因人而异,所以永远不可能真正解决。休谟的不可知论一炮打响,在西方哲学界具有极强的冲击力。伯林也对社会科学领域极端的乐观主义的认识论提出强烈批评,认为这是一种柏拉图式的、不切实际的理念。其谬误虚妄性具体表现在:其一,认为像在自然科学中一样,社会研究中所有真正的问题都应当有且只有一个真正的答案,而其他答案都必定是错误的;其二,认为必定有一条可靠的途径导向这些真理的发现;其三,认为真正的答案必定彼此融洽、聚成一体,因为真理不可能是相互矛盾的。但事实上,无论是在知识精神层面还是外部物质层面,均存在不可克服的

① 参见[德]安塞尔姆·冯·费尔巴哈:《德国刑法教科书》,徐久生译,中国方正出版社 2010 年版,第 23 页以下。

② [英]休谟:《人性论》(下卷),关文运译,商务印书馆 1996 年版,第 673 ~ 674 页。

认知障碍,故这种对真理的绝对完美的认识状态是永远不可能达到的。[①] 哈耶克也指出,建构论唯理主义认为人类运用理性就能够对社会制度进行发明和设计,实际上只是一种幼稚的幻想,因为它忽略了这样一个核心问题:“我们没有能力把深嵌于社会秩序中的所有资料或数据都收集起来,并把它们拼凑成一个可探知的整体。”[②]他尖锐地批评道,“在大约120年的时间里,模仿科学的方法而不是其精神实质的抱负一直主宰着社会研究,它对我们理解社会现象却贡献甚微。它不断给社会研究工作造成混乱,使其失去信誉”[③]。这些认识反映到法治实践,则强调法治模式的建构不是一个纯粹主观化和人工化的过程,不能仅凭理性和热情建构法治,而应将重心放在社会发展本身。立法者的工作,在于发现社会生活中的“活法”;立法者所应做的是扮演一个客观谨慎的对现实生活忠实记录的摄影师的角色。“立法者的任务并不是建立某种特定的秩序,而只是创造一些条件,在这些条件下,一个有序的安排得以自生自发地建构起来,并得以不断地重构。”[④]

二、刑事立法科学性的当代诠释

理性主义者追求刑法典的完美无瑕和垂范久远,一部刑法典“包揽一切问题、包管千秋万代”的设想,虽然初衷很好,但毕竟过于理想化;怀疑主义者认为社会领域完全不同于自然领域,任何社会问题都没有绝对正确、唯一的答案,亦不甚妥当。正确的立场应当是,社会领

---

① 参见[英]以赛亚·伯林:《扭曲的人性之材》,岳秀坤译,译林出版社2009年版,第9~10页。

② [英]弗里德利希·冯·哈耶克:《法律、立法与自由》(第2、第3卷),邓正来等译,中国大百科全书出版社2000年版,第12页。

③ [英]弗里德利希·A.哈耶克:《科学的反革命:理性滥用之研究》,冯克利译,译林出版社2012年版,第8页。

④ [英]弗里德利希·冯·哈耶克:《自由秩序原理》,邓正来译,生活·读书·新知三联书店1997年版,第201页。

域和自然领域一样,也存在自身特有的发展规律,有共同的行为标准和行为准则。对这些行为标准和行为准则的探寻,就是社会科学研究的核心任务,也是社会科学研究的意义所在。当然,社会科学研究是以人类自觉的或反思的行为为研究对象的,这与自然科学的研究对象存在本质区别。并且,社会科学是以价值判断为研究的根本目标的,而价值判断始终存在个体差异性和主观选择性。虽然人类社会经过长期的发展,对一些基本价值存在共识,但对一些非基本价值则远未达成一致的意见。因此,对价值问题,要坚持一元性(基本价值)和多元性(非基本价值)并存的立场。总之,社会科学的特殊难题,在于研究素材的主观性和研究结论的主观性,即观念或意见既是社会科学的研究对象,又是对这种对象进行研究后所要形成的结论。

法学,作为一门社会科学,无疑也应遵循上述社会科学研究的基本立场。一方面,应当明确,法学是对人类社会发展的规律性东西的探索和发现,而不是主体任意的规则创造。对此,马克思早就指出:"立法者应该把自己看作一个自然科学家。他不是在创造法律,不是在发明法律,而仅仅是在表述法律,他用有意识的实在法把精神关系的内在规律表现出来。如果一个立法者用自己的臆想来代替事情的本质,那么人们就应该责备他极端任性。"[①]法治是人类社会活动的一种治理方法,要使法治取得实效,则必须制定良法;而制定良法的前提,是对社会活动规律的正确认识。人类社会活动有其特定的规律,这些规律可以被发现、利用,但不能被违背、抗拒,更不能被任意拿捏和篡改。另一方面,在实践层面,社会规律的确认通常并不是一个不言自明的问题。一般而言,原则性的规律容易被发现和确认,但规则性的规律则难以达成共识。例如,自由、平等、公正是任何法治国家追求的价值目标,但是对于死刑是否应当立即被废除,各国采取的立场并不完全相同;罪刑法定原则毫无任何异议地被认为是刑法的基本原

---

① 《马克思恩格斯全集》(第1卷),人民出版社1995年版,第347页。

则,但立法类推或司法类推是否应当保留存在一定的争议和分歧。因此,立法的科学标准,首先应当确立抽象性、普遍性的法律原则,坚持法律原则的明确性、确定性;其次要确立具体性、个别性的法律规则,承认法律规则的相对性、适应性。

刑法学界向来致力于对解释论进行研究,对立法论关注有限,但自我国1997年《刑法》颁行以来,刑事立法科学性问题开始引起学者的关注。黄明儒教授是较早研究刑事立法科学性的学者。他认为,刑事立法的科学性,是指创制刑事法律规范时要贯穿科学思想,运用科学技术方法,使刑事法律规范内容全面、系统、明确、协调且富有理性。为此,他提出刑事立法科学性的三个指标:一是系统性,即刑事法律规范自成体系,并且各条文、各部分之间相互联系、始终一贯、秩序井然,从而构成一个有机的整体;二是确定性,即规定犯罪的法律条文必须清楚明确,使人能确切了解违法行为的内容,准确地确定犯罪行为与非犯罪行为的范围,以确保刑法规范没有明文规定的行为不会成为刑罚适用的对象;三是协调性,即刑事法规在体系上内在逻辑严密一致,内容上统一和谐,罪刑关系上协调一致,而不存在矛盾、冲突甚至相互否定的情况。① 徐文斌博士认为,刑法条文设置应当遵循四个基本原则:一是明确性原则,包括罪之明确性和刑之明确性;二是合理性原则,包括罪之设置的合理性、刑之设置的合理性以及罪刑之设置的互相适应性;三是严密性原则,即刑法条文必须紧密协调、周全完整;四是民主性原则,即刑法条文设置应当扩大民主、充分反映民意以及尊重客观规律。② 何群博士认为,刑事立法的科学性,具体体现为刑法设置自身的完整和科学、刑法配刑均衡、表述清晰合理、逻辑性和完整性兼具;同时,刑法既要适应不断发展的社会变化的需求,又要保证其文

---

① 参见黄明儒:《论刑事立法的科学性》,载《中南大学学报(社会科学版)》2003年第1期。

② 参见徐文斌:《论刑法条文设置的科学性》,华东政法大学2008年博士学位论文,第14页以下。

本的稳定性。刑事立法科学化发展的路径应是建立二元的刑事立法模式,即刑法典与行政刑法共同发展。[①] 姜涛教授认为,在追求科学立法的时代背景下,刑事立法应当植入立法事实的基因,提倡并发展立法事实论,避免假想式立法。[②] 陈伟教授认为,应当通过刑事立法方法的科学化,来保证刑法的立法质量和司法效果。既要利用影响性事件来辅助提升刑事立法方法的科学化,也要通过多元方式的谨慎行使来助推刑事立法内容的规范化,包括以审慎性代替频繁化,以系统性消解碎片化,以谦抑性取代随意性以及从单向被动过渡到双向互动。[③] 刘艳红教授认为,以科学立法促进高质量的刑事立法的判断标准是良法善治,具体有三个指标:一是规定明确的法;二是富有实效的法;三是公平正义的法。以科学立法促进高质量的刑事立法的具体路径是立、改、废、释并举。[④]

上述学者从实体标准、技术标准、程序标准等不同角度,对刑事立法科学性标准进行了有益探讨,均有其可取之处。但总体来看,这些探讨均局限于立法内容、立法形式、立法方法、立法程序等某一个侧面,未能形成系统性的标准,而且所提出的标准本身均过于宏观、原则、抽象,难以对刑事立法活动提供具体的、建设性的指导。例如,谦抑主义应为刑事立法理念层面的内容,将其作为科学标准的要素,就极不具有可操作性。又如,提出刑事立法应当符合客观规律,也是正确的赘语,因为何谓现实生活的客观规律,恰恰是在确立刑事立法科学性标准时需要探寻的;对此本源性问题蜻蜓点水似的一笔带过,虽然不能说该观点错误,但可资借鉴的地方确实相当有限。此外,上述

① 参见何群:《论我国刑法立法的科学化发展》,载《学术论坛》2016 年第 9 期。

② 参见姜涛:《立法事实论:为刑事立法科学化探索未来》,载《法制与社会发展》2018 年第 1 期。

③ 参见陈伟:《影响性事件促动刑法立法的理性审视》,载《暨南学报(哲学社会科学版)》2021 年第 3 期。

④ 参见刘艳红:《实质出罪论》,中国人民大学出版社 2020 年版,第 135 页以下。

学者均是立足于古典刑法理论对工业社会刑法的科学性标准提出的建构意见，而没有结合社会结构的变迁，从风险社会角度来探讨刑事立法的科学性标准问题。

三、风险社会刑事立法科学性标准的应然建构

风险社会刑事立法科学性标准的设定，是一个极为复杂的议题。此处仅就这一议题提供一个方向性的论纲，更为具体的建构留待后续章节进一步阐述。

（一）风险社会刑事立法科学性标准的指标选择

法律是治国之重器，良法是善治之前提。但长期以来，立法的科学性标准问题，鲜有学者关注。我国2000年《立法法》第6条规定："立法应当从实际出发，科学合理地规定公民、法人和其他组织的权利与义务、国家机关的权力与责任。"自此，立法的科学性标准问题开始成为法学界的研究议题。概括起来，法学界主要有以下主张：一是三标准说，如有学者认为，从规范分析法学的角度衡量，科学立法有三个标准，即合理性（立法选择合理、立法内容合理、立法过程合理）、合法性（形式合法、实质合法）与合逻辑性（立法统一、立法无矛盾、立法排中、立法理由充足）。[①] 二是五标准说，如有学者认为，科学立法有五个标准，即立法观念的现代性、立法程序的正当性、立法内容的合理性、立法技术的规范性和立法主体的专业性。[②] 三是八标准说，如有学者认为，科学立法有八个标准，即认识论标准（准确认识和反映客观规律）、策略标准（妥善处理改革、发展、稳定关系）、公平正义标准（科学

① 参见冯玉军、王柏荣：《科学立法的科学性标准探析》，载《中国人民大学学报》2014年第1期。

② 参见李店标：《科学立法及其判断标准》，载《大庆社会科学》2015年第4期。

规定权利与义务、权力与责任)、合理因素标准(考虑立法中各种特殊情形)、程序标准(用程序民主实现内容科学)、技术标准(成熟管用)、可执行性标准、立法者的政治与专业素质标准。①

上述观点立足于立法法的相关规定,着力于探讨立法的科学性标准问题,提出相应的指标体系,总体上值得肯定。不过,立法科学性标准的指标设定,由于之前的学术积累有限,既有的研究成果也较为零散,几乎是一项全新的研究,殊不容易。就上述观点而言,将立法观念或理念作为指标项目不甚妥当,因为观念或理念的东西,纯属于主观的范畴,而且还是法律文本的制作主体提出的内容而非法律文本本身的属性,既缺乏可测量性,也缺乏相关性。再如,将策略标准、公平正义标准作为立法科学性的判断标准,虽然不能说错误,但毕竟过于笼统、含糊,难以准确地分析、判断和运用。

本书认为,立法科学性标准的判断对象是法律文本。法律文本相当于一个工业产品,检验其是否具有科学性,类似于检验工业产品是否达标、是否合格。这一产品的制作主体——立法者的理念、政治素质、法律素质等,与产品本身是分离的,不能混为一谈,因而不应是立法科学性的判断指标。产品本身的质量是科学性的最重要方面,因此,影响法律文本质量的要素,均应是立法科学性的指标参数。这方面,具体有立法的内容和形式两大类。此外,就如工业产品的工序会影响产品质量一样,立法的程序要素也应是立法科学性的重要指标。这方面主要包括立法的程序是否合法、立法的过程是否民主两个方面。就刑事立法科学性标准而言,其指标体系亦应按上述框架设计。具体而言,它包括以下两个方面:一是实体方面,即立法内容正当、立法形式协调;二是程序方面,即立法程序合法、立法程序民主。

① 参见刘松山:《科学立法的八个标准》,载《中共杭州市委党校学报》2015 年第 5 期。

(二)风险社会刑事立法科学性标准的指标设计

党的十八届四中全会决议提出全面推进依法治国的目标,指出“建设中国特色社会主义法治体系,必须坚持立法先行,发挥立法的引领和推动作用,抓住提高立法质量这个关键”①。要提高立法质量,唯有科学立法。党的二十大报告指出,要“推进科学立法、民主立法、依法立法,统筹立改废释纂,增强立法系统性、整体性、协同性、时效性”②。科学立法是立法工作的根本目标,民主立法、依法立法则是科学立法的程序保障。科学立法不仅是对立法实体内容的要求,而且蕴含着对立法程序方面的要求。在刑事立法科学性标准的指标设计中,亦应当坚持这一方针,从实体和程序两个方面来设计。

1. 实体指标的设计

实体指标,是指罪刑规范关于公民权利义务的设定符合社会生活实际和经济社会的发展规律,包括内容正当和形式明确两个方面。内容正当,是指刑事立法的价值目标正确、犯罪化的根据合理、刑罚配置适当;形式明确,是指罪刑规范明确、具体,具有针对性和可执行性,包括刑法渊源确定、文本语言明确、立法体系协调。

内容正当,是最能体现刑事立法的“社会科学”特性的,也是最需要评价判断的。刑事立法的价值目标是追求保障自由还是维护秩序,是保护法益还是预防风险;犯罪化的根据是法益侵害还是伦理违反、是法益侵害的结果还是法益侵害的风险;死刑是全面废除还是一定限度内保留;自由刑是轻缓化还是严厉化;具体犯罪应当配置罚金刑还是不应当配置;等等。诸如此类的宏观和微观问题,都不是简单的“是或不是”的问题,而是非常复杂的“应当或不应当”的问题,既需要立法者具有超常

---

① 《中共中央关于全面推进依法治国若干重大问题的决定》,载《人民日报》2014 年 10 月 29 日,第 1 版。

② 习近平:《高举中国特色社会主义伟大旗帜 为全面建设社会主义现代化国家而团结奋斗》,载《人民日报》2022 年 10 月 26 日,第 1 版。

的立法智慧，更需要进行充分的立法调研和论证。内容正当，是刑事立法科学性的最基本要求，也是最难实现的。正基于此，许多学者在论及刑事立法科学性问题时，往往只阐述内容的正当性。例如，高铭暄教授指出："风险社会中，刑事立法正当性问题的实质在于刑法将一个危险行为作入罪化处理或者使刑罚提前到来的合理依据，即在什么样的情形下，必须动用最严厉的刑法来保障社会安全；刑事立法在不得已突破刑法基本原则提早动用刑罚时，必须受制于哪些因素的制约。"①

相较而言，关于形式明确的设定，主要涉及立法技术问题，因而相对容易一些。具体而言，关于刑法渊源问题，无论是采取一元的刑法典模式还是采取刑法典与特别刑法并存的多元模式，都只是罪刑规范的表现形式而已，不是原则性问题。文本语言明确问题，主要是指承载罪刑规范的法律文本的表达问题，虽然有"不明确无效"的立法实践，但鉴于语言本身或多或少存在一定的模糊性，因而也不可能将明确性要求推到极致。立法体系协调问题，主要是指某个特定的罪刑规范与其他罪刑规范之间以及与其他部门法的相应规范之间不存在矛盾、冲突、重复、疏漏之处，彼此协调一致，共同致力于对某一权利义务关系的调整。这也属于立法的技术层面的要求。

2. 程序指标的设计

程序指标，是指罪刑规范的制定程序合法、程序民主。程序合法，是指刑事立法的制定过程符合宪法、立法法等法律规定的权限和程序要求；程序民主，是指刑事立法的制定过程充分发扬民主，坚持立法公开，保障人民通过多种途径参与立法活动。

在制定法时代，刑法立法的程序要求越来越受到关注、重视和强调。一方面，制定刑法要"依法"。宪法、立法法等法律法规为刑法等法律的制定、修改规定了具体的程序和要求。这些规定均是立法经验的总结和提炼，立法机关在进行刑事立法时必须予以遵循。此外，在

① 高铭暄：《风险社会中刑事立法正当性理论研究》，载《法学论坛》2011年第4期。

立法实践中,也形成了诸多刑事立法规则、惯例,虽然没有上升为法律,甚至没有成文化,但由于实践证明其行之有效,有利于提高刑事立法质量,因而也应予以遵循。另一方面,任何法律都是人民意志的体现,刑事法律的制定更是受到人民的广泛关注。因此,立法机关在进行刑事立法时,不能关门立法、部门立法,而应开门立法、公开立法,主动向社会各界征求意见,并予以充分地听取、吸纳,使最终颁布的法律文本真正是广大人民意志的"结晶"。

第三章　风险社会刑事立法的基本立场

虽然风险刑法理论的诸多观点远未臻成熟,但其对社会发展状况及刑法应对的基本论断却是契合现实需求的。事实上,风险刑法发展至今,是否接受"风险刑法"这一概念已不重要,问题的关键在于明确刑法应当如何有效回应社会风险及其治理。这涉及刑事立法基本立场的选择与建构这一本源问题。

第一节　风险社会刑事立法基本立场的选择

目前学界关于风险刑法基本立场的讨论,已经不再纠缠于赞同还是反对将风险社会理论引入刑法,而是聚焦于各个折中立场的激烈争锋,即在肯定刑法体系面对社会风险应作出必要回应的前提下,如何对风险刑法所蕴含的重大危险作出合理的限制与预防。

一、风险社会刑事立法基本立场的关键问题

社会科学在给风险刑法理论打开方便大门的同

时,也将其最致命的特点暴露无遗:我们能否简单地依据贝克、吉登斯、拉什等社会学家的理论演绎和论述,就断定我国已经进入了风险社会,并就此完全承认风险刑法的立场?① 风险刑法及其理论对我国刑事立法、司法的科学性建构产生了哪些影响?风险刑法理论经历十余年的发展后,未来在我国刑法领域中应当何去何从?这些问题不仅关涉风险刑法理论本身的命运,也涉及我国刑法体系发展的路径选择。

通过对大量有关风险刑法的文献的研读,不难发现,既有研究大多关注风险刑法及其理论显在的、局部的现象变化,而未重视刑法体系本身所经历的结构重组。由于研究视角的局限性,研究者极易忽略风险刑法理论所蕴含的侵蚀自由、腐化法治国的内在危险。即使折中论者,也多是希望将风险刑法理论当作既有刑法体系的例外,主张限缩其适用范围来遏制其危险。但是这样的思考方式过于简单与绝对,也严重偏离了问题的重心。② 诚然,外部社会环境对刑法体系各个分支领域的冲击值得关注,但最需要明确的,则是刑法理论与社会变迁之间的互动关系,确定刑事政策的价值诉求,明确刑法体系的未来走向。针对风险刑法的基本立场,学界存在诸多争论,反对者、支持者和折中论者均不在少数。尽管观点争鸣是学术发展的一大助力,但在基本立场上的观点分歧,却无助于刑法体系的具体建构,也不利于司法实践的操作运用。此外,肯定论对刑法基本立场的观点论述也存在不严密性,相关的论据亦不稳定。多数学者并不阐述赞同风险刑法的理由,而是直接将其作为一种无须证成的"先验基础",径直提出风险刑法立场并据此展开刑法体系预防性的具体建构。然而,如果基本立场不明,理论体系就无法被合理构造及应用。因此,有必要对当下风险

---

① 参见黄明儒、王振华:《风险刑法理论在中国的发展概览与评析》,载《佛山科学技术学院学报(社会科学版)》2019 年第 1 期。

② 参见劳东燕:《风险社会与变动中的刑法理论》,载《中外法学》2014 年第 1 期。

刑法基本立场的主要观点进行梳理,从宏观体系和微观建构层面分析各自的利弊。

诸多观点的分歧,主要源于对风险刑法的基本价值观以及犯罪论体系的建构等基本问题存在不同看法。因此,如何将风险社会理论妥当地与刑法理论相衔接,使刑法既能与时俱进,又不至于陷入激进变革之中,既能有效回应社会风险以维护秩序安全,又不过度限制个体自由以全面保障人权,则是问题的关键。

宏观而言,本书主张的风险刑法的基本立场是在功能—规范主义的刑法思维下,在传统刑法理论基础上发展出的一种折中范式,即构建功能性刑法体系。在全球化和信息化等因素叠加、社会生活复杂程度激增的当下,刑法体系的整体价值呈现一定的断裂性和多元性,但这并不是将风险刑法驱逐出刑法体系的正当理由。相反,风险刑法应当作为刑法体系的必要补充而与传统刑法并立,而亟须改变的是刑法价值观念和体系的立场结构。具体而言,应当基于风险社会的结构背景和刑事法治的发展现状,前瞻未来良法善治的趋势,修正并发展刑法教义学的基本原理和基础理论。同时,结合最新发展的法律原则和方法等,通过对比、筛选、论证、协调,确定未来刑法体系应当选择的基本价值立场,并在此之下展开对立法模式、犯罪论体系等具体内容的转型建构。

二、风险社会刑事立法基本立场的学说争鸣

针对风险社会及其理论而衍生发展的风险刑法,学界对其讨论主要聚焦于是否承认风险刑法、如何构建风险刑法理论及其体系两个问题。目前,绝对反对风险刑法的学者已不多见,即使风险刑法的坚定反对者,也在某些方面承认风险刑法的实然存在。例如,陈兴良教授曾认为,风险刑法理论与风险社会理论难以无缝对接,理论根基欠缺稳妥,大胆假设有余,小心求证不足,因而只能获得一时之观点喧嚣,

而难以取得长久之学术积淀。[①] 但他也承认了风险社会理论对刑法理论具有一定的影响,并在2021年撰写的论文中赞同立法机关创设公共安全的轻微犯,认为这反映了保护公共安全的理念转变,对于我国刑法中危害公共安全罪的发展与完善具有重要意义。[②] 刘艳红教授也曾是坚定的风险刑法反对者,认为当前我国已经进入"刑事立法的活性化"时代,但追求严而不厉的刑事立法模式并不现实,其是在立法工具主义的轨道上盲目前行,而刑事立法发展方向应是停止进一步的犯罪化。[③] 但刘艳红教授现已成为折中说的支持者,赞同预防性刑法观,认为积极的预防性刑法观于当下时代是必要且合理的,只是此种立法观应当有一定的限制。[④] 还有学者直接指出,否定风险刑法理论并不意味着否定预防是风险社会背景下刑法的作用之一。[⑤] 其他反对者的观点大致可以总结为以下两个方面:一是肯定风险社会理论,但是认为风险社会到风险刑法的衔接并非畅通无阻,目前风险刑法理论的阐述存在"风险刑法误解了风险社会理论""风险刑法错用了风险社会理论"等现象。[⑥] 二是认为风险刑法理论的主张与刑法基本原则,如法益保护原则、刑法谦抑原则、责任原则等存在冲突,需要反思风险刑法体系的发展方向。

显而易见的是,立法机关频繁且积极地进行预防性刑事立法,已经成为我国法治建设之现实。在此背景下,如果仍一味固守传统刑法观(古典自由主义刑法观),不仅不能对我国当下及未来的刑事立法提

---

① 参见陈兴良:《风险刑法理论的法教义学批判》,载《中外法学》2014年第1期。

② 参见陈兴良:《公共安全犯罪的立法思路嬗变:以〈刑法修正案(十一)〉为视角》,载《法学》2021年第1期。

③ 参见刘艳红:《我国应该停止犯罪化的刑事立法》,载《法学》2011年第11期。

④ 参见刘艳红:《积极预防性刑法观的中国实践发展——以〈刑法修正案(十一)〉为视角的分析》,载《比较法研究》2021年第1期。

⑤ 参见李永升、杨攀:《风险社会视域中的预防与责任主义关系研究》,载《昆明理工大学学报(社会科学版)》2019年第5期。

⑥ 参见田宏杰:《"风险社会"的刑法立场》,载《法商研究》2011年第4期。

供有益指导，还会得出目前刑事立法均为“不合理规定”之结论，以致批判立法沦为一种没有任何实益的文字游戏。所以，当前学界支持风险刑法的学者居多，且基本采取折中的立场，即在承认风险刑法的存在必要性和发展优势性基础上，也关注风险刑法可能带来的法治风险，从而主张适度发展风险刑法。如有论者认为，过于夸大风险社会给传统刑法带来的冲击固然是不可取的，但也必须承认传统的刑法价值体系已存在裂缝，在特定领域应将风险思维引入刑事立法当中，对现行刑法在理论、立法、司法层面进行适度修正，以满足风险社会控制风险的需要。[①] 还有论者指出，针对风险刑法的适用、应用应持深思和慎用的态度：允许例外，以更好地维护社会秩序；限制例外，以保障人权。[②] 亦有学者认为，应在兼顾自由与秩序的关系基础上作出理性和智慧的选择：传统刑法对于风险刑法犹如原则之于例外的关系，应当允许例外以应对风险，同时严格限制例外以保障自由。[③] 还有学者在肯定风险刑法的积极预防立法已成常态的基础上，主张利用行为规范和裁判规范分离的方法应对刑法工具化、处罚界限模糊化等问题：在立法阶段，积极地设置生活规则，管控风险；但在裁判阶段，通过司法专业人员基于法治理性的判断，对作为行为规范的刑法条文合理解释，将积极的刑事立法对人们生活的过度干预消除或者控制在最小范围内。[④]

任何历史时期总是阶段性发展的，每一阶段都具备独特的社会结构和形态。并且，社会变革总是先行，在其力量愈加强大之时会带动法律知识体系的革新。毋庸置疑，刑法体系向风险刑法的转移已具备现实的社会基础，这种预防走向蕴含着刑法对社会需求的必要回应。

---

① 参见张道许：《风险社会中刑法的立场选择》，载《河南社会科学》2012 年第 7 期。

② 参见周静：《风险刑法价值分析与适用探究》，载《山东社会科学》2013 年第 6 期。

③ 参见魏东、何为：《风险刑法理论检讨》，载赵秉志主编：《刑法论丛》（第 35 卷），法律出版社 2013 年版，第 8 页。

④ 参见黎宏：《预防刑法观的问题及其克服》，载《南大法学》2020 年第 4 期。

正如有的学者所言:“预防性国家行为的扩张和全新定位,不应被看作风行一时的潮流。相反,它们是对社会变迁的政治反应,就此而言,尤其是从这些预防行为的核心内容来看,它们乃是结构性的现象,因此,支撑性的底层结构若不发生改变,预防行为也就不会消失。”①庞德也曾断言,在现代法律科学中,最重要的推进也许是从分析性态度转向以功能性的态度对待法律。② 此即功能主义进路,即“把制定法看作一种用来对付当下问题的资源,也就是为了该制定法的未来着想”③。刑法体系下的功能主义,包括三个层面的含义:第一,功能依附于特定刑法体系(法律系统);第二,功能是刑法体系运作的效果;第三,功能必有目的,而最基本的目的是维持刑法体系的有效运作,因此功能可被视为刑法体系维持自身运作所需的元素。④ 当代刑法的预防导向,正是这种功能性态度促进下的产物。只要风险社会的基础没有改变,刑法体系在可预期的未来,其预防走向必定是步伐加大的发展趋势。所以,在当前的社会语境下,风险刑法观及其理论的形成与发展具有一定的历史必然性。

值得一提的是,折中立场在刑法理论上有不同表达,包括但不限于预防性刑法观、预防刑法观、积极刑法观、功能性刑法观、稳健型刑法观等。尽管概念表述上略有差异,但是在价值目标上不谋而合,即都承认风险刑法的存在必要性和合理性。不过,不同折中立场在一些具体问题上仍然存在激烈争论,如在对风险社会立法模式的选择、对抽象危险犯设立的限制、法益前置化保护的标准等方面。

---

① [德]迪特儿·格林:《宪法视野下的预防问题》,载刘刚编译:《风险规制:德国的理论与实践》,法律出版社 2012 年版。

② 参见[美]本杰明·卡多佐:《司法过程的性质》,苏力译,商务印书馆 2000 年版,第 44 页。

③ [美]理查德·A. 波斯纳:《法理学问题》,苏力译,中国政法大学出版社 2002 年版,第 340 页。

④ 参见林宗翰:《风险与功能——论风险刑法的理论基础》,台湾大学 2006 年硕士学位论文,第 1 页。

三、风险社会刑事立法基本立场的方向定位

风险刑法是相对于建立在启蒙思想上的传统古典刑法而言的。面对日益激增的社会风险和挑战，预防刑法立场不再严格强调以既成的法益侵害结果为刑事责任的追究基础，而是主张刑法触角适度向前延展，进行法益保护的提前化、间接化，着重防范潜在的法益侵害危险，以回应以安全为重要价值目标的现实需求。① 简言之，它在对已有犯罪倾向的潜在犯罪人进行消极一般预防的同时，通过唤醒或维持国民的规范意识，确保一般国民具有规范意识，更早且周延地保护法益，实现刑罚的积极一般预防目的。② 具体来说，在犯罪论层面主张法益保护的前置化，包括预备行为正犯化、实害犯危险犯化、具体危险犯抽象危险犯化，在刑罚论层面表现为从重处罚、终身监禁、从严减刑假释等。目前关于风险刑法的折中观点主要有以下两种不同主张：积极预防刑法观和消极预防刑法观。

积极预防刑法观主张预防性和扩张性相结合的刑事立法理念，认为国家基于维护社会安全的需要，可以增强和扩张刑罚权，进行积极的犯罪化。如周光权教授指出，在当代中国要彻底贯彻传统刑法观是不合时宜的，积极刑法立法观在我国已经确立，其是最符合时代精神的选择。③ 付立庆教授也支持积极预防刑法观，认为当下刑事法网划定的总体趋势仍是适度犯罪化，与此相适应，刑法介入社会生活也应更加积极。④ 劳东燕教授提出了功能主义刑法观，主张刑法积极介入、追求预防效果，注重灵活回应的立法导向，以适应风险社会的规范性

---

① 参见何荣功：《预防刑法的扩张及其限度》，载《法学研究》2017 年第 4 期。

② 参见[日]松原芳博：《刑法总论重要问题》，王昭武译，中国政法大学出版社 2014 年版，第 5～11 页。

③ 参见周光权：《积极刑法立法观在中国的确立》，载《法学研究》2016 年第 4 期。

④ 参见付立庆：《论积极主义刑法观》，载《政法论坛》2019 年第 1 期。

需求。但也要对功能主义刑法观适当调控,即理性的刑事立法应当:以对风险的科学预测与评估为基础;摆脱单纯的控制思维,在整合权利保障的同时进行全面利益衡量;采用多轨制的立法模式等。① 这一功能主义刑法观是积极预防刑法观的另一种表述。因为两者:都强调刑事立法的积极主动和预防功能;都侧重对集体法益的保护,在个体自由与社会秩序之间发生冲突时倾向保障后者;都要求积极新罪增设,但又要求予以合理限制。

消极预防刑法观主张预防性和有限性相结合的刑事立法理念,认为基于维护社会安全的需要,国家可以适度增强刑罚权,但应当严格予以限制,只有对非刑法干预不可的情况,才可以进行犯罪化。如刘艳红教授指出,当前我国采用预防刑法观是必要且合理的,但应当限制积极预防性立法观。她以《刑法修正案(十一)》为观察视角,认为修正案虽然及时回应了社会问题、严密了刑事法网、维护了风险社会的安全,但通过结构化分析,该修正案就是积极预防刑法观的立法实践:在刑事实体领域,通过对新型行为犯罪化加强侵犯集体法益的犯罪治理;在刑事制裁领域,通过提升法定刑加大处罚力度。这样的立法观念值得反思。② 也有学者认为,风险社会背景下,刑事立法频频发力存在诸多弊端,应当从传统刑法理论出发,坚持刑法谦抑原则,反对以积极预防刑法观进行大量犯罪化立法,支持适时适量的非罪化。③另有学者提出了稳健型刑法观,认为中国法治现状决定了对积极预防刑法观必须极为谨慎,因该种立场蕴含着侵犯人权的巨大风险。在较长一段时期内,应当以限制国家权力、保障公民权利为主要目标,兼顾

① 参见劳东燕:《风险社会与功能主义的刑法立法观》,载《法学评论》2017 年第 6 期。

② 参见刘艳红:《积极预防性刑法观的中国实践发展——以〈刑法修正案(十一)〉为视角的分析》,载《比较法研究》2021 年第 1 期。

③ 参见谢望原:《谨防刑法过分工具主义化》,载《法学家》2019 年第 1 期。

刑法法益保护，平稳小幅地“扩大”犯罪圈，以满足社会发展新需求。[①]还有学者直接主张我国只有折中刑法观这一种刑法观，认为即使最激进的积极刑法观论者，也不能否认刑法谦抑主义对保护国民自由的作用，而最保守的消极刑法观学者，也不会否认刑事立法对于补足处罚漏洞、保护国民安全的价值。在大部分情况下，两种折中刑法观并没有什么区别，有时会针对同一个立法现象得出相同的结论。[②]显然，无论是稳健型刑法观还是唯一型刑法观其实都是消极预防刑法观的体现，区别仅在于概念或名称的不同而已。总的来说，消极预防刑法观是以古典学派的一般预防主义与结果主义为基础的，其根本价值取向是人权保障，在个体自由和社会秩序之间侧重于前者的保护优位，强调犯罪化的限缩设定或小幅扩张。

风险刑法观的基本要求是根据风险控制需要和维护刑法规范有效性原理进行立法，在自由和安全之间寻求利益平衡，由此确立的是一种调和的社会本位立场。[③]虽然积极预防刑法观和消极预防刑法观之间存在冲突，但也只是对风险刑法保护人权自由和社会安全之间的侧重或优位存在不同理解。这种理解差异的根源，在于缺乏对风险刑法价值目标和建构模式的深刻检视。风险刑法观不应当简单片面地倡导“积极犯罪化”或“消极犯罪化”，而应直面生活现实，在充分了解社会结构形态的基础上，结合刑法防控风险的需要，予以恰当选择。鉴于当前社会生活中存在大量的高风险行为，为预防、减少这类风险，适度的犯罪化是必要的，因而积极性预防刑法观基本是契合当前社会发展情势的。

---

① 参见黄云波、黄太云：《论稳健型刑法立法观》，载《中国刑事法杂志》2019 年第 3 期。

② 参见黄辰：《论折中刑法观：安全与自由的平衡》，载《青少年犯罪问题》2021 年第 2 期。

③ 参见焦旭鹏：《现代刑法的风险转向——兼评中国当下的刑法观》，载《西南民族大学学报（人文社科版）》2018 年第 12 期。

第二节 风险社会刑事立法的政策选择

经过十多年的理论发展,风险刑法理论在体系架构、基本原则、规则建构、司法适用等方面取得了诸多进展,但因缺乏系统性、体系化的顶层设计,极大地阻碍了理论发展,在关键问题上难以取得重大突破。故而,学术研究亟须从整体性的宏观视角,对风险刑法理论和风险刑法体系予以检讨,明确风险社会刑事立法的价值目标及政策定位。

一、风险社会理论与刑事立法政策

法学家约瑟夫·科勒(Joseph Kohler)曾言,永恒的法律是不存在的,因为适合一个时期的法律并不适合另一个时期,法律必须与日益变化的文明状况相适应,而社会的义务就是不断制定出与新的情势相适应的法律。[①] 也就是说,法律产生于社会生活并服务于社会生活,法律规范的发展变化取决于社会生活的发展变化。面对风险社会的全面到来,立法机关采取了一系列积极应对措施:一是面对社会高危风险,创设新的犯罪种类,或者增加新的犯罪对象、行为方式;二是改变犯罪的形态标准,对法益予以提前保护,如将结果犯改为危险犯,将具体危险犯改为抽象危险犯;三是在刑罚目的功能上更关注积极的一般预防,以维护公共安全。基于此,积极预防刑法观获得了刑法学界的广泛认可,但是对于风险刑法体系的具体批判又不绝于耳。如有学者指出,目前所谓的风险刑法理论,很多只是将社会理论粗暴嫁接,细节处理与论证相当粗糙,生搬硬套甚至是张冠李戴之类的疏漏与谬误之

---

① [美]E. 博登海默:《法理学:法律哲学与法律方法》,邓正来译,中国政法大学出版社2017年版,第154页。

处也甚多；更为重要的是，其未能实现社会理论与刑法理论的有效沟通，存在根本的体系化缺陷。[①] 也有学者批评道：经过了十多年的发展与积淀，风险刑法理论的深度与宽度都没有取得实质性和突破性的进展，多数文献都是形式性地先引用几段贝克书中的论述，强调风险社会已来临，然后检讨传统刑法在应对风险社会时的无奈，进而提出风险刑法理论主张的路径；但对于风险社会理论适用到刑法领域的可能性、必要性以及具体主张的合理性等重点问题缺乏足够深入的论证。[②]

风险刑法理论的兴起，主要是因为贝克有关风险社会理论的影响。前述章节已经对风险社会理论的演变及其主张进行了详细阐述，此处不再赘述。显而易见的是，贝克有关风险社会的观察及论断，构成了风险刑法理论对社会背景的基本预设和建构基础。但是，正如有的学者所归纳的那样，风险刑法理论简单地借鉴风险社会理论则存在先天不足的问题：(1)风险社会理论属于社会学理论，要准确把握一种关于现代性的宏大理论存在相当难度，法学专业性知识较强而社会学知识较弱的刑法学者不可避免地会存在误读可能。(2)贝克的风险社会理论本身更多是观察性的描述和相对零散化的论断，并未形成一套体系化的理论。(3)风险刑法研究者大多未在贝克的理论之外进一步了解与开发其他的社会理论资源，这就导致了所构架的刑法理论思想基础的贫瘠。(4)贝克的理论并未探讨法律系统如何应对风险社会带来的挑战，更未就此提供相应的富有建设性的思路。(5)社会理论是以外在观察者的视角所提炼的经验性知识，而刑法体系则是基于内在参与者的视角所构建的规范性知识；两种视角想要沟通和融合，不仅涉及如何从社会理论中提炼与汲取养分的问题，也涉及方法论上的重

---

① 参见劳东燕：《风险刑法理论的反思》，载《政治与法律》2019年第11期。

② 参见南连伟：《风险刑法理论的批判性展开》，载陈兴良主编：《刑事法评论》(第30卷)，北京大学出版社2012年版，第45页。

大转换问题。[1] 故而,风险社会理论是基于外部环境的观察,即通过外在的时代背景的结构变化对刑事立法政策产生一定的影响,然后经由刑法体系的内在转译,进而影响到刑事立法内容的具体设定的。

首先,从跨学科发展的宏观层面来看,将法学与哲学、历史学、社会学等学科相结合无疑有利于拓展法学视野,但简单地移植必将导致水土不服的弊端。风险社会理论的意义,在于在刑法体系内引入了社会学视角,将刑法体系与社会外部环境引向同构性发展,促使刑法体系具有应变性和灵活性。但是,“风险不是事物的真实状态,而是思考事物和处理事物的一种价值判断方式。表明某事物为一种风险,意味着该事物被断定为应当被减轻或避免的有害状态”[2]。简言之,风险社会是对社会现象的一种认知归纳,刑法接受风险社会理论,并非只承认其对社会现状的客观描述,而是接受了其背后以风险为思考社会问题前提的预设理念,在逻辑上也接受了以风险观察和处理社会问题的风险治理思维。这种风险认知前提和风险治理思维使刑法的核心从实害防范转向对风险的识别和控制。[3] 风险的不确定性注定了其只能是刑事立法活性化的原因,而非刑事立法的正当性根据。因此,全盘否定风险社会理论与刑法体系的衔接固不可行,但仅考虑贝克的一家之言,亦无法完成有效衔接的使命。故有必要进一步拓展对其他社会理论知识的汲取,尽可能全方位、多角度地构建风险刑法体系。

事实上,许多学者主张风险刑法的构建还应当借鉴卢曼的社会系统理论、涂尔干的社会团结理论、芒奇的社会行动理论等。如有论者主张,就风险刑法理论的体系化问题而言,贝克的风险社会理论与回应刑法理论均难以作为借鉴的框架,有必要从卢曼的系统理论中汲取

---

① 参见劳东燕:《风险刑法理论的反思》,载《政治与法律》2019 年第 11 期。

② [美]奥斯汀·萨拉特编:《布莱克维尔法律与社会指南》,高鸿钧等译,北京大学出版社 2011 年版,第 319 页。

③ 参见李川:《危险犯的扩张逻辑与正当性思考》,载《法学评论》2017 年第 3 期。

灵感，采取功能主义进路对风险刑法理论的体系化展开构建。[①] 也有论者认为，风险刑法体系应当以社会团结理论为中心进行体系构造，“风险刑法维系社会团结是经由对风险流动的规制而实现的，是配合工作规程、单位纪律、风险伦理、风险知识的生产传播制度、公共政策以及其他风险法律之角色功能的补充又至关重要的手段”[②]。还有论者认为，贝克的风险社会理论误读了现代社会的运作机制，也对刑法理论造成了消极影响。为此，需要考察刑法系统制造“风险/危险”区分的决策机制，风险刑法理论就是刑法的风险决策理论。[③]

由此，可以肯定的是，单一的社会学理论难以给刑法体系转换带来系统性的推动力；唯有博采各个社会学者的理论精华，才能有效助力风险刑法基本政策和立场的转型。特别是，刑法体系吸纳社会理论知识，不仅在于社会是法律系统生成的外部环境，还在于社会理论基于对外部环境的认知，能够促成刑法体系的自我反思和调整。在贝克的风险社会理论中，“自反性现代化”这一概念首先是指自我对抗，“现代性从工业时期到风险时期的过渡是不受欢迎的、看不见的、强制性的，它紧紧跟随在现代化的自主性动力之后，采用的是潜在副作用模式”[④]。同时，“风险社会是现代性的更高阶段，即反思现代性阶段，因此，风险社会也为我们提供了一个对传统刑法的基本范畴从根本上进行反思的机会”[⑤]。具体而言，这一反思主要的切入点是法律功能的运行，而非简单地强调风险社会的风险“越来越多”“越来越严重”。毕竟当前社会与法律互动的趋势是：作为国家实现社会控制的公共政策，通过支持和加强社会秩序维护，增加公众对秩序安全的预期。公

---

① 参见劳东燕：《风险刑法理论的反思》，载《政治与法律》2019 年第 11 期。

② 刘仁文、焦旭鹏：《风险刑法的社会基础》，载《政法论坛》2014 年第 3 期。

③ 参见刘涛、蔡道通：《风险的决策与决策的风险：社会系统论下的风险刑法》，载《江海学刊》2019 年第 4 期。

④ 刘仁文、焦旭鹏：《风险刑法的社会基础》，载《政法论坛》2014 年第 3 期。

⑤ 陈晓明：《风险社会之刑法应对》，载《法学研究》2009 年第 6 期。

共政策的政治导向功能与刑法固有的工具性特征正好吻合,因而可以被吸纳为刑事立法政策的内容,进而影响刑法规范条文的设定。可见,从社会整体视角来考察法律系统,就是为了证立法律在整个社会系统中承担的功能。社会复杂性程度的演变构成社会演化的主要动力,法律系统虽具备运作自主性,但其系统内部结构与外部社会系统不存在点对点的直接对应机制。它只能通过内部的程序性运作发展出一种认知的开放性,以对外部环境的变迁保持敏感性和适应性。[①]因此,社会环境与刑法体系之间不是纯粹的输入与输出关系,外部因素只是刺激内部体系展开自我反思的前提,是否作出调整以及如何调整,还要经刑事政策的指导调控。

其次,风险社会理论如果要促成刑法体系的反思性调整,需要按照法教义学的进路与逻辑展开,方可实现与刑法体系的有效沟通与融合。尽管就学科本质的角度而言,法学处理的是规范性的秩序;社会学则依照不同的理论取向而可能涉及社会行为、制度或社会系统,处理的是"某件事物处于何种状态"以及"它们如何成为该状态"等问题。[②] 但正如卢曼所言,与社会学相比,法教义学是一门决定科学,它固然不大可能从社会学中得到某些直接的决策帮助,却可以通过与社会学的合作反思自我选择,并能根据其他可能有意义的选择来理解其基本的决定。[③] 风险刑法理论系规范性的法学理论,需要在对法律现实展开事实性分析后,利用法教义学再进行规范性的体系建构。法教义学在元方法论层面是一种规范法学,集中体现在对"规范"与"规范性"的强调:其一,在裁判理论上主张以法律规范为司法裁判的依据、

① 参见泮伟江:《当代中国法治的分析与建构》,中国法制出版社 2017 年版,第 5 ~ 6 页。

② 参见[德]尼可拉斯·鲁曼:《社会中的法》,李君韬译,台北,五南图书出版股份有限公司 2015 年版,第 35 ~ 36 页。

③ 参见[德]尼克拉斯·卢曼:《法社会学》,宾凯、赵春燕译,上海人民出版社 2013 年版,第 435 页。

框架和基础;其二,在法概念论上主张法律是一种规范,既不同于经验事实也不同于价值;其三,在法学理论上强调法学规范性研究之立场,本质是以建构性活动为中心的实践科学。[①] 故而,法教义学的转化进路无疑是真正实现社会理论与刑法理论沟通的最佳方案。重要的是,要尽可能全面掌握当代社会理论的共通知识,并采用法教义学能够识别的方式将其有机地纳入刑法体系之中,进而推动刑法体系的自我更新与发展。

最后,刑法学作为一门日益精巧的规范科学,其体系内部应当存在具有独特性的自留领域。不少学者认为:在风险刑法思潮下,刑法保护和刑罚处罚的早期化蔚然成风,危险性行为的无价值判断成为不法核心,罪刑法定原则和谦抑性原则遭遇危机;法益内容日渐抽象化,法益保护原则岌岌可危;以积极一般预防为主的刑罚观突破报应主义和责任原则等。但事实上,风险刑法理论并不违反罪刑法定原则、谦抑性原则、罪责原则等基础设定。第一,风险社会知识发展的速度无法赶上风险的生产速度,故风险无法被消除而只能被控制。为缓解社会共同体对风险的极度不安与担忧,刑法不能也不应该再无视社会流变而固守以实害犯为中心的传统干预模式。第二,风险刑法并不违反刑法谦抑性,只是更为关注风险严重且多发的领域,倡导回应社会共同体对安全的迫切需求。“安全的确是重要的价值目标,从最基本的生存到人与人之间的交往,都离不开安全的保障、秩序的维持。”[②]刑法作为规制社会风险强有力的手段,应当随着社会结构变迁作出相应调整。第三,风险刑法观并未全盘否定罪责刑法观,只是基于应对风险的需要,更加强化刑法的预防机能。无论是刑法的安全维护功能还是人权保障功能,其最终目标都是致力于为人类生存与发展创造更多

① 参见雷磊:《法教义学的基本立场》,载《中外法学》2015 年第 1 期。

② 张旭、周为:《从“风险社会”到“风险刑法”:理论与进路的多重清理》,载《东北师大学报(哲学社会科学版)》2020 年第 1 期。

的自由条件。风险刑法的预防功能并非毫无节制,只是将那些严重损害社会公共利益及过度侵犯公民自由的行为纳入刑法规制,未必与人权保障抵牾。[①]

二、风险社会刑事立法的价值目标

风险刑法立场观的出现,是刑法体系的功能化发展或预防性转变。这一立场观,已经为世界绝大多数国家立法机关广泛接受,但也引发了诸多批评和担忧。批判者认为,风险刑法观的功能化发展如果达到极致,则将对法治带来颠覆性的风险。如有学者指出,国家一直致力于禁止任何一种可能造成损害的行为,但结果是,为了保护公众免受可能导致损害的新风险,并没有对国家可以走多远的任何限制。[②]另有学者指出,刑法逐渐成为预防犯罪的工具而非致力于恢复正义,这导致人们忽略了一个问题,即一旦刑法不再能保证安全和秩序,就会存在公民个人擅自司法、强者肆无忌惮地欺辱弱者的危险。[③] 还有学者认为,应当防止刑事政策的过度刑法化,不能纵容预防刑法观的潜在风险。预防总是与无限制相联系,具有不确定性、难以捉摸性以及与生俱来的内在扩张逻辑,这会威胁法治国家的核心价值,模糊刑法干预社会的应有界限,隐含巨大的法治风险和运行成本。[④]

上述批评和担忧立足于传统刑法理论的立场,虽然均有一定的道理,但却将风险刑法的预防功能作了最负面的解读,有失一定的公允性。需要强调的是,风险刑法的立场观,虽然赋予预防功能以隆重的

---

① 参见魏东、何为:《风险刑法理论检讨》,载赵秉志主编:《刑法论丛》(第35卷),法律出版社2013年版,第5~6页。

② 参见[美]道格拉斯·胡萨克:《过罪化及刑法的限制》,姜敏译,中国法制出版社2015年版,第57页。

③ 参见[德]汉斯·海因里希·耶赛克、[德]托马斯·魏根特:《德国刑法教科书》(上),徐久生译,中国法制出版社2017年版,第2页。

④ 参见何荣功:《预防刑法的扩张及其限度》,载《法学研究》2017年第4期。

地位,但并非不考虑预防措施可能带来的负效应,而是同样注重平衡社会安全与个体自由。立法观念的是非评判应当基于刑法体系构建的全局来考量,而不同于个罪合理与否的具体判断。对于当前基于风险刑法观而出现的问题,解决之策是,"树立刑法局限性与刑法功能发展性的并重思维,确保风险刑法体系经得起立法科学性、处罚正当性与制裁有效性的反复检验"①。对风险刑法可能潜藏的法治危险,不应当过度放大和担忧,而应通过体系性的制度设计予以合理控制和消解。

首先,风险社会的全面铺展,注定刑法体系的价值分化在所难免,多元化的价值取向是未来刑法体系的必然选择。自由、秩序、公平是法律制度的三大基本价值,良法的制定是这三大基本价值在不同社会历史发展时期的均衡排列与组合。无论是传统刑法体系还是风险刑法体系,首先必须合理安排这些基本价值的位序。刑法生来就肩负惩罚犯罪和保障人权两大任务,对应的即是秩序和自由两大基本价值。反对风险刑法立场观的学者通常认为,在刑法所追求的最终价值目标中,自由和安全是对立排斥关系,自由始终优位于安全。风险刑法关注安全维护而放弃自由保障,必然会产生诸多法治附随风险。但这一观点值得商榷。因为安全与自由同为法的基本价值,两者是对立统一关系。具体而言,安全是自由的保障,自由是安全的体现;自由是更高的价值,安全是更基础的价值。"自由和安全可以兼顾,而在我们的制度下,它们是在法律中被兼顾。"②在法律层面,秩序是法的基础性价值,自由是法的目的性价值,两者相辅相成,且始终处于动态平衡之中。传统刑法更多强调刑法的自由保障机能,偏重刑法的自由价值,因而秩序价值相对弱化;风险刑法更多强调刑法的秩序维护机能,偏重刑法的安全价值,因而自由价值相对弱化。这是因为,在社会风险

① 高铭暄、孙道萃:《预防性刑法观及其教义学思考》,载《中国法学》2018年第1期。

② [英]哈利·波特:《普通法简史》,武卓韵译,北京大学出版社2022年版,第331页。

不断现实化的背景下,公众对秩序安全的迫切渴望达到了前所未有的高度,由此刑法在特定情况下令其他价值让位于安全价值。[①] 无论公众对刑法的自由保障功能寄予多大期望,在风险无所不在的社会,刑法的秩序维护功能注定成为主导,现代国家也日益需要通过有目的地系统使用刑法达到控制风险的政治目标。[②] 换言之,在风险社会,人为风险成为社会矛盾的聚焦点,也成为刑事立法的聚焦点。刑法必须有效防控此类风险,以回应公众对稳定生活秩序的关切。当然,即使坚持风险刑法的立场观,秩序也不能替代自由,而是始终与后者并存且处于动态平衡的状态。"作为刑事政策价值目标的秩序与自由是统一的,但这种统一是有侧重的、动态的统一。秩序与自由不是处于均等的位置,而是以秩序为本位,在秩序的前提下兼顾自由的统一。"[③]这就要求风险刑法体系的形成和发展必须稳健,既不能为满足公众安全感而过度限缩公民自由,也不能因为风险防控会限制公民自由而对风险坐视不理,而应最大限度地实现安全和自由两大基本价值。

其次,风险刑法的积极预防功能是否充分体现良法善治这一法治根本目标,是反思风险刑法基本立场适当与否的着力点。贝克曾指出,中国特有的"压缩的现代化"是其与西方社会的一大区别,这种现代化既加强了风险的生产,又没有给风险的制度化预期和管理留下时间。[④] 中国"社会转型",既包括从传统社会到工业社会的转型,也包括从工业社会到风险社会的转型,两个维度相互纠葛、混杂错乱,构成了当代中国法治的复调式社会背景。[⑤] 当下中国是局部风险社会而非全面风险社会,立足中国语境来观察刑法的社会角色,不难发现,前现

---

① 参见郝艳兵:《风险社会下的刑法价值观念及其立法实践》,载《中国刑事法杂志》2009 年第 7 期。

② 参见劳东燕:《公共政策与风险社会的刑法》,载《中国社会科学》2007 年第 3 期。

③ 侯宏林:《刑事政策的价值分析》,中国政法大学出版社 2005 年版,第 192 页。

④ 参见[德]乌尔里希·贝克、邓正来、沈国麟:《风险社会与中国——与德国社会学家乌尔里希·贝克的对话》,载《社会学研究》2010 年第 5 期。

⑤ 参见刘仁文、焦旭鹏:《风险刑法的社会基础》,载《政法论坛》2014 年第 3 期。

代刑法、现代刑法、风险刑法各自的社会功能在同一社会中共时存在。现代法治实质追求的是良法善治,在传统刑法中,便体现为对犯罪的报应性惩罚;而预防并非独立的国家策略,也未能成为刑罚目的,国家主要是通过制裁措施实现衍生性预防效果。[①] 换言之,在传统刑法中,预防犯罪并非国家惩罚犯罪所追求的直接目的,而是惩罚的伴随结果。预防刑法作为一项整体性的国家刑事政策,形成于晚近各国与新类型犯罪的斗争中。[②] 如果从刑事政策着眼于将来更富成效的观点而论,刑法处罚危险结果是不够的,必须着眼于行为的危险性,以制裁手段震慑具有社会风险的行为。此种提前一步、不待实害结果发生的规范,对现代科技、经济高度发展的社会有更完善规范的空间。[③] 此外,刑法的设定及适用是否实现了一般预防的目的与效果也是良法善治的基本要求。国家在立法指导思想层面强调"问题导向"和刑法参与解决社会问题,势必会推动刑事立法的活性化,以犯罪化、危险犯配置、安全价值优位、刑罚积极预防等为特征的预防性立法是具体体现。[④] 所以,风险刑法观的功能化发展进路是必然的,但不能一味地高歌猛进,而应时刻以良法善治的目标反思自我发展。

最后,风险刑法的法治风险或许有其存在的可能性,但不应将其过度放大。不少学者业已认识到风险刑法之象征性和情绪性等特征可能导致潜在的法治风险。如有学者认为,与其说这些立法是要保护国民实际的具体权益,不如说是为了回应国民"体感治安"的降低,保护其"安心感",故而其作为象征性立法的色彩显然要更浓一点。[⑤] 另

---

① 参见[德]迪特儿·格林:《宪法视野下的预防问题》,刘刚译,载刘刚编译:《风险规制:德国的理论与实践》,法律出版社2012年版。

② 参见何荣功:《预防刑法的扩张及其限度》,载《法学研究》2017年第4期。

③ 参见林东茂:《危险犯与经济刑法》,台北,五南图书出版股份有限公司1999年版,第15页。

④ 参见周光权:《积极刑法立法观在中国的确立》,载《法学研究》2016年第4期。

⑤ 参见[日]松原芳博:《刑法总论重要问题》,王昭武译,中国政法大学出版社2014年版,第16页。

有学者指出，情绪性立法现象在我国屡见不鲜，并且近些年来有愈演愈烈的趋势。如《刑法修正案（九）》废除嫖宿幼女罪、增设拒不履行信息网络安全管理义务罪、加大对暴力袭警行为的处罚力度、对重大贪污犯罪设置终身监禁等，都是情绪性立法的表现。[①] 还有学者认为，预防刑法可能会致使刑法过度犯罪化，模糊刑法与前置法的界限，背离刑法教义学的基本原理，具有刑法工具主义倾向。[②] 本书认为，风险刑法的法治风险具有时代性，是应对风险社会的风险必然出现的“风险”，对此需要谨慎对待，但没有必要过度夸大和焦虑。因为这些风险可以通过精致的理论诠释、高超的立法技术以及稳妥的司法实践予以有效控制，从而无碍于刑法体系的优良建构以及整体社会的良善治理。

三、风险社会刑事立法的政策定位

刑事政策是对社会需要和政治需要综合评估的结果，是对政治意志、主流价值、现实需求、情理正义、舆论民意等内容的合理选择，并且其根据犯罪的发展态势和调控重点不断调整，从而为控制和预防犯罪提供一体化的应对策略。刑事政策与刑法的关联点，在于刑事政策与刑法规范在价值方面的贯通，因为价值判断是制定政策的前提，也是制定规范的基础。自由、秩序、效率和公正是包括法律在内的社会公共政策的共性价值目标[③]，而犯罪本身就是价值评价的产物[④]。因此，只有价值评价性的内容才能获得与刑法规范“交流”的机会。目前实行的宽严相济刑事政策，本质是对刚性刑法规定予以柔性中和，对具

① 参见刘宪权：《刑事立法应力戒情绪——以〈刑法修正案（九）〉为视角》，载《法学评论》2016 年第 1 期。

② 参见王良顺：《预防刑法的合理性及限度》，载《法商研究》2019 年第 6 期。

③ 参见谢明：《公共政策导论》，中国人民大学出版社 2004 年版，第 17 页。

④ 参见杨兴培：《犯罪构成原论》，中国检察出版社 2004 年版，第 475 页。

体规范进行实质价值性解读,以平衡与修正解释的法律效果和社会效果。[①] 所以,刑事政策中的价值性内容可以与刑法规范相契合,价值性内容的交流是刑法规范和政策贯通的本质。

生活类型不是静止的,一直在随社会发展而不断演变,同时应当承认,“立法者的远见是有限的”[②]。在以民主法治为基调的现代社会,国家角色经历了“社会控制→社会管理→社会治理”的巨大转变,政治考量与社会需求愈加趋同,刑事政策也从打击犯罪的单一价值目标转向打击犯罪和保障人权并重的双重价值目标。宽严相济的刑事政策即是这一转向的结果,它要求区别对待犯罪,既要有力打击和震慑犯罪,维护法治的严肃性,又要尽可能减少社会对抗,实现法律效果和社会效果的统一。具体内容为:该严则严,当宽则宽;宽严互补,宽严有度;审时度势,以宽为主。[③] 由此,刑法和刑事政策在目的和机能方面日益趋同,这一变化也直接影响着刑法功能的转换,即刑法逐渐由重视保护个体自由转为侧重维护社会安全与秩序。可见,刑事政策的价值导向会直接影响刑事立法的规范制定。

首先,刑事政策中的预防性价值,可以通过刑法规范的目的指导刑法立法的设定。因为刑事政策的内容本来就源于社会需求和政治需要,具有与其根基同时变革的特性。随着风险社会的到来,公众对于秩序安全、生活安全的需求日益迫切。尽管刑事政策对这些诉求的吸纳具有选择性,但必然也会发生相应改变。具体而言,对刑事政策的价值诉求可以进行方法论上的改造,使其与刑法的合目的性要求相一致,即将刑事政策的一般预防的目的与刑事立法的预防目的相结合,毕竟“刑法基本概念的形成必须以刑法的目的设定、刑事政策的价

① 参见孙万怀:《刑事政策合法性的历史》,法律出版社2016年版,第539页。

② [美]罗伯特·S.萨默斯:《美国实用工具主义法学》,柯华庆译,中国法制出版社2010年版,第135页。

③ 参见卢建平主编:《刑事政策学》,中国人民大学出版社2007年版,第164~165页。

值决定,特别是刑罚目的或刑法之任务为依归”[①]。因此,刑事政策与预防性立法的关系,是以预防目的为衔接而进行的基本同步的预防价值的融通。

其次,刑事政策对刑事立法的指导有其限度,包括方法论层面和具体内容层面。在方法论层面,“法律系统对于来自政治系统的外在因素的激扰,并不是一味消极被动地予以接受,而是或多或少有着一定的主动性,体现的是自主选择的结果”[②]。这种自主选择主要是合目的性的思考,即刑事政策要经过刑事立法目的的规范性构造,而这种构造是一种刑法体系上的整体型塑,要经受合宪性解释、体系解释、目的解释、历史解释等方法的检验。在具体内容层面,刑事政策的宏观性和非规范性,决定了其与刑罚有关内容的实现不能仅停留在理论的抽象分析,还必须通过刑法条文得以进一步规范和明确。无论是方法论层面的限制还是具体内容层面的限制,都体现了刑法规范对刑事政策的逆向反制作用。

最后,刑事政策不同于刑法基本原则,其对立法和司法的指导功能有其阈值。刑事政策追求的是效率、灵活和功利,即如何最有效、最大化、最优化地对犯罪作出反应;而罪刑法定强调的是稳定性和明确性,要求制定的刑法必须是良法,体现的是限制国家刑罚权的机能。这意味着刑事政策的法治化在立法、司法过程中只能发挥有限的作用。具体而言,刑事政策一定要符合法治原则,不仅要追求有效性,而且必须同时具备以法治、人道、科学为内容的合理性。特别是在入罪时一定要符合法律条文规定,不能抛开法律条文来讲严打、从重从快和入罪问题。[③] 因此,要辩证对待刑事政策的预防价值,既要运用风险刑法保护重大的超个人法益,也要严格限制风险刑法的适用范围。就

---

① 王效文:《刑罚目的与刑法体系》,载《成大法学》2015 年第 30 期。

② 劳东燕:《刑事政策刑法化的宪法意涵》,载《中国法律评论》2019 年第 1 期。

③ 参见梁根林:《现代法治语境中的刑事政策》,载《国家检察官学院学报》2008 年第 4 期。

刑事政策层面的限制而言，宽严相济的刑事政策对刑事立法的指导定位在于：一方面，只有对可能侵害重大的超个人法益的高度危险行为，才有必要设置抽象危险犯，以超前保护法益；对危害较轻的低度危险行为，不能制定预防刑法；从而将预防刑法定位为针对高度危险犯罪的补充性立法，以体现刑事政策之严厉。另一方面，预防性刑法的犯罪化应当尽可能地被限缩在性价比最佳的范围内，对应刑罚的配置应当具有轻缓性，以短期自由刑、财产刑、资格刑为主，以体现刑事政策之轻缓性。

第三节　风险社会刑事立法的建构模式

认同风险刑法、推行积极预防性刑法观，必然伴随犯罪化现象的扩张。在犯罪化的构造模式上，现行《刑法》颁布实施之前曾有刑法典单一模式和特别刑法并存的多元模式之争，而在现行《刑法》颁布实施之后，类似的争议基本绝迹。但最近，一些学者又重提这一问题，使其又凸显出来。

一、风险社会刑事立法的形式表达模式

尽管犯罪化的规模扩张是风险刑法的必然结果，但这并不足以撬动现有的以刑法典为统一立法模式的建构路径。不过，学界关于风险社会刑事立法基本模式的讨论基本是围绕轻罪的建构转向而展开的。主流观点认为，轻罪建构转向主要源于以下原因：一是许多违法行为存在处罚空白或处罚不均衡的情况，造成了社会失范行为增多，而有关处理机制的缺失也导致社会风险的泛滥。将大量值得处罚的危害行为交由行政机关处理，必然会导致更多的负面效果；将某些处罚严厉性远超刑罚的行政制裁交由行政机关决定，严重违反了法律的程序

正义。二是司法实践中存在一种处理乱象，即在罪刑规范不明甚至缺乏之下适用重罪处理案件。事实证明，仅依靠司法内部无法自行消解此类状况，而简单地指责司法机关践踏罪刑法定原则，既不能有效遏制司法权扩张的现实，也不能保障被追诉者的权利，使其免受刑罚处罚或更重的刑罚处罚。

目前我国刑事立法已经开始广泛采用轻罪立法模式，即立法上不断扩张轻罪种类，形成轻罪体系，以实现风险刑法“严而不厉”的治理目标，进而平衡社会治理与刑法规制的序位冲突。例如，将扒窃、扰乱国家机关工作秩序等轻度危害行为入罪，但配置较轻的法定刑。当然，轻罪体系的建构不代表必须不断增设轻刑化的新罪，也可以通过降低原有罪名的处罚力度，将其划归轻罪体系。这一体系结构的创立，显然是一个缓和当下立法过于激进修正的有益方案。它既能切实有效地维护刑法体系的稳定性和正义性，又能满足法治国建设的要求和社会发展的需要。未来立法为应对严峻社会风险、解决实务难题、防止重罪滥用，必定还会增设更多轻罪。

但是，刑事立法刑法典一元论的基本模式是否合理，以及在此之下轻罪建构的范围与幅度如何确定，又成为当下刑事立法的争议问题。本书认为，我国刑事立法于当下及可预见的未来，采用刑法典的统一立法模式仍是最合理的。同时，轻罪建构是刑事立法的一个规则设计，是基于微观层面展开的技术性创新，其方向应定位于以更符合法治要求的方式处理轻微危害行为，而不能简单地将其理解为刑法积极地介入社会治理。

近年来，学界围绕轻罪及其系统的建构提出的刑法改造方案主要有：(1)二元结构模式。在不改变现行法律体系的前提下，建构符合我国国情的“二元结构”的行政与刑事制裁体系以及“特别行政处罚”体系。新的行政刑法体系是独立于刑法之外的，将行政处罚中的人身自由罚和大额财产罚司法化，以行政拘留、矫正教育和分级处置等为核心，以实现行政执法与刑事司法有效衔接以及整个违法犯罪制裁体系的完善为目标。(2)三足鼎立模式。刑事立法应当多元化发展,建构刑法典、单行刑法、附属刑法三足鼎立的立法模式。轻微犯罪按照具体情形合理分布在上述各类法规范之中。(3)轻犯罪模式。制定独立的轻犯罪法典,用以规制违反治安管理处罚法及应受矫正教育的行为,从而形成以刑法典为核心、以轻犯罪法为辅助、以治安管理处罚法为基础的统一的制裁机制。(4)刑法典统一模式。维持刑法典统一模式,并在现有刑法体系内,构造轻罪与重罪分层的犯罪结构。根据不同标准将刑法中的全部犯罪划分为重罪和轻罪,同时通过治安处罚法对刑法范围之外的失范行为予以规制,从而维护行政法和刑法的二元制裁体系。本书认为,考虑到立法理念、立法质量、立法成本、立法技术、一般预防以及司法适用等因素,第四种观点的构造性价比更高,现实可行性更强,故而是最为可取的。

首先,这是维护刑法典权威的需要。我国是单一制国家,具有根深蒂固的统一的立法理念和思想。刑法典作为国家治理之重器,从诞生之日起便被赋予保护自由的使命。惩罚犯罪、保障人权是其主要任务,也是其不同于社会伦理规范、其他法律规范的独特之处。刑法典是最具严厉性的社会治理手段的象征,制定附属刑法、单行刑法抑或独立的轻罪法典不仅会架空刑法典的体系结构,而且会贬损其在公众心目中的权威性。

其次,这是保障刑事立法质量的需要。刑法典统一模式,较于另外三种立法模式,更能保障立法质量。根据《立法法》第10条的规定,刑法作为国家的基本法律,应当由全国人大进行制定和修改,在全国人大闭会期间则由全国人大常委会对其进行部分补充和修改。具体起草法案文本等工作,通常是由全国人大常委会法工委刑法室负责落实,体现了较强的专业性。附属刑法、行政刑法以及法律解释等规范性法律文件的制定或修改,理论上也可以由法工委其他处室负责,但这样就会难以体现专业性。

再次,这是保证刑法正确适用的需要。刑法典一元模式,将所有的罪名统一规定在一部刑法典中，具有体系简明的特点，有利于司法人员查找和解读，可以避免因文本内容分散而耗费过多的时间和精力，避免增添“法条难寻、寻得难用、用之冲突”等问题。其实，当前实践中所面临的适用难题，并不在于刑法典的形式单一化，而在于对具体规范内容的理解困难。对此，即便采取附属刑法模式也会遭遇同样的解释困境。

复次，这是维护刑法体系统一性的需要。在现有统一的刑法体系内进行犯罪分层，区分重罪和轻罪，既能及时填补劳动教养制度废除后的行为制裁空白，也能以最小化的体系变动保持与刑事诉讼法、行政处罚法等部分法的协调，从而维护刑法体系的整体稳定。但若实施上述其他方案，刑法典与单行法或轻罪法之间的具体规定将会出现适用重合、位阶效力无法区分等情况，会破坏刑法体系的统一性。

最后，这是维护刑法效益的需要。任何法律制度，本质上都是人类自我设计的一套问题反映系统，刑法也不例外，因而其成本与收益之间的经济性衡量也是立法者必须关注的内容。将轻度危害行为设为轻罪，配置非监禁刑或其他轻缓的处罚措施，既可以改变罪刑结构的失衡，又能有力规制这类行为。当然，对单个轻罪的设置也要考虑刑罚量的分配、刑法体系的附随变动力度、法律共同体的协同改变强度、社会治理制度之间的衔接程度、司法实践的具体适用性价比等因素。

综上所述，我国应当继续采用统一刑法典的立法基本模式；在此基础上，可以考虑构建相对独立的轻罪体系，使之作为刑法典的一个必要组成部分。

二、风险社会刑事立法的实质设定模式

风险刑法体系的建构是一个囊括社会学理论和刑法学理论的系统性工程，需要关注基本立场之下的具体内容的建构，其集中体现为

犯罪圈的设定。[①] 事实上,学界对风险刑法理论的褒贬基本上是围绕犯罪圈的扩张或限缩展开的。例如,刘艳红教授以《刑法修正案(十一)》的犯罪化表现为例,认为当社会治理日益遭受金融犯罪、腐败犯罪、环境犯罪等威胁时,刑法的惩罚性和严厉性日益凸显,国家刑罚权并未受到控制,而是一直在扩张。[②] 但是,仅因立法扩大犯罪圈、扩增抽象危险犯等表面现象,就直接否定风险刑法策略和体系,未免过于武断。犯罪化与非犯罪化不是一个抽象的理论问题,而是一个具体的实践问题,分别代表了两种不同的刑事政策方向:犯罪化代表刑事立法范围扩张的刑事政策方向,非犯罪化代表刑事立法范围限缩的刑事政策方向。犯罪化问题极易与刑法的工具性关联在一起,如果不能合理地组织对犯罪的反应,极易导致工具论。正如有的学者所言,积极预防性刑法观立法策略导致的结果是,"刑法不再是法益保护的范畴,而是为贯彻某个特定的社会观念而工具化"[③]。应当承认,长期以来,我国刑事立法不断犯罪化的犯罪圈的构造惯性已经导致刑法在某种程度上走向工具化。究其原因,有学者作了如下归纳:(1)有罪必罚观念;(2)单向入罪思维;(3)全能刑法观或刑罚万能主义;(4)刑法家长主义的助长;(5)"象征性立法"的无限膨胀。[④] 因此,学界应当尽快反思问题之根源,并提出与之直接对应、行之有效的解决方案。

首先,一个法律规范除应当具备形式正当性之外,更应当兼顾实质正当性。所谓实质正当性,是指立法本身必须是以"合理目的为导

---

① 犯罪圈的设定主要涉及犯罪化和非犯罪化的问题。所谓犯罪圈的扩张或限缩,应当以最初的刑法典为对照,从体系化的角度进行整体分析和比较分析,才能得出合理的结论。

② 参见刘艳红:《积极预防性刑法观的中国实践发展——以〈刑法修正案(十一)〉为视角的分析》,载《比较法研究》2021 年第 1 期。

③ 许玉秀、陈志辉编:《不移不惑献身法与正义:许迺曼教授刑事法论文选辑》,新学林出版股份有限公司 2006 年版,第 191 页。

④ 参见高铭暄、孙道萃:《预防性刑法观及其教义学思考》,载《中国法学》2018 年第 1 期。

向的”。[①] 单纯的刑法罪名增加并不一定意味着犯罪化抑或重刑化，也可能是在现有法律框架内对犯罪治理的细化以及对社会发展现实的回应，是刑法体系迈向精细化、体系化的结果。例如，有些新增罪名只是将某些危害行为从原有罪名已经涵盖的行为类型中分离出来，作为与原有罪名相对应的特别法条，这就没有导致刑法处罚范围的扩大；在这种情形下，如果对新增罪名所配置的刑罚低于原有罪名的刑罚，则在刑罚量上是做减法而非加法，应属于一种实质的轻刑化。因此，“刑法保护早期化必然导致犯罪圈扩张或刑罚过重”的论断并不一定正确；把握好预防刑法的立法界限，具备正当性基础的“预防刑法”就是恰如其分的法律设定。[②]

其次，对犯罪圈大小的评判，应当基于对全体罪名的考察，而不应仅是对个别罪名的分析。只有立足于刑法规定的全体罪名的视角，才能从中挖掘、还原、再现犯罪化的应然原理，得出犯罪圈扩张或限缩的结论。如果脱离全体个罪，有选择地将某些个罪当作证成或证否犯罪化或非犯罪化的根据，则得出的结论难免偏颇。另外，根据“严而不厉”的刑事立法指导思想，在具体犯罪圈的构造上，不应不加区分地认为罪名多多益善，也非简单地主张轻刑缓罚，而应在“严密”与“不厉”之间妥当衔接，最终目标是刑法适度犯罪化[③]。刑事立法的审慎性要

---

① 参见E. 博登海默：《法理学：法律哲学与法律方法》，邓正来译，中国政法大学出版社2004年版，第298页。

② 参见李栋：《风险社会背景下预防刑法的扩张与破局》，载《甘肃政法大学学报》2021年第1期。

③ 适度犯罪化，是指对于一些严重危害社会的行为，应当根据行为的现实危害、影响范围、发展趋势等状况和我国法律制度的配套情况，有选择地予以犯罪化。适度犯罪化是一个相对的概念，可以被理解为一个相对模糊的数量概念。适度犯罪化要求刑事立法在犯罪化方面应当采取循序渐进的方式，而不能采取大跃进的方式大量增设新的犯罪或者大量扩张犯罪的范围。换言之，适度犯罪化不是将违法行为一概入罪，而是有选择地将那些危害较大的不法行为入罪；适度犯罪化也不是只进行犯罪化而不进行非犯罪化，而是可以将适度犯罪化与适度非犯罪化同时进行。参见赵秉志：《当代中国犯罪化的基本方向与步骤——以〈刑法修正案（九）〉为主要视角》，载《东方法学》2018年第1期。

求应当在法益保护机能与人权保障机能之间保持必要的平衡，不能过度犯罪化或过度非犯罪化，而应保持适度犯罪化态势。这也是当前我国犯罪形势不断发展和刑法法网不够严密背景下的必然结论。[①] 例如，《刑法修正案（九）》中的编造、故意传播虚假信息罪，立法机关曾试图将所有传播虚假信息的行为入罪，但最终将虚假信息的范围限缩为虚假的险情、疫情、灾情、警情。这种通过限缩行为类型、行为对象的方法来限制犯罪圈的范围的做法，即是适度犯罪化的典型体现。此外，犯罪化立法只能由社会生活和社会需求来决定，犯罪圈的大小并非全权由立法者的主观意志决定，而是取决于诸多客观因素，其中最主要的因素是社会打击犯罪的客观需要。[②] 菲利的"犯罪饱和论"就形象地说明了犯罪与社会发展之间的关系：每一个社会都有其应有的犯罪，这些犯罪是由自然及社会条件引起的，其质和量是与每一个社会集体的发展相适应的。[③] 并且，预防性入罪一般以提前保护重大超个人法益为目的，以可能引发或者协同严重侵害重大超个人法益的后继犯的危险行为为惩罚对象，而非惩罚纯粹不服从行为，这也符合刑法谦抑性原则的要求。[④] 因此，对犯罪化和犯罪圈扩张的评价，不能局限于个罪、个别因素，而应立足于总体刑法犯罪的供应量以及新罪增设所考量的综合因素。

最后，预防性刑事立法有其现实需要的前景，但也存在超越刑法基本原则的风险，需要谨慎划定其犯罪化边界。宏观而言，风险刑法犯罪圈扩张的态势具有正当性和合理性，但不可否认的是，具体的预防性犯罪条款的增设有其弊端，特别是对公民自由的限制，这是风险

---

① 参见赵秉志：《当代中国犯罪化的基本方向与步骤——以〈刑法修正案（九）〉为主要视角》，载《东方法学》2018 年第 1 期。

② 参见赵秉志：《当代中国犯罪化的基本方向与步骤——以〈刑法修正案（九）〉为主要视角》，载《东方法学》2018 年第 1 期。

③ 参见［意］菲利：《实证派犯罪学》，郭建安译，中国政法大学出版社 1987 年版，第 43 页。

④ 参见王良顺：《预防刑法的合理性及限度》，载《法商研究》2019 年第 6 期。

刑法附带的侵蚀法治风险的表现。针对这一问题,解释论的应对方案在学界产生了压倒性的影响力。有学者指出,应当超越刑法立场选择之争,区分立法论与解释论。在立法论上进行客观、深刻与中肯批判,在解释论上发挥刑法教义学限制功能,最大限度达成对刑法具体条文与立法趋向在理解、评价与适用上的共识,实质性化解对刑法干预早期化、能动化和犯罪圈不断扩大所导致的可能侵蚀法治国自由的隐忧。① 也有学者提出,应当通过行为规范和裁判规范的不同功效进行司法适用指导和约束,以克服预防性立法之不足。② 诚然,以解释论化解立法之缺陷具有一定的现实可行性,可以避免立法单纯沦为学界的批判对象,也在一定程度上克服了立法不明晰、过度激进之不足。然而,解释论无法解决“相同情形不相同处理”的问题。在刑法存在实质漏洞时,运用解释论是无法予以彻底填补的。另外,过度“唯解释论”亦可能从“立法万能主义”转向“解释万能主义”,从而遮蔽非理性立法之缺陷。③ 同时,刑法解释本身基于主体差异也很难获得一个绝对公认或统一的结论。故对新型的不法行为,由立法机构创设新罪,引导公民行为,是刑法应对社会风险的一个必要途径。④ 因此,问题首先不在于对不合理的预防性立法进行解释层面的消解,而是应当尽快划清预防刑法的立法边界。不容否认,我国刑法在立法技术方面仍有很大的提升空间:刑法中有“总则虚置”和“现象立法”的现象,且刑事立法缺乏体系性思维,一些法条的内在逻辑存在矛盾。⑤ 因此,在面临需要作出各种法律决策的新形势时,立法机关必须具备更加精巧的立法

---

① 参见梁根林:《刑法修正:维度、策略、评价与反思》,载《法学研究》2017 年第 1 期。

② 参见黎宏:《预防刑法观的问题及其克服》,载《南大法学》2020 年第 4 期。

③ 参见阎二鹏:《持有型犯罪立法动向及其正当化根据》,载《国家检察官学院学报》2019 年第 3 期。

④ 参见叶良芳:《科技发展、治理挑战与刑法变革》,载《法律科学(西北政法大学学报)》2018 年第 1 期。

⑤ 参见车浩:《刑事立法的法教义学反思——基于〈刑法修正案(九)〉的分析》,载《法学》2015 年第 10 期。

技术和能力。

综上,基于系统性的顶层设计视角,应当认可风险刑法理论为应对社会风险所做的努力。对于刑法可能具有侵犯人权和自由这一附随风险,应当尽量限制和矫正,而非以偏概全,直接否认刑法的安全价值。结合当前社会和法律体系状况来看,在相当长的一段时间内,我国应当坚持修正的积极刑法观,始终以维护社会秩序安全和保障公民权利为主要目标,循序渐进地展开刑事立法的具体架构。这一刑法观的实现,也要求刑法基础理论的妥当转型,以及尽快调整或改良犯罪论体系和犯罪圈构造。因此,正确的刑法研究进路应是对风险刑法体系及其基础理论予以适度修正,充分发挥风险刑法的理论优势和实践功效,同时合理控制或有效消解其附随风险,妥当兼顾安全与自由的协同平衡发展。具体而言,要在正视刑法工具属性的客观性与刑法功能性发展的基础上,肯认社会演变引发犯罪形态与结构变化的基本规律,联动犯罪学与规范刑法学,以刑事政策的理性化推动刑事立法的科学性;要重新认识刑法谦抑精神,倡导刑罚的有效必要制裁,松绑过于偏执的刑法保障功能;同时要考虑以原则、制度或规则合理控制极端工具化的出现。① 此外,刑事立法的科学化是司法适用的必要前提,应当尽快设计具体制度或规则明确立法的科学限度,进而强调刑法“二次规范”的性质,推动行为规范和裁判规范的功能界分与协同联动。

---

① 参见高铭暄、孙道萃:《预防性刑法观及其教义学思考》,载《中国法学》2018 年第 1 期。

第四章　风险社会新罪增设的基本原理

新罪增设,是指将某种刑法本来不予禁止的行为纳入禁止的范围,即将其犯罪化。任何一个新罪的增设,都意味着犯罪圈的扩大以及公民自由行动范围的缩减。风险社会背景下,新罪增设将是一个常态现象。但如何保证新罪增设既能满足化解风险、治理社会的需要,又不至于给公民自由造成不应有的限制和妨碍,是一个重要的立法课题。

第一节　风险社会新罪增设的根据

新罪增设的根据问题,实质上是犯罪的本质问题,即某种行为究竟具有何种特质,才可以被贴上犯罪的标签并予以刑罚制裁。对此,学界向来有法益侵害说和伦理违反说的争议。此外,风险社会背景下,新罪增设还涉及如何考量“风险增量”这一特殊因素。

一、新罪增设的前提:法益侵害的危险

(一)传统法益理论的重大缺陷

自贝卡里亚提出社会危害说以来,犯罪本质与刑罚惩罚实质的根据,被公认为是行为对社会的危害。[①] 及至德国刑法学者创立了法益理论,法益侵害遂代替社会危害而成为刑事不法的实质内容。李斯特指出:"就其本质而言,犯罪是一种特别危险的侵害法益的不法行为。"[②]雅各布斯也认为,利益在社会生活功能中形成,并只有通过社会危害性的规范标识,才能转为法益。[③] 也就是说,社会危害性只是转化媒介,而不是直接的判定标准。我国传统四要件的犯罪论体系中,社会危害性被确定为犯罪的本质特征,即认为"犯罪乃是危害社会的、罪过的、应受刑罚的作为或不作为"。刑法上的危害包含实害和危险,实害是指已经实现的危险,而危险则是尚未实现的实害。

目前,社会危害性说受到一些学者的挑战,即有些学者主张以法益侵害理论替代之。杨春洗教授早就指出,法益侵害说不仅能全面揭示社会危害性之社会关系侵害这一实质内容,而且是对犯罪本质最直接、最科学的表述。因为社会关系与利益这两个概念处于不同层面,前者较为抽象,后者较为具体,前者已经暗含了后者。人们想要认识社会关系,还得透过利益这面棱镜去观察。[④] 李海东博士是较早一批批判社会危害性说的学者之一,他认为社会危害性是一个没有规范

---

① 参见[意]贝卡里亚:《论犯罪与刑罚》,黄风译,中国大百科全书出版社 1993 年版,第 67 页。

② [德]李斯特:《德国刑法教科书》(修订译本),徐久生译,法律出版社 2006 年版,第 8 页。

③ See Vgl. Jakobs, Strafrecht Allgemeiner Teil, 1983, 2/22.

④ 参见杨春洗、苗生明:《论刑法法益》,载《北京大学学报(哲学社会科学版)》1996 年第 6 期。

性、极为空泛的概念,必须依赖刑事违法性来予以说明。社会危害性说只是对犯罪的政治的或者社会道义的否定评价,不仅通过其"犯罪本质"的外衣为突破罪刑法定原则的刑罚处罚提供了一种貌似具有刑法色彩的理论根据,而且在实践中对法治起着反作用。① 之后,张明楷教授继续高举法益侵害理论的大旗,大力倡导犯罪本质的法益侵害说和刑法目的的法益保护说。他认为,犯罪客体实质上就是刑法上的法益,犯罪客体是指刑法所保护的而为犯罪行为所侵犯的社会关系。社会关系是人与人之间的权利义务关系,其内容必然表现为各种权利,而权利的内容就是利益。社会危害性首先就直接表现为对利益的侵犯性,犯罪客体的内容就应当是利益。②

本书认为,无论是社会危害说还是法益侵害说,二者均承认犯罪是对利益的一种侵犯,就此而言,相关的争议可谓只是概念之争。当然,在关于犯罪究竟是对个人利益的侵害还是对社会利益的侵害这一点上,二者可能存在分歧。如果说法益侵害说只承认犯罪是对个人利益的侵害的话,又与法益理论的发展事实不符,因为其也承认犯罪是对社会利益的侵害。既然如此,法益侵害说实际上已经沦落为社会危害说。所以,法益理论仅仅是对社会危害性理论的术语翻新,不仅仍然存在不明确、抽象化等缺陷,而且在面对风险社会的转型时,无法有效应对,难以成为风险刑法中犯罪设定的理论根据。当前,面对风险社会的全面到来,刑法中的危害概念也发生了重大变化。为此,有学者指出:"风险社会对刑法功能的重新定位,直接导致危害的意义评价发生转型。相应地,危害的评价不再优先服务于危害作为刑罚之正当根据的意义,而是主要转向对后一维度的意义,即作为刑法目的的预防危害的关注。"③换言之,在风险刑法中,危害的评价应当具有两个

① 参见李海东:《刑法原理入门(犯罪论基础)》,法律出版社 1998 年版,第 7 ~ 8 页。
② 参见张明楷:《法益初论》,中国政法大学出版社 2003 年版,第 181 ~ 182 页。
③ 劳东燕:《危害性原则的当代命运》,载《中外法学》2008 年第 3 期。

维度:一是作为刑罚正当性根据;二是作为刑罚预防性目的。前者针对的是已然的危害,后者针对的是未然的危害,二者的功能存在一定的紧张关系。

(二)修正的功能性法益理论的辩证

探究犯罪的本质,离不开对刑罚权来源的论证。贝卡里亚认为,君主的刑罚权源于人们为了切身利益而对自身自由的让渡。人们牺牲一部分自由是为了平安无忧地享受剩下的那份自由,这一份份最少量自由的结晶便形成了惩罚权。① 尽管贝卡里亚的观点存在时代的局限性,但其对刑罚权来源的见解,即使在今天仍然具有一定的启示意义。特别是关于刑罚权源于公民让渡的自由以及国家保障公民自由不受他人侵犯的观点,隐含着刑法具有利益保护和自由保障双重功能的意思。正如有学者所言,"刑法以强制力的规定、处罚与适用作为其规范的中心,它通过刑罚制裁来保护法益,维护社会最基本的价值体系"②。就此而言,刑法的法益保护功能具有重要地位,是保障社会生活稳定安宁和个人自由的最强有力的手段。

在风险社会,由人类决策所导致的、具有后果扩展性的新型风险成为社会的主要风险。这一新状况对刑事立法提出了新要求,风险防控早期化成为刑法法益保护功能在风险社会得以充分发挥的重要途径。风险防控早期化的刑事立法观念顺应了风险社会的时代发展要求,但也因其对传统刑法法益原则的超越和突破而受到一些学者的质疑。例如,张明楷教授指出,刑法保护早期化导致对刑法的自由保障机制的忽视,因其正是通过剥夺公民的自由来实现社会的无害化。③

---

① 参见[意]贝卡里亚:《论犯罪与刑罚》,黄风译,中国法制出版社 2005 年版,第 10～12 页。

② 蔡道通:《当代刑法的两大基本理念及其意义》,载《南京师大学报(社会科学版)》2003 年第 4 期。

③ 参见张明楷:《"风险社会"若干刑法理论问题反思》,载《法商研究》2011 年第 5 期。

本书认为,这一观点有所偏颇。事实上,刑法的法益保护功能和自由保障功能是对立统一的,两者在价值追求上虽有所侧重,但均统一存在于刑法规范之中。因此,刑事立法本身就是一个价值判断和利益衡量的过程,不应为了打击犯罪而完全忽视自由保障,也不应为了保护人权而不顾法益保护。当社会发生变迁时,法益保护和自由保障两个功能背后的价值,必然要重新经过审慎衡量。因此,以忽视刑法的自由保障机制为由而批判刑法保护早期化,是对刑法功能的片面理解,有忽视刑法的法益保护功能之嫌。在风险社会,技术和制度的创新不断产生新的风险类型以及新的实害结果,这就要求刑法应当将风险纳入规制范围,并通过早期介入的方式尽可能地避免风险演化成实害。同时,风险的后果扩展性和难以估量性,更要求刑法不能仅着眼于造成实害后果的行为,而应当将具有高度危险性的风险扼杀在摇篮之中。可见,风险的后果扩展性对刑法的法益保护功能提出了新的要求,刑法应当以扩大保护法益的范围、前移保护法益的手段的方式应对风险社会的风险。

风险社会的新型风险,在客观层面具有后果扩展性,在主观层面具有建构性。因此,只有当人们主观上定义的新风险在客观上确实具有导致实害后果的高度可能性时,创设风险的行为才应当为刑法所禁止。当所谓的风险仅停留在人们的主观思想层面,而缺乏充分的证据证明其将在客观世界造成严重危害后果时,如果贸然以刑法这一最为严厉的手段予以打击,将严重挤压公民的自由空间,削弱社会发展的创新动力。特别是,在风险社会下,人们主观上对风险概念的建构,难免受到专家系统和大众传媒的影响,容易偏离风险在客观世界中的真实样貌。公众恐慌产生于风险产生的过程中,刑法对风险作出反应确实会对持续性存在的公众恐慌心理具有某种安抚作用,但是刑法也因此可能为公众恐慌所绑架,被当成具有降低风险发生概率功能的制度工具。[①] 如

① 参见焦旭鹏:《风险刑法的基本立场》,法律出版社 2014 年版,第 198 页。

果将源于对专家系统的不信任和舆论引导下的公众恐慌作为刑事立法的主要动因,将公众恐慌所直接指向的新技术、新制度作为刑法规制的对象,而不考虑新技术、新制度经过科学评估是否具有导致严重后果的高度可能性,那么一旦专家系统和舆论被某些利益团体所操纵,则刑事立法的科学性将很难得到保障。概言之,刑事立法如果一味迎合公众的期待,以消除或减少仅存在于公众主观层面的没有科学依据的恐惧为目标,则势必会过度干涉公民的自由和技术的创新。

当然,风险社会的风险具有建构性,因而刑法保护精神化的法益有其合理性,体现了刑法对于社会发展需求的积极回应。但是,需要警惕的是,刑法保护精神化法益如果走向极端,则必然导致社会发展偏离法治的正轨,公民的自由将面临随时被剥夺的危险。在历史上,这样的教训是真实存在的。例如,迈耶所倡导的"刑法不应保护自然主义所理解的法益而应保护文化价值"的观点,就曾成为德国纳粹全面批判自由主义的武器。[①] 为了防止刑法走向保护精神化利益的极端,刑事立法在对风险社会现状进行回应时,应当保持一定的限度。

换言之,面对风险社会新型风险以及公众恐慌的普遍存在,刑法的法益保护功能应当有所调整,但是这种调整应当以法益概念的发展为出发点,而绝不意味着对法益概念的摒弃。在倡导刑法应当积极回应风险社会的安全保障需求的学者中,不乏存在摒弃法益概念而试图重构刑法保护对象倾向的学者。例如,有学者提出,"与现代刑法在工业社会的基本任务不同,风险刑法在风险社会的基本任务既不是法益保护,也不是维护规范的有效性,而是依循风险刑法的规范逻辑去抗制风险。风险刑法要面向未来通过抗制风险为社会提供整体意义上的安全保障"[②]。但这种主张对刑法的基本功能具有颠覆性,是对风

---

① 参见舒洪水、张晶:《近现代法益理论的发展及其功能化解读》,载《中国刑事法杂志》2010 年第 9 期。

② 焦旭鹏:《自反性现代化的刑法意义——风险刑法研究的宏观知识路径探索》,载《政治与法律》2014 年第 4 期。

险社会刑事立法基本立场的偏误性解读。法益是利益要素和法的要保护性要素的复合体,因而利益是法益的上位概念,利益包含了法益的全部内容。“所谓利益,就是特定社会中由人的活动实现的满足主体需要的一定数量的客体对象。”①一方面,随着法益理论的不断发展以及实定法的不断演变,刑法所保护的利益早已不再局限于个体的利益。秩序这种抽象化、精神化、超个人化的利益,亦成为刑法保护的对象,因此将法益保护与秩序维护对立起来不具有合理性。另一方面,具有主客观相统一的安全概念,在充斥着具有建构性的新型风险的风险社会下,特别强调对公众安全感的保护,这是对符合人类活动中主体需求的合理利益的保护,并非与法益完全无涉。概言之,风险社会刑事立法的法益保护并不是对传统法益概念的颠覆,而是一种更加强调主客观相统一的概念,是对传统刑法以处罚实害犯为本色的法益原则的发展。

风险社会下,风险与技术总是相伴而生的。故需注意,刑法对于风险的防控,不应以扼杀有利于生产力发展和生产关系进步的技术与制度的创新为代价,否则刑法便成为人类社会进步发展的桎梏。然而,风险达到何种程度时,刑法可以对制造风险的行为予以干预呢?对此,有学者指出,犯罪化以社会安全的急切需要为前提,不仅要贯彻目的正当、手段必要、符合比例的原则,还要恪守刑罚的辅助性原则,因而应对公认的、具有严重危险的风险行为进行规制,而将具有争议的风险或为了社会的发展必须容忍的风险排除在刑法规制之外。② 在风险社会中,有的新型风险并不必然会导致严重的危害后果,对于这类缺乏科学证据证明具有导致实害后果发生高度可能性的风险,刑法不应介入和干预。

---

① 丁后盾:《刑法法益原理》,中国方正出版社 2000 年版,第 38 页。

② 参见高铭暄:《风险社会中刑事立法正当性理论研究》,载《法学论坛》2011 年第 4 期。

二、新罪增设的实质：法不容许的危险

（一）社会风险与刑法危险的衔接转化

面对风险社会的到来，刑法作为社会治理的最有力手段，必须积极应对。但是社会中的危险并不直接等同于刑法中的危险，因而需要按照一定的准则或标准，确定两者之间的转化路径，从而使风险刑法的设立具有现实性和正当性。

应当明确的是，虽然风险与危险各自存在的结构系统不同，但二者之间并非不可转化。大体上，人类对风险的应对可以分为两个层面：一是集体层面，即通过群体决策或制度性的措施来解决风险分配与控制问题；二是个体层面，即个人针对所感知到的风险采取个体化的处理方案。诉求国家的干预便属于集体层面的应对范围，包括利用法律制度对风险问题作出回应。由于数量化的风险概念并不适合作为法律概念，"所以其让位于更能提供法律规范性诊断的概念，如排除危险或者预防。通过运用这两个概念，法律试图以双重的方式来获得与未知性和不可权衡性相对的安全性：一是法益的安全，即为所涉法益提供安全保障；二是法律的安全，即保证法律作为一个决定体系本身的可靠性和可预见性"①。在刑法领域，公众对于安全的现实需求必将汇聚成刑事政策上的压力，最终通过目的管道传递至刑法体系的内部，从而促使刑法体系朝着预防的方向转向。

社会中的风险在被转引入刑法体系后，风险的概念，就不再是生活意义上的概念，而是规范意义的概念。正如论者所言："风险恰好不是一种实体，更不是一种物理空间的存在，因而难以用物本逻辑结构

---

① ［德］莱纳·沃尔夫：《风险法的风险》，陈霄译，载刘刚编译：《风险规制：德国的理论与实践》，法律出版社2012年版，第82页。

去说明存在风险这件事。”[①]法律体系对于风险的介入点是法不容许的危险,这意味着只有立法者眼中的风险才是风险,而不再有先于法规范的风险概念。所以,规范主义是风险刑法议题的前提。风险被规范表示出来,不仅在于风险是社会结构的一部分,更在于风险是一种基于沟通需要而在规范层面被进一步改造的社会要素。风险刑法并不是消除一切风险的工具,而是以法规范的形式界定容许风险的界限,并对逾越此界限的风险予以否定评价。

社会风险转化为刑法中的危险后,就具有法益损害的可能性,这种可能性也具有现实化的态势。在一定的时空条件下,风险的各个因素处于一种均衡角力的态势,风险处于一种相对平衡的状态。但问题的关键,不是要从相对的动态平衡中找到可以归责风险的因素,而是要从不平衡状态中寻找可以归责风险的因素。这种因素必然是行为主体实施的行为。这种因素被纳入法律规制的范围后,应当接受不同层级的法律规制,而最后一个级别就是刑事法律。当这种因素所制造、激发或者促进的行为过程为刑法所不能容忍时,就必须为刑法所规制,这种规制通过法所不容许的风险来完成。[②] 所以,“法不容许性”成为风险与危险的区分标准,或者说,是社会风险转化为刑法中的危险的决定性因素。

(二)法不容许的危险的评估标准

在客观归责理论中,法不容许的危险是一个核心概念,而风险是一个依附于刑法法益的概念。这种法益的确定性以及风险依附性决定了此处的风险判断是由果及因的,即以法益为中心追溯风险来源,

---

① 林宗翰:《风险与功能——论风险刑法的理论基础》,台湾大学 2006 年硕士学位论文,第 54 页。

② 参见林培晓:《风险刑法基本理论研究》,西南政法大学 2014 年博士学位论文,第 101 ~ 102 页。

从而确定某一行为是否具有侵害特定法益的风险。[①] 鉴于客观归责理论已经对法不容许的危险的认定奠定了坚实的基础，因而在风险刑法中借鉴其认定思路和标准，是一个经济可行的路径。

首先，危险具有层级性。根据危险的严重程度不同，可以将其分为法容许的危险和法不容许的危险。二者均是指行为中蕴含对保护法益可能造成现实侵害的危险，而区别的关键在于法秩序对于这种侵害可能性的态度：前者是可接受的，后者是不可接受的。对于法不容许的危险，又可以进一步区分为抽象危险犯的危险和具体危险犯的危险。正如学者所言，危险犯之"危险"，是指发生法益侵害的客观可能性或盖然性。对于违法性的成立而言，有的场合要求行为具有"高度的危险"，有的场合则只需"比较缓和程度的危险"。前者为具体危险犯，后者为抽象危险犯。[②] 野村稔教授认为，从危险的可能性到危险的盖然性，不同行为的危险性具有较大差异。具体而言，抽象危险犯的成立需要的是一定程度的危险性，而具体危险犯的成立需要的是高度的危险性。[③] 在罗克辛教授的客观归责理论中，可以归责的行为应当满足以下三个条件：制造不被容许的风险、实现不被容许的风险以及在构成要件的效力范围中。[④] 这里的"风险"，实际上就是刑法意义上的危险；而危险程度的高低，实际上是指危险转化为实害的可能性的概率大小。

其次，危险具有变化性。客观归责理论的特色之一是将风险的概念予以客观化，在客观构成要件的范畴内诠释风险。无论是制造还是实现法所不容许的风险，核心都是风险升高理论的运用。客观归责理论并非如批判者所言，忽略结果不法的存在，而是将结果不法附随于

---

① 参见程岩：《风险社会中刑法规制对象的考察》，载陈兴良主编：《刑事法评论》（第29卷），北京大学出版社2011年版，第294页。

② 参见［日］山口厚：《刑法总论》，付立庆译，中国人民大学出版社2011年版，第45页。

③ 参见［日］野村稔：《刑法总论》，全理其、何力译，法律出版社2001年版，第100页。

④ 参见［德］克劳斯·罗克辛：《德国刑法学总论（第1卷）：犯罪原理的基础构造》，王世洲译，法律出版社2005年版，第245～274页。

行为不法,更加强调后者的构成要件地位。申言之,客观归责理论重新诠释了结果不法的流程,因而不同于传统的客观不法和主观不法理论。一方面,它不是单纯地将客观行为状态和现实结果作为归责的全部根据,而仍然主张行为人的主观意志和客观行为的交互反馈。另一方面,它不同于主观不法理论以行为人的不法意志为判断其行为不法与否的根据,而是以刑法规范的要求为根本标准。换言之,行为人的行为在客观上违反了社会生活和社会秩序所要求的行为准则,而为社会一般人所难以容忍,即被确定为制造或存在法所不容许的危险。风险升高理论,实际上是基于风险管控的需要,以风险管辖的范围为界的风险规制理论。具体而言,风险管辖意味着每个人在社会生活中都有义务排除法所不容许的风险,在自己的管辖范围内负有风险防控的职责。风险升高可被认为源于对风险掌控的不确定性,而有越高的行为能力者,其风险管辖范围也相应扩大。风险之所以为法所不容许,是因为其逾越了社会预期的一般化风险;风险升高理论除了说明这一风险状态外,更包含行为人对风险逾越的制止义务。① 简言之,风险全部或增大的部分系因行为人的行为所致,而该行为又违反社会共同生活的准则,即为法不容许的危险。

最后,危险具有可识别性。对法不容许的危险的识别,其实就是对法不容许的危险的判断,其判断标准可以从客观归责理论中得以确定。具体而言,包括三种情形:其一,制造法不容许的风险。这是指风险系因行为人的行为所产生的情形。由于风险已经现实存在,所以判断的内容应是这一风险是否不被法所容许。对此,关键是查找决定行为人所制造的风险之合法性的法源。应当注意的是,这里的“法”是宽泛的,包括刑法、行政法、民法等法律规范,也包括特定领域的行业规范、共同生活的行为准则、伦理规范等。其二,实现法不容许的风险。

---

① 参见林宗翰:《风险与功能——论风险刑法的理论基础》,台湾大学 2006 年硕士学位论文,第 24 ~25 页。

这是指风险已经造成现实损害的情形,具体包括两种情形:一是风险系行为人所制造,并且行为人还将风险现实化;二是风险并非行为人所制造,但行为人将风险现实化。无论哪种情形,由于风险已经演化为实害,因而其不被法所容许,是当然的。其三,升高法容许的风险。这是指行为人所实施的行为类型在通常情况下也具有风险性,但其程度为法所容许,而行为人的行为却升高了风险的程度。这里的"升高",是指实害结果发生的可能性加大。对此判定,可以采取反向判断法,即假设如果没有行为人的行为,风险与实害的距离是否会更加接近。由于行为人的个体行为超出了一般人实施类似行为的风险程度,增加了实害结果发生的概率,因而其所增加的部分,当然属于法不容许的风险。

第二节　风险社会新罪增设的要求

法益侵害的危险存在,是风险社会新罪增设的前提。但这仅是风险社会新罪增设的必要条件,而非充分条件。除此条件之外,风险社会要新罪增设,还应满足其他条件要求。

一、宏观层面:符合谦抑原则的适度调节

(一)谦抑原则与比例原则的区分

风险社会中,刑法介入社会生活的领域不断拓宽,导致犯罪圈不断扩大、刑罚适用频次不断增高,由此带来学界关于刑法工具化的隐忧以及刑法恢复谦抑性的呼吁。但是,对刑法谦抑性的定位和解读存在相异的观点,甚至出现了否定预防性立法或比例原则的主张。如有学者认为,刑法中的法益保护原则、谦抑原则和罪刑均衡原则不仅分

别对应比例原则中的适当性原则、必要性原则和狭义的比例原则,而且刑法中的责任主义原则还进一步限制了刑罚权的发动,比例原则无法为刑法提供新的规范指引。[①] 故而,有必要分析谦抑原则与比例原则的异同,以明确谦抑原则在刑法理论体系中的定位,并对其功能作出合理解读,进而助力刑事立法的科学化建构。

一方面,相较于比例原则,谦抑原则是刑法特有的专属原则。作为一种建构的理论,谦抑原则和比例原则具有相似之处,如二者均主张:刑法具有最后手段性,能用其他法律手段调整的行为应尽量不动用刑法;即使已经以刑法规制,在衡量法益保护后,如果认为是迫不得已的情况,也应重视刑法的宽容精神而控制处罚程度。[②] 但二者在本质内涵、适用位阶、功能效力等方面存在较大差异。具体而言:(1)在本质内涵方面,比例原则是以宪法为基础出现的,其本质是直接从所有法律设定之根基(宪法及其原则和精神)出发,对国家公权力进行合理的约束。但作为刑法内部基本原则的谦抑原则,其出发点是刑法规范自身,只能利用法益工具对立法展开循环论证,其本质是由内而外的自我检验;并且当下法益概念日益抽象化、精神化、稀薄化,其批判立法的功能有待进一步证成。基于法益概念制约立法权的谦抑原则的力量被逐步削弱,仅以刑法谦抑性对立法批判,势必具有一定程度的随意性和想当然的成分。[③] (2)在适用位阶层面,比例原则较谦抑原则而言,是更具有规范效力的宪法原则。有学者以是否具有宪法意义为标准,将刑法基本原则分为两大类:一类是具有法治与宪政基础性地位的原则,包括罪刑法定原则、法益保护原则、责任主义原则、无

---

① 参见田宏杰:《比例原则在刑法中的功能、定位与适用范围》,载《中国人民大学学报》2019 年第 4 期。

② 参见马克昌主编:《外国刑法学总论(大陆法系)》,中国人民大学出版社 2009 年版,第 42 ~ 45 页。

③ 井田良『変革の時代における理論刑法學』(慶應義塾大學出版會,2007 年)33 頁参照。

罪推定原则和比例原则;另一类是效力仅局限于刑法内部的原则,如犯意与行为同在原则、因果关系原则、谦抑原则。其中,第一类原则具有宪法基础地位,无论如何都不能被突破;第二类原则在特定情况下可以被突破。[①] 这种精细区分,是有积极意义的。可见,比例原则较之谦抑原则,属于最高法意义上的建构原则。它真实架设了宪法与刑法之间的母子关系,相比于刑法自身的原则具有适用位阶的优先性。(3)在功能效力方面,比例原则较之谦抑原则,是一个更具有制度价值的宪法原则,对刑事立法和刑事司法均具有强制性的约束力。它更为全面地涵盖了犯罪圈、刑罚圈和刑罚执行等多个领域的合宪性检验,也能更好地协调舆论与司法认知的偏差;而谦抑原则仅具备指导立法的单一功能而没有强制拘束力,践行程度完全依赖于立法者根植于内心的道德,并无规则可循。[②] 同时,只要确保运用刑罚权具有宪法意义的合比例性,就可以避免价值冲突并兼顾多元化的刑法任务;而谦抑原则还必须与罪刑法定原则、罪责刑相适应原则等正义力量一道,协同限制刑罚权的滥用,其自身不能兼顾也无法担任限制刑法犯罪化和重刑化的"主力军"。[③]

另一方面,无论是谦抑原则还是比例原则,都不能直接否定近期我国刑事立法活跃化的必要性。具体理由如下:第一,对于高度危险行为,将刑法作为优选手段并不违反刑法的谦抑性。刑罚权的行使受到刑事政策的制约。从宽严相济刑事政策的目标来看,严密刑事法网是控制犯罪的基本需要,必要的犯罪化与刑法谦抑精神并无必然的功能冲突和价值对立。任何危害行为的犯罪化,都并非单纯的立法问

---

① 参见劳东燕:《风险社会中的刑法:社会转型与刑法理论的变迁》,北京大学出版社2015年版,第77~78页。

② 参见刘广三、王梓娜:《比例原则在罪刑模式中的适用——以陆勇案为例》,载《河南警察学院学报》2019年第2期。

③ 参见高铭暄、孙道萃:《预防性刑法观及其教义学思考》,载《中国法学》2018年第1期。

题,而是社会整体治理的联动权衡,应置于社会时代背景下予以审慎建构。"我国刑法仍处于'小而重'的状态,即犯罪圈较小、刑罚过重,立足于现有语境,犯罪圈的扩大并不必然违背谦抑性原则,而是符合我国法治现实的需要。"①因此,不能简单地认为,新罪增设,就是对刑法谦抑精神的违背。一种行为的不法程度存在轻重之分,根据不法程度的轻重不同而分别予以行政处罚和刑罚处罚,符合刑法的最后手段性;在缺乏前置法规范的前提下,将其中最严重的不法行为以犯罪论处,亦符合刑法的最后手段性;只有在既缺乏前置法规范,又不区别行为的不法程度而悉数纳入犯罪圈,才能认为刑法设定不符合最后手段原则。第二,刑罚处罚范围要根据现实必要性判断,而不是一味地限缩。"之所以科处刑罚,是因为对全体国民而言存在必要性。并非越限定处罚就越增加国民利益,而是必须具体地、实质地探求为保全国民利益所必需的必要最小限度的刑罚。"②换言之,刑事立法不能只单纯限制处罚范围,而应当重视处罚范围的合理性和妥当性。实质的法益概念就是"告诉立法者合法刑罚处罚的界限"③,故而在新类型的法益侵害或侵害危险明显增加的情形下,就应当增设新罪。只要新罪的规范保护目的是明确的,要解决的难题是清晰的,价值指向是特定的,理论上就不宜轻易认为相关罪名的法益保护不明、违反谦抑原则或仅有象征意义。④

(二)谦抑原则的具体要求

通常认为,刑法谦抑性的内容包括补充性、片段性和宽容性。补

---

① 高铭暄、孙道萃:《预防性刑法观及其教义学思考》,载《中国法学》2018 年第 1 期。

② 前田雅英:『刑法總論講義』(東京大學出版會,2011 年)5 頁。

③ [德]克劳斯·罗克信:《刑法的任务不是法益保护吗?》,樊文译,载陈兴良主编:《刑事法评论》(第 19 卷),北京大学出版社 2007 年版,第 152 页。

④ 参见周光权:《论通过增设轻罪实现妥当的处罚——积极刑法立法观的再阐释》,载《比较法研究》2020 年第 6 期。

充性意味着刑法是社会治理的最后手段,只有在其他负面作用更小的制裁措施无法有效地保护法益时,才可以发动刑法;片段性是指刑法并不处理所有具有社会危害性的行为,而只对其中一部分危害严重的行为进行惩处;宽容性则表明,即便实施的是严重危害行为,但在利益衡量和后果考察之后,如果认为属于不必须由刑法规制的情形,就不应以犯罪论处。刑法谦抑性的目标在于:"最大限度地保障人权、最大限度地促进社会发展、最大限度地体现相对公正、最小限度地维持秩序(必要秩序)。"①

首先,基于法秩序统一原理,法益侵害只是刑法启动的必要条件而非充分条件。存在法益侵害并非一定要动用刑法,只有当非刑法规范对侵害法益的行为不能实现有效规制时,才允许刑法干预。原则上,刑法的犯罪设定需以违反民法、行政法等法律规范为前提。如果某一行为完全符合前置法规范的保护目的,并未侵害相关法益,则不得以犯罪论处。此外,行政法、民法等规范与刑法规范的价值预设与规制领域在某些方面存在本源性差异,因而各自的违法性判断标准在性质和程度上均可能不同。

谦抑原则对刑事立法的制约,可以从正反两个方面来考察。就正面而言,主要是设定将某种行为纳入犯罪圈所应满足的条件。对此,帕克提出"刑事制裁界限理论",认为只有同时满足以下六项条件的危害行为才应当受到刑法惩罚:(1)行为须是在大多数人看来有显著的社会危害性的行为,且不专属于任何意义的社会阶层;(2)将该行为纳入刑事制裁不会违背惩罚目的;(3)抑制该行为不会约束人们合乎社会需要的行为;(4)须通过公平且不歧视的执行来处理;(5)通过刑事程序来控制该行为,不会使该程序面临严重的定性或定量的负

① 魏东:《和谐社会的刑事法治理性探讨》,载《现代法学》2007 年第 1 期。

担;(6)没有合理的刑事制裁替代措施来处理该行为。[①] 就反面而言,要检视其是否属于不应当犯罪化的情形。对此,边沁认为,以下情形均不应当入刑,因为不符合功利主义原则:一是惩罚无理由,即不存在要防止的损害,行动总的来说无害;二是惩罚必定无效,即不可能起到防止损害的作用;三是惩罚无益,或者说代价过高,即惩罚造成的损害将大于它防止的损害;四是惩罚无必要,即损害不需要惩罚便可以加以防止或自己停止,亦即以较小的代价便可防止或停止损害。[②]

谦抑原则对风险社会的刑事立法亦具有制约作用。在预防性立法中,刑法干预前置化同样不能逾越谦抑原则设定的藩篱而侵入其他部门法管辖的范围,因为刑法与其他部门法在功能上的不同定位是宪法为其设定的边界。[③] 在风险已经实现的场合,虽然具备了刑法干预的基础,但如果行为所造成的实害结果没有达到严重的程度,则可以通过侵权法、合同法等法律规范来调整,没有必要予以犯罪化。在行为人只是制造了风险但风险尚未现实化的场合,虽然侵权法可能无法规制,但可以诉诸行政法来调整,一般情况下,刑法同样没有必要介入。当然,在这种场合,如果风险程度极高,对法益侵害的可能性极大,则刑法可以视情况决定是否干预。换言之,即使存在预防的必要,基于谦抑性要求,危险犯的设立也要经过多重立法过滤机制的审查。具体而言:其一,如果采用其他法律手段或非法律手段即能有效预防风险,就没有必要新设独立的危险犯;其二,即便需要刑法规制,但如果通过处罚实害犯的未遂、中止和预备行为即能有效预防风险,就没有必要另设独立的危险犯;其三,如果通过设立过失的实害犯即能有

① 参见[美]哈伯特 · L. 帕克:《刑事制裁的界限》,梁根林等译,法律出版社 2008 年版,第 293 ~ 294 页。

② 参见[英]边沁:《道德与立法原理导论》,时殷弘译,商务印书馆 2000 年版,第 217 页。

③ 参见王强军:《刑法干预前置化的理性反思》,载《中国法学》2021 年第 3 期。

效预防风险,则同样无须设立独立的危险犯。[①]

其次,对预防性立法的集体法益保护,谦抑原则也有一定限制。因为预防性立法侧重保护集体法益只是手段,保护个人法益才是刑法干预前置化的终极目的。所以,集体法益必须要和个人法益存在紧密关联,能够尽量还原为具体的个人法益,不能过度限缩公民的个人自由权益。也不能因为刑法提前干预能实现对国家安全、公共安全、社会秩序等集体法益的周全保护,从而一旦涉及侵害此类法益便展开刑法修正。[②] 对于超前的预防性立法而言,也即间接危险犯的设定,只有少量严重侵害重大超个人法益的高度危险行为,在传统刑法为之提供的事后保护和提早保护难以形成有效威慑时,才需要预防刑法进行补充性应对。[③] 以《刑法修正案(十一)》第44条增设的妨害兴奋剂管理罪为例,其立法意图是通过刑法对引诱、教唆、欺骗运动员使用兴奋剂以及提供兴奋剂的行为进行提前规制,从而预防运动员使用兴奋剂、妨害竞赛公平的危害后果。但是,行为人实施"引诱、教唆、欺骗和提供"的行为,只是外因,与运动员是否使用兴奋剂、妨害竞赛公平的危害后果之间并没有必然的因果关系。刑事立法所预设的严重结果之发生,其决定性因素是运动员自己的主观意愿。刑法不惩罚近因行为,而去惩罚远因行为,不仅预防关卡过于前移,而且预防重点也发生严重偏向,人们对这种立法规定难免会存在正当性疑问。

最后,贯彻谦抑原则,并不意味着刑法应当放弃自己的职责而拱手让位于行政法。以谦抑原则为矛反对新罪增设的学者通常认为,对不法行为没有必要予以刑罚处罚,给予行政处罚就足够了。但问题

---

① 过失的实害犯往往从规范义务违反层面体现出了行为的危险制造意义,并不需要行为主体对危害结果有明确的认识,但其必须要行为产生实害结果才能成立。所以,只有当一种行为风险重要到必须在结果发生之前就摒弃所有偶然实害发生的可能性而需要前置预防时,才需要设立独立的危险犯。参见林东茂:《危险犯的法律性质》,载《台大法学论丛》1994年第2期。

② 参见王强军:《刑法干预前置化的理性反思》,载《中国法学》2021年第3期。

③ 参见王良顺:《预防刑法的合理性及限度》,载《法商研究》2019年第6期。

是,行政处罚有其阈值,不能无限扩张或增强,这是法治的基本要求。所以,不能偏颇地理解刑法的谦抑性或二次规范性,尤其是有的行政处罚长期剥夺行为人的人身自由或者处以极高数额的罚款,处罚的严厉程度甚至远远高于刑罚,且由行政机关独立决定并自主执行,没有相应的司法审查和监督,这极易侵犯公民的合法权益。轻罪设定的意义,除了预防风险外,一定程度上还可以避免长期行政羁押、高额罚款等"行政性的人身自由罚和财产罚"的泛滥。因此,未来的立法设计,在维持违法和犯罪二分法的框架下,可以进一步压缩违法行为的类型,将其严格限定在轻微不法行为的范围之内,并配置相对轻微的自由罚和财产罚。同时将部分不法程度较高的行为升格为轻罪,并配置相对较轻的自由刑和财产刑,从而促进办案资源的合理分配,实现办案的公平公正。

二、微观层面:满足比例原则的有效制约

比例原则是宪法的基本原则,重在解决国家权力与公民权利之间的力量平衡问题,以引导公权力正当、合理地行使。目前比例原则被广泛应用于行政法、刑法、经济法等领域,已然是具有普遍适用意义的法治原则,这也突出证明了比例原则自身功能的强大以及实践适用的合理。正如有学者所言:"基于宪法规定的法益保护原则和比例原则,无论社会如何变迁,始终是刑法必须遵循的基本原则,更是风险社会时代刑事立法不可动摇的铁则。"[①]宪法之所以能够成为立法根据并具体限制立法构建,不仅在于其具备法律和政治的双重特质,更在于合宪性控制是对宪法基本权利的维护以及对宪法性价值的不断诠释

① 田宏杰:《立法扩张与司法限缩:刑法谦抑性的展开》,载《中国法学》2020 年第 1 期。

(比例原则是其主要诠释工具)。[①] 因此,刑法立法要注意宪法基本权利的平衡保护以及立法效果在整体法秩序中的妥当考量,坚持一种“基于宪法的立法设定”。

现代国家控制风险所需要的,是“一个设计精妙的通过制度化的解决方法预防不可预见的事情的反思程序”[②]。宪法就是刑法立法最强有力的反思性约束机制,但也需要构建更为合理、正当、精细的判断规则。本书认为,应当从立法目的的正当性、规制手段的必要性以及目的与法效果的均衡性三个方面对刑法立法的正当性、必要性、合法性和有效性展开层次性考察,以确保罪刑设定的实质性均衡,维护刑事立法的科学性,牵制过度形式化的司法倾向。

(一)目的正当性原则:立法目的的全面检视

目的正当性原则源于实质法治国建设之需。“根据实质的法治国家概念,一切国家行为必须符合实质上的公正理念。”[③]实质法治国的目标不是简单追寻形式化的概念模式,而是主张法律形式要服务于实质正义的实现。换言之,公民基本权利具有约束所有国家活动的效力,刑事立法亦应受制其中。在实质法治国背景下,立法者不能任意设定立法目的,如果一个刑法条文不当限制了公民的基本权利,则将因违宪而无效。就刑法立法而言,目的正当性包括刑法目的来源的正当性和刑法目的本身的正当性两个方面。

1. 刑法立法目的来源的正当性

刑法立法目的的来源广泛,但均应接受宪法规范、原则及其精神的检验。当前在社会事实和立法规范之间充当价值评判和实质转化

---

① 参见刘国:《宪法解释方法的变革——宪法解释的法理分析》,中国政法大学出版社 2008 年版,第 79 页。

② [德]乌尔里希·贝克、[德]约翰内斯·威尔姆斯:《自由与资本主义——与著名社会学家乌尔里希·贝克对话》,路国林译,浙江人民出版社 2001 年版,第 124 页。

③ 伯阳:《德国公法导论》,北京大学出版 2008 年版,第 36 页。

角色的主要是刑事政策,因为社会变迁与刑法转型之间有内在的逻辑协同关系,主要经由刑事政策的价值输送来实现两者的同步转换。[①]一国的刑事政策是对政治意志、主流价值、现实需求等内容的合理选择与高度概括,且根据犯罪规律、态势以及政策导向与调控的变化不断调整,任务是为控制和预防犯罪提供一体化的应对策略,因而可以为刑法立法提供兼顾政治需求与社会现实的正当化依据。情理正义、主流观念和舆论民意等价值内容通常具有抽象性、盲目性、情绪性,难以担当转化的重任。当然,这些社会意识亦不乏体现实质正义的价值内容,对此,立法可以基于犯罪情况和社会治理态势对刑事政策之外的价值性内容进行适度吸收并将其设定为立法规范。不过,在司法适用中必须与之审慎隔绝,只有刑事政策可以成为刑法解释中目的的正当来源。例如,民意能否成为目的来源,就需要区分立法和司法阶段作出不同判定。立法时应当考量民意以周全设定具体规范,这种考量可以内含在刑事政策的价值考量中,也可以单独给予例外考量;而在司法实践中解释规范时,民意只能作为社会效果的部分因素来检验解释结论。

对刑法目的来源正当性的检验,针对的是刑法整体目的,而非具体规范的保护目的。刑法整体目的也就是刑法最终目的,其确定基础是犯罪本质。学界对于犯罪本质存在规范违反说和法益侵害说两种对立观点。规范违反说(行为无价值论)认为犯罪的本质是对规范的违反,但是其内部经历了社会伦理规范违反说、行为规范违反说以及行为的法益侵害导向性说的演进,目前行为无价值二元论的观点是通说,即犯罪是违反行为规范进而侵害法益的行为。法益侵害说(结果无价值论)主张,违法性的本质是法益侵害,刑法的目的是保护法益。事实上,由我国《刑法》第 13 条规定可知,刑法的目的是惩罚犯罪,保

---

① 参见高铭暄、孙道萃:《预防性刑法观及其教义学思考》,载《中国法学》2018 年第 1 期。

障人权，也即“刑法是以行为人和被害人二元主义的评价规范为基础的”[①]。刑法规范一方面是行为规范，要求任何人都必须依照刑法规制自我行为，不得对他人实施犯罪；另一方面是裁判规范，对犯罪人予以惩处以保护被害人法益。故而，犯罪应当是违反规范进而侵害法益的行为，而刑法目的就是通过维护法律规范进而保护法益。正如有学者所言：“刑法目的存在现实目的和最终目的两个层次，确保规范适用是刑法的现实目的；保护法益则是刑法的最终目的。”[②]由此可知，刑法合比例性检验是以法益理论为前提的，因为在判断某一介入行为是否有用、必要和适当时，需要一个关联点。宪法利用比例原则对刑法立法目的来源予以检验，其实就是审查刑法的罪刑条款是不是以法益保护为目标。

2. 刑法立法目的本身的正当性

目的正当性原则对立法目的本身正当性的检查，主要关注的是各个法律规范中具体的规范保护目的和刑罚目的。在刑法中，虽然特定规范目的并不完全等同于法益，但是就立法设定之时的目的而言，两者在性质和范围上存在较大部分的重合，且从功能来看，法益在立法过程中能够发挥立法批判功能以及贯通刑事政策与刑法体系的功能。[③] 即使是在风险社会中，法益的损害或威胁仍然是立法者应当率先考虑的因素，且处于核心标准地位，是立法规范目的的重要内容。预防性刑法立法作为一种新模式，也必须从法益角度为其正当性划定合理边界。风险社会的刑事立法，既要求风险具有法益侵害的实质危险性，也要求法益本身具有刑法的需保护性，包括法益的真实性、法益的价值性、保护的必要性。

---

① 陈璇：《德国刑法学中结果无价值与行为无价值的流变、现状与趋势》，载《中外法学》2011 年第 2 期。

② 周光权：《论刑法目的的相对性》，载《环球法律评论》2008 年第 1 期。

③ 参见张翔：《刑法体系的合宪性调控——以“李斯特鸿沟”为视角》，载《法学研究》2016 年第 4 期。

第一,法益的真实性,即要求特定的法律规范所保护的利益,是真实存在的。无论是利益还是法益,都是抽象的概念术语,需要借助客观真实的载体来进行具象化判断,而这一具象载体即“危险”。刑法中的危险不完全等同于现实生活中的社会风险,后者只有经刑法理论和实践证成后,才能转化为刑法中具有法益侵害性的危险,继而确认法益保护的真实性。这是立法之初对刑法法益真实性的考察。在立法设定后确定立法者设定规范的真实目的时,应当综合考察多种因素,如法律的具体条款、立法背景资料、相关法律文书、规制行为内容等,以准确推断出真实立法规范目的。[①]

第二,法益的价值性,即要求法益必须体现宪法、法律等规定或原则精神所确立的基本价值。价值,即效用。法益的价值性,意味着法益能够满足个体或集体的生活需要和发展需要,能够增进个体和社会的福利。法益的价值和宪法的基本价值虽然存在明显的级差,但在基本内核上其实是相同的,即都是为了促进个体的发展和社会的进步。当然,在具体判断某个事物或思想是否具有价值时,可以分为两步:首先,考察其对个体是否有益,能否满足个体的需要;其次,考察个体的需要是否与宪法规定的基本价值相一致,是否不会侵害他人的利益,是否会贬损共同体的利益。只有这样,才能判断立法限制公民权利的目的是否违背宪法的基本价值,并综合考察立法当时的各种背景因素,最终作出法益价值有无的判断。

第三,保护的必要性,即要求刑法所保护的法益在性质上必须具备时代性的宪法基础,在程度上必须满足刑法的保护力度。具体而言:一是现代刑法所保护的法益包含个体法益、国家法益以及公共法益,对于后两类法益的保护是时代转型的结果。这在我国近年来刑法修正案所增设的危害国家安全类犯罪、危害公共安全类犯罪、妨害社会秩序类犯罪等罪名中可见一斑。这些法益保护的必要性可以从风

---

① 参见刘权:《目的正当性与比例原则的重构》,载《中国法学》2014 年第 4 期。

险社会的现实存在性、风险社会语境下安全法益保护之紧迫性和安全法益刑法保护必要性三个层面递进论证。[①] 这也是预防性刑法立法正当性的推演证明，而其正当化的宪法根据就在于刑法能够为风险社会的安全法益提供更加周延的保护，毕竟“法益没有自然法的永恒效力，是跟随宪法基础和社会关系的变迁而变化”[②]。二是现代法律体系被区分为刑法、行政法、民法等不同部门法，基于刑法的社会治理角色定位，一种具有利益侵害性的行为要被归属于犯罪的范畴，必须具有刑法保护的必要性。如果这种行为可以由行政法或经济法等法律规制，且可以取得相似或更好的治理效果，那么这种利益就没有刑法保护的必要性。

（二）手段必要性原则：法秩序统一性下的具体考察

手段必要性原则，又称最小侵害原则，是指对某种行为的规制存在多个合目的的手段时，从中选择对法益侵害最小的那个手段。许迺曼教授指出，法治国刑事法的支柱之一是以刑法最后手段原则进行法益保护。最后手段原则也包含了比例原则，对未达法益标准的利益动用刑法是对比例原则的严重违反。[③] 风险社会的刑事立法，也要注意刑法手段的必要性，否则相关立法规定就是不合宪的。简言之，就是要求在其他法律手段足以周全保护法益时，就不要动用刑法手段；非要动用刑法手段时，也要选择对利益侵害最小的方式和措施。

刑法手段的必要性原则源于现代宪法保障人权的这一实质理性，反过来，这一实质理性的实现又在相当程度上有赖于部门法规范的形

---

① 参见张永强：《预防性犯罪化立法的正当性及其边界》，载《当代法学》2020 年第 4 期。

② ［德］克劳斯·罗克信：《刑法的任务不是法益保护吗？》，樊文译，载陈兴良主编：《刑事法评论》（第 19 卷），北京大学出版社 2007 年版，第 164 页。

③ 参见［德］贝恩德·许迺曼：《中德刑法解释语境下的罪刑法定原则》，载梁根林、［德］埃里克·希尔根多夫主编：《中德刑法学者的对话：罪刑法定与刑法解释》，北京大学出版社 2013 年版，第 5 页。

式理性。这就要求刑事立法应当立足于国家对基本权利的保护义务、宪法与刑法之间的功能性位阶,在具体条文设定上充分尊重宪法理性,以契合宪法精神。具体而言,刑法对犯罪的规定必须接受宪法有关公民基本权利的限制:一方面,刑事立法应当受到基本权利约束,国家必须要有法定依据才能限制公民权利,且要关注限制的内容,审查限制的原因、手段以及程度等。另一方面,公民的基本权利通常表达了法秩序的一体化以及深层基本价值内涵,对刑事立法行为具有深层约束力。[①] 基本权利对立法的评判,实质上是对法益的价值评价。这意味着刑事立法必须周全考虑行为的法益侵害程度以及刑罚必要性,确保刑法规制的方式、范围和程度具有必要性。例如,网络科技的迅猛发展以及社会风险的无限扩张,导致泄露、买卖、非法提供公民个人信息的行为泛滥成灾,并对关联法益造成严重侵害;而信息权是个体平稳且自由生活的重要部分,也是宪法所赋予的一项基本权利。《刑法修正案(九)》增设了侵犯公民个人信息罪,这无疑是必要的立法设定。

然而,"通常,法律并不禁止可以想象到的一切法益侵害形态,而是仅禁止极为重大的侵害"[②]。也就是说,刑法法益是前置部门法与保障刑事法在宪法价值秩序和比例原则的指引下,对"人类社会生活的核心利益→前置法体系的调整性法益→前置法体系的保护性法益→刑法体系的保护性法益"所作的不断进阶调整。简言之,刑法法益既是前置法与刑法对于承载宪法价值之社会经验事实的逐级规范承认的产物,又是前置法和刑法按照宪法比例原则层级展开的规范保护或按照制裁比例分配的结果。[③] 正因如此,确切地说,法益保护原则

---

① 参见姜涛:《刑事立法的宪法边界》,载《国家检察官学院学报》2019 年第 6 期。

② [德]Albin Eser:『"法益侵害"と法益論における被害者の役割』,[日]甲斐克則編譯(信山社,2014 年)68 頁。

③ 参见田宏杰:《刑法法益:现代刑法的正当根基和规制边界》,载《法商研究》2020 年第 6 期。

应是“谦抑的法益保护原则”[①]。这就要求刑法手段必要性的具体判断必须尊重法律体系的统一性，需要置入整体法秩序的范围内依次展开。尽管法益的保护具有位阶之分，但是法益价值的评价只是决定刑法手段必要性的部分标准，行为性质和程度的认定还需要结合社会现实、法律秩序等诸多因素。反向观察，对比犯罪化原则，还应当考虑出罪指标：行为危害量的大小、人身危险性的大小、刑法反应是否适度（刑法评价的谦抑性）。[②] 可见，犯罪化立法除关注行为人及其行为外，也必须考虑刑法手段本身是否必要。

此外，保护集体法益的立法还应特别关注与个体法益的关联性。集体法益与个体利益在刑法保护上是相互依存的关系。个体法益是刑法保护的基础，集体利益保护是以个体利益能够更好地实现和发展为目标的。无论刑法保护公民基本权利还是社会安全秩序，都是为了实现一种“经由法律的自由”。因此，刑法立法在保护集体性利益时，必须“将其透过个人法益来加以功能化”[③]，不能将与个体法益毫无关联的集体性利益作为保护对象。正如有学者所言，集体法益应当以保护个人利益为基础，尽量防止不当增设前置性的集体法益；同时，刑法保护集体法益应当贯彻从属性原则并划定相对清晰的边界。[④] 例如，为了防控风险而设定的抽象危险犯，基本都是对集体法益的提前保护，尽管学界对此存在激烈批判，但抽象危险犯具有现实存在的必要性，因为一旦这些集体法益的侵害危险转为实害，必定会造成大量人员伤亡、社会秩序混乱、国家动荡等结果。在距离法益侵害的射程较近时就以刑法作预防性干预，能够发挥其事前堵截功效，最终有利于

---

① 山中敬一：『刑法總論』（成文堂，2015 年）54 頁參照。

② 参见赵运锋：《宽严相济刑事政策司法适用研究》，中国法制出版社 2011 年版，第 142 页。

③ ［德］温弗里德・哈塞默尔：《现代刑法的特征与危机》，陈俊伟译，载《月旦法学杂志》2012 年第 207 期。

④ 参见孙国祥：《集体法益的刑法保护及其边界》，载《法学研究》2018 年第 6 期。

全面保护个人法益。“维护社会安全就是对民众生命、健康、自由、财产等个人法益的间接维护。”①

(三)目的与法效果均衡原则:立法效果的综合证成

比例原则下的均衡性原则,又称狭义的比例原则,是指规制手段对利益所造成的损害应当与规制目的所产生的效果成比例。也就是说,政策制定者需要对有限的资源加以配置,争取以最小的成本实现威慑目的,力求有效率地实现立法目标。② 刑法立法是事先设定目的,然后再以此制定规范内容,结果的获得只是一种预先判断的推理与评估。这一结果必须接受法秩序内最高价值的检验。故而,在制定刑法条文时,需要预先对立法效果综合证成,将立法目的与立法所产生的最终法效果进行比照,进而判断二者是否均衡。在风险社会中,利益衡量和效果评估已然成为既定的立法程序。为有效发挥目的与法效果均衡原则制约立法的功能,需要不断更新该原则在法治视域中的具体规则与标准。本书主张,这一均衡性检验应当从确定立法效果的范围、立法效果的综合衡量、确定目的与法效果的匹配度三个阶段具体展开。

1. 确定立法效果的范围

尽管刑事政策内含对某一时期政治效果、法律效果及社会效果的综合考量,但立法效果的考量亦从未停止,因为社会情势瞬息万变,单次立法的考察始终有其局限性,这也是刑法修正和刑事政策一直在不断发展完善的重要原因。因此,应当明确立法之初必须考虑的各种立法可能效果的范围。

具体而言,确定立法效果的范围需要分为两个步骤:第一步,以实

---

① 钟宏彬:《法益理论的宪法基础》,台北,2012 年自版发行,第 229 页。

② 参见[美]考特、[美]尤伦:《法和经济学》,张军等译,三联书店上海分店 1991 年版,第 22 ~ 25 页。

定的宪法、刑法、民法等法律规范为中心,考察关键或重要的效果。因为刑法立法是一项在法秩序整体范畴内展开的系统工程,无论是整个刑法体系的建构还是具体条文内容的拟定,都可能与其他法规范原则或规定产生关联,所以既有的具有一定关联度的各类法规范是新的立法所需要考虑的内容。同时新的立法设定,无论是罪状还是法定刑,都是基于一定程度的刑事政策考量,也会引发一系列的政治效果和社会效果,这些都应被纳入立法效果范围内。但是,“尽管后果考察的结果不仅是法律结果,而且是社会结果,包括刑法解释结论引起的社会、经济、政治等后果,但也不是要考量所有的结果,而是需要考量重要或具有决定性的结果”①。第二步,根据一定的评估方法进一步确定立法效果的范围。确定立法效果的方法,主要有影响分析法和成本效益分析法。前者是指评估立法造成的直接社会效果而非间接效果,如当众强奸妇女所引发的直接社会效果(公众对此类行为的反对以及对法规范的不信任),而不包括妇女自杀所引发的社会舆论效果。后者是指评估立法成本、司法成本、社会成本等各种成本,并与所产生的总体收益之间进行权衡和对照。

2. 立法效果的综合衡量

立法效果的综合衡量,是将结果转化为具体利益予以衡量,通常采用利益衡量方法进行规范判断。数学分量公式是常见的对立法效果进行量化的方法,其优势在于可以技术性地考虑某项手段对权利的干涉强度、公共利益实现的重要性、经验前提的可靠性等因素。但是,对利益比较和权衡,在某种程度上都是基于经验理性展开的一种主观思考,故数学公式等分析工具只能为均衡性原则提供一定程度的向导,却无法直接给出结论。同时,利益衡量时必定存在立法者的自由裁量,利益均衡原则的具体化只能是一定范围内的规范化和具体化。

从整体的角度来看,只有新罪增设的优势大于其弊端,其才能被

① 姜涛:《后果考察与刑法目的解释》,载《政法论坛》2014 年第 4 期。

认定为具有正当性,也就是要进行犯罪化过程中的"全体利益衡量"。[①] 具体而言,立法效果的综合衡量可以从以下两个方面着手。第一,有必要明确利益衡量的两个前提。一是利益衡量要遵循法规范位阶,高位法的利益优先于低位法的利益。通常认为,法律规范之间存在如下位阶关系:(1)宪法处于位阶的顶端,其他的一切法律法规都不得抵触;(2)法律高于行政法规、地方性法规;(3)从制定主体来说也存在位阶之分;(4)从制定时间来说新法效力优于旧法效力。[②] 二是价值位阶具有相对性,法律内的价值标准优于法外的价值标准。利益衡量其实就是价值评价,价值位阶本身就是利益衡量的标准之一。第二,具体利益衡量应当分为两个阶段。一是纵向层次性比较,利益衡量应当包含当事人利益、制度利益与法治国基础利益三个层次,按照顺序,存在后者制约前者的关系。[③] 在此基础上还应当将个体利益细化为生命利益、人身自由利益、身体健康利益、人格利益、财产利益。二是横向重要性比较:同一层次的个体生命利益至上,即使有被害人承诺或过错,生命利益也不能比较;人格、人身自由和健康利益优于财产利益;财产利益之间,现实评估价值高者优先。不同层次之下,制度利益中包含的公共利益并不是任何时候都优位于个人利益,且个人生命利益除外。"个人的行动只要不涉及自身以外什么人的利害,个人就不必向社会负责交代。"[④]但如果公共利益保护与公民基本权利相冲突,就需要细致权衡和检验;反过来,公民实施宪法权利之行为,也形成了对犯罪化立法的实质性限制。不过,利益权衡始终是一个价值

---

① 参见储陈城:《刑法修正的趋势与约束机制的演变》,载《青少年犯罪问题》2021 年第 2 期。

② 参见孙万怀:《刑法解释位阶的新表述》,载《学术月刊》2020 年第 9 期。

③ 所谓制度利益是由相关的法律规定聚合在一起所共同追求的立法目的;法治国的基础利益则包含构成法治国根本的、深层的公平、正义等价值观,它们主要通过宪法所尊重与维护的基本价值体现,包括基本权利不容侵犯以及人民主权、规则之治等基本原则与精神。参见劳东燕:《法益衡量原理的教义学检讨》,载《中外法学》2016 年第 2 期。

④ [英]约翰·密尔:《论自由》,程崇华译,商务印书馆 1959 年版,第 102 页。

判断进程,大部分情形都可以通过规范目的指示对公共利益和个体利益合理衡量,仅在个别疑难案件中,可以例外作出有利于被告人的目的考量。实际上,利益衡量是一种综合多方因素的顶层思考,其目的不是为不同利益或价值设定具体量化的数值,而是提供一种思索方式,使立法过程与结果更趋理性化。

此外,刑罚配置也需要利益衡量方法的助力,因为刑罚设定除了考虑犯罪行为客观危害、行为人主观恶性和人身危险性等因素外,还要考虑刑罚自身的体系协调与内容适正。亦即,刑罚配置应符合效益性:在配置刑罚时,必须考虑其成本和收益,争取最终效益最大化。宏观而言,整个刑罚体系的配置应当尽量合理,控制犯罪的收益与应对犯罪行为投入的公共资源成本的差额应最大化;微观来看,个罪的刑罚配置在不违反公正性和平等性原则基础上,其刑种、刑量要符合效益性要求。[①] 毕竟不同种类刑罚的社会成本差异是巨大的,比如死刑的经济成本非常低廉,人身自由刑的经济成本则相对高昂。

3. 确定目的与最终法效果的匹配度

任何法律制度都不是一个独立的存在,而是实现社会治理政策和目标的一种措施。刑法的设定也必须契合其目的(包括立法目的和特定规范目的)。立法之初,即应当对最终衡量的法效果与立法目的进行匹配度对照和评估,以确保刑法积极参与社会治理的必要性和适当性。

整体而言,对于风险社会的刑事立法,需要比较和对照预防性立法规定与应对风险的目的之间是否合比例。采取预防性犯罪化手段应对风险时,虽然可以达到保障个体、社会及国家的安全免受侵害危险之目的,但也需要对目的正当性、目的与法效果的均衡性作出具体判断。也就是说,需要衡量运用刑法规制相关危险行为时所丧失的利

---

① 参见张学永:《法律经济学视野下的刑罚目的与刑罚配置原则》,载《理论月刊》2017 年第 11 期。

益是否小于所获得的利益,预防性犯罪化立法不能与意欲追求的目的以及风险行为所需的限制程度不成比例。[①]

立足于刑法条文的制定,任何一个罪刑规范的增设都可能产生满足社会现实需求、有力惩罚犯罪行为等正面效应,但也可能带来不当限制公民自由、威慑过度等负面效应。因此,必须对所设刑法条文最终的立法效果可能产生的正面效应与负面效应进行比对与权衡,而后作出恰当选择。在目的正当且实现手段也必要的情况下,如果最终结果是正面效应优于或超过负面效应,没有过度损害公民的基本权利和公共利益,就能证成特定规范目的与法效果之间的均衡性。当然,"仅指出刑罚之工具理性上的有益性是不够的,必须将刑罚表现为一种国民可以接受的合理的、正义的措施"[②]。任何限制公民自由的刑罚设定,也都应秉持人权保障原则,毕竟限制个体自由要始终致力于更好地实现人类美好生活之价值。

第三节　风险社会新罪增设的方法

风险社会的刑事立法,应当遵循"解释优先、立法必要"的原则,即对于通过规范解释可以将某种行为涵盖在现有罪名的构成要件的范围内的,适用现有罪名应对即可,没有必要增设新罪;虽然通过规范解释可以将某种行为以现有罪名论处的,但将其从现有罪名分离出来并增设独立的罪名,更能达到宣示的效果的,可以增设新罪;如果通过规范解释不能将某种行为纳入现有罪名的构成要件范围内,且又有处罚必要性的,应当增设新罪。这是增设新罪的基本路径。值得注意的

---

① 参见张永强:《预防性犯罪化立法的正当性及其边界》,载《当代法学》2020 年第 4 期。

② 许玉秀、陈志辉编:《不移不惑献身法与正义:许迺曼教授刑事法论文选辑》,新学林出版股份有限公司 2006 年版,第 608 页。

是，风险社会还有一个显著特点，就是与网络技术、通信技术的发展相伴生，因而风险社会也是一个信息社会。信息社会是一个高度技术化的社会，也是一个风险增量无处不在的社会，在刑法立法方法上值得特别关注。以下重点探讨对网络犯罪行为的刑法立法。

一、虚拟与现实：网络犯罪行为的基本类型

技术世界被形象地称为"技术茧"——人类为自己编织的茧。在网络空间这个"技术茧"里面，人们既可能从事合法行为，也可能从事不法行为，这取决于行为主体的行为目的。对这些网络不法行为进行准确分类，并将其妥当地纳入犯罪圈，是对其进行合理犯罪化的前提。

（一）网络犯罪的特质是场域的特定性

技术的发展，不仅推动社会结构的转变，也创设了复杂的专业术语。从网络犯罪本身来看，其名称就有一个不断发展变化的过程。业界先是使用"计算机犯罪"的术语，后来又出现"网络犯罪""高科技犯罪""信息犯罪""数字化犯罪""电子犯罪""虚拟犯罪""IT 犯罪"等名称。

从技术发展的现状和趋势来看，"网络犯罪"这一名称更具有明确性、包容性和适应性，且为欧洲委员会的《网络犯罪公约》所使用，因而比其他名称更为可取。当然，概念的名称仅仅是一个标签，更重要的是概念的定义的确定。关于网络犯罪的定义，归纳起来，主要有以下三种代表性观点：一是认为网络犯罪是指利用计算机、网络或硬件设施实施的任何犯罪行为；二是认为网络犯罪是指现实空间发生的犯罪向网络空间的渗透；三是认为网络犯罪是指以计算机为媒介，通过全球电子网络实施的任何非法或不当行为。上述观点均有一定的合理之处，但也存在一定的缺陷。第一种观点指明了网络犯罪的技术特征，但未涉及其他内容；第二种观点指出了网络犯罪的发生场域，但外延过于宽泛；第三种观点强调了网络犯罪的社会属性，但技术设施过

于受限。本书认为,要给网络犯罪下一个精准的定义,应从其本质特征,即其与物理空间的犯罪行为的根本区别入手。网络犯罪与现实犯罪的根本区别有两点:一是实施场域不同;二是技术手段不同。一方面,网络犯罪的实行行为必须全部或部分发生在网络空间,而现实犯罪的实行行为则全部发生在现实空间。如上所述,网络空间具有对现实空间的依附性,网络犯罪行为不可能完全脱离现实空间而独立存在。例如,网络信用卡盗用行为,行为主体必须对鼠标、键盘或触摸屏等进行一定的操作,才能实现窃取他人财产的目的。但是,从整个犯罪过程来看,这些都是辅助性行为。真正对法益造成实质性侵害的,是在网络空间中发生的输入他人信用卡卡号和密码,进而改变他人账号上财产数额的行为。这才是盗用信用卡的实行行为,而这一行为发生在网络空间。另一方面,网络犯罪都或多或少地利用数字技术,而现实犯罪与数字技术无涉。例如,行为主体在网络上传播淫秽的色情图片,就利用了电子通信、电子成像等数字技术,而在现实空间传播淫秽物品,则只要将淫秽的图片、光盘向特定或不特定群体散发即可。应当注意的是,在这两点界限中,实施场域不同是决定性的。换言之,犯罪行为在网络空间实施这一事实决定了行为人必然要利用一定的网络技术,技术特征是伴随场域特征必然出现的。申言之,所谓网络犯罪,是指利用数字技术,全部或部分的实行行为在网络空间实施的各种侵害法益的行为。

(二)网络犯罪的分类应以传统犯罪为参照

由于对网络犯罪的定义存在理解上的分歧,所以关于网络犯罪的分类,也存在各种不同的主张。第一种意见将网络犯罪分为以下三类:(1)针对计算机或计算机系统实施的犯罪,如黑客入侵、传播恶意软件和发动拒绝服务攻击(DoS 攻击)等。(2)将计算机作为犯罪工具实施的传统犯罪,如网上传播儿童色情信息、网上盗版行为和网上诈骗等。(3)在计算机系统中留下犯罪证据的犯罪,如在谋杀嫌疑犯的电脑里发现了其和被害人在凶案发生之前的通话记录。[①] 第二种意见将网络犯罪分为以下两类：(1)计算机起帮助作用的犯罪，如使用电子邮件发送虚假的信息。(2)计算机作为犯罪目标的犯罪，如通过计算机病毒获取信息等。[②] 第三种意见将网络犯罪分为以下三种类型：(1)网络作为犯罪对象的犯罪；(2)网络作为犯罪工具的犯罪；(3)网络作为犯罪空间的犯罪。[③] 第四种意见将网络犯罪分为以下四种类型：(1)网络非法侵入，如篡改站点、网上传播病毒等；(2)网络欺骗和盗窃，如网上信用卡诈骗、网上侵犯知识产权等；(3)网络色情，如网上传播淫秽视频、网络淫秽表演；(4)网络暴力，如网络欺凌、网络仇恨言论等。[④] 第五种意见将网络犯罪分为以下三种类型：(1)与传统犯罪本质无异的网络犯罪，如网络敲诈勒索犯罪；(2)较传统犯罪呈危害"量变"的网络犯罪，如网络信息散布型犯罪；(3)较传统犯罪呈危害"质变"的网络犯罪，如互联网金融领域内的网络犯罪。[⑤]

网络犯罪分类的困难在于，它并非一种具有显著个体特征的单一犯罪活动，而是在网络空间中发生的具有多种样态的不法行为的集合。上述分类基于不同的立场和标准，得出不同的结论和类型，都有一定的合理性。但从网络犯罪的刑事实体法应对来看，上述分类又有一定的不足。第一种意见将网络犯罪的证据价值作为分类的一种考量因素，明显偏离了实体标准。第二种意见虽然着重立足于网络犯罪的行为特征，但未考虑与现行刑法的对接问题。第三种意见则存在分

---

① See Jonathan Clough, *Principles of Cybercrime*, 2nd edition, Cambridge University Press, 2015, p. 10 – 11.

② See Steven Furnell, *Cybercrime: Vandalizing the Information Society*, Addison-Wesley, 2002, p. 22.

③ 参见于志刚：《网络思维的演变与网络犯罪的制裁思路》，载《中外法学》2014 年第 4 期。

④ See David S. Wall, *Cybercrimes and the Internet*, in David S. Wall ed., Crime and Internet: Cybercrimes and Cyberfears, Routledge, 2001, p. 1 – 17.

⑤ 参见刘宪权：《网络犯罪的刑法应对新理念》，载《政治与法律》2016 年第 9 期。

类标准不统一问题。它是按照网络的功效不同所作的分类,而网络具有多重功效,因而以此为标准划分出来的类型不能做到子项唯一,而是互有重叠。作为一种实践客体,当网络被不法使用时,既可以被当作犯罪对象,也可以被当作犯罪工具,又可以被当作犯罪空间,还可以兼具上述两种或三种功效。因此,同一种网络犯罪行为,从不同的功效来看,可能归属于两种或者三种犯罪类型。例如,电信诈骗中,电信是主要的犯罪工具,因而可以归属为网络作为犯罪工具的犯罪;同时,网络空间又是其主要的犯罪场所,因而又可以归属于网络作为犯罪空间的犯罪。第四种意见充分考虑到了与传统刑法的对接问题,这是值得肯定的,但却遗漏了那些难以并入传统罪名的网络犯罪行为,因而存在分类的片面性问题。第五种意见以社会危害性这一犯罪的本质为标准来划分网络犯罪,对网络犯罪的立法应对颇有启迪,但所划分的子项存在交错重合的问题。本书认为,从刑法应对的角度来看,网络犯罪分类的目的是明确对其定罪量刑的依据,因而以传统犯罪为参照来分类是比较合理的路径。具体而言,首先要审视网络犯罪行为和现行刑法中规定的犯罪行为是否属于同一类型,前者能否为后者所涵盖。如果答案是肯定的,这种网络犯罪就是传统犯罪的扩张;如果答案是否定的,则这种网络犯罪应是一种新型的不法行为,需要另行增设新的独立罪名。据此,可以将网络犯罪分为以下两种基本类型:一是传统犯罪的变形;二是传统犯罪的变异。对于前者,这类网络犯罪与传统犯罪的行为样态基本相同,区别仅在于犯罪工具或犯罪场域不同,因而可以并入现行刑法的罪名体系之中;对于后者,这类犯罪是网络空间中特有的一种犯罪,行为样态与传统犯罪仅有部分相同,因而不能为现行刑法的罪名体系所涵盖。

二、并入与新设:网络犯罪行为的规制路径

传统刑法是以现实空间中的犯罪行为为规制对象的。对于网络

空间中的不法行为,既不能“旧瓶装新酒”,故步自封,也不能另起炉灶,而应在区分变形的传统犯罪和变异的传统犯罪的基础上,相应地采取不同策略。

(一)充分运用扩张解释,对变形的传统犯罪予以司法犯罪化

网络空间虽然不是现实空间的简单复制,但绝大多数网络犯罪行为在现实空间中具有映射性。“网络虽然扩大了人类的认知范围和活动领域,但网络空间的利益仍然是现实空间的利益的延伸,区别仅在于表现形式不同。可以说,传统刑法在网络空间的适用困境,相当一部分是人为臆造出来的,还有相当一部分完全可以借助适度扩张解释的方法加以解决,真正具有入罪化必要性的领域是有限的。”①网络空间中的绝大多数犯罪,其实质无非是物理空间中的犯罪行为在网络空间中的延伸或再现,只是披上了网络的外衣而已。例如,盗窃、诈骗、伪造、敲诈勒索是网络犯罪的主要内容。当这些传统犯罪以非传统的方式在网络空间中实施时,就成为网络犯罪。因此,应当通过挖掘既有的刑法理论智识资源,充分运用扩张解释方法,适用传统犯罪的罪刑条款,解决这些网络不法行为的司法犯罪化问题。

扩张解释的路径是,将传统犯罪的构成要件置于网络背景下予以再阐释,以充分拓宽罪刑规范的射程范围,使之适应信息时代罪情的最新发展。“法律发现是一种使生活事实与规范相互对应,一种调适,一种同化的过程。”②扩张解释的适用有一个基本预设,即待处理的网络不法行为,是已经为既有的罪刑规范所涵盖的。因此,所要做的解释工作,就是在诸多罪刑规范中找出最相吻合、最相适应的一个。例如,删除他人电子邮件的行为,能否以传统的侵犯通信自由罪论处,关

---

① Susan W. Brenner, *Fantasy Crime: The Role of Criminal Law in Virtual Worlds*, Vanderbilt Journal of Entertainment and Technology Law, Vol. 11, p. 18 (2008).

② [德]亚图·考夫曼:《类推与“事物本质”:兼论类型理论》,吴从周译,台北,学林文化事业有限公司1999年版,第33页。

键是看“电子邮件”是否属于《刑法》第252条罪状“隐匿、毁弃或者非法开拆他人信件,侵犯公民通信自由权利,情节严重的”中的“信件”。可以肯定,“信件”的原意是指一种纸质的文字材料,如书信和递送的文件、印刷品。电子邮件,则是一种通过互联网传递的电子磁记录。虽然二者的功能都是传递信息,但电子邮件的存在形式和传递方式,明显不同于传统的信件。然而,在网络已经成为社会公众“第二生活空间”的今天,电子邮件早已是人们传递信息的主要方式;相反,传统信件的使用量却在逐年减少。在这种发展背景下,将电子邮件解释为信件,根本没有超出公民预测可能性的忧虑,是一种顺应语词含义自然变化的扩张解释。又如,根据《关于办理赌博刑事案件具体应用法律若干问题的解释》第2条的规定,对于开设赌博网站的,以开设赌场罪论处,这也是适用扩张解释的结果。赌场,根据《现代汉语词典》的解释,是“专供赌博的场所”。赌博犯罪早已有之,最初的赌场,都存在于现实空间。但在网络空间出现之后,人们足不出户也可以上网参加赌博。在这种背景下,将专门用于赌博的网站解释为赌场,并不会与国民的“前见”发生激烈碰撞,因而也是一种合理的扩张解释。

(二)及时启动刑事立法,将变异的传统犯罪增设为新罪

罪刑法定主义允许扩大解释,但反对类推解释。然而,类推解释和扩大解释的界限,却是极其微妙的。理论上,对二者可以提炼出七八个区分标准,但在具体个案处理时往往会陷入违反罪刑法定主义之争。究其原因,在于类推解释事实上也是一种扩张解释,是“扩张的扩张解释”。换言之,类推解释和扩大解释的根本区别,在于二者扩张的程度不同。类推解释的“扩张”,是超出了公民预测可能性范围的一种扩张;扩张解释的“扩张”,则仍符合公民的心理预期。因此,要贯彻罪刑法定主义,必须对扩张解释予以必要制约,将其“扩张”维持在公民可接受的范围之内。如果只考察行为的侵害实质,而不对行为空间、方式予以必要关注,就可能作出一些类推解释。例如,对于黑客入侵

行为,如果认为其在实质上是未经授权侵入了他人专属领域,则可能会将其解释为非法侵入他人住宅;对于传播破坏性程序,如果认为其在实质上侵犯了他人财产,就可能将其解释为故意毁坏财物。

刑法解释的困难之处,在于很难获得一个绝对正确、众口交赞的解释结论。因此,一方面,在将传统罪名适用于网络空间的特有的失范行为时,一定要经得起规范和事实的双重检验。另一方面,对于变异的网络不法行为,由立法机构创设新罪,以明确规则,消除争议,引导行为,是刑法应对网络犯罪的又一个必要路径。

三、入罪与出罪:网络犯罪行为的立法克制

网络技术在促进社会进步的同时,也创设了大量的犯罪机会。与传统犯罪相比,人们对网络犯罪往往更加恐惧,因而极易主张对其严惩,体现出一种重刑化倾向。这是应当为我们警惕的。对于网络失范行为,应当始终坚持危害原则,予以适度的立法犯罪化和司法犯罪化;在必要时,对现有的传统罪名还可予以一定的出罪化。

(一)网络犯罪并不当然具有更严重的社会危害性

"什么是衡量犯罪的真正标尺,即犯罪对社会的危害。"①正是行为中含有这种社会危害的特质,立法者才将这种行为贴上犯罪的标签予以刑罚惩罚。有社会危害,才有犯罪;无社会危害,则无犯罪;社会危害重,刑罚也重;社会危害轻,则刑罚亦轻。这是刑事立法的基本原理。毫无疑问,对于网络失范行为的犯罪化,亦应不折不扣地严格遵循这一原理。问题是,如何判断网络空间行为的社会危害性?对于网络空间行为的危害性判断是否应当采用和现实空间行为相同的判断

① [意]贝卡里亚:《论犯罪与刑罚》,黄风译,中国大百科全书出版社 1993 年版,第 67 页。

标准和方法？同样一种行为，当它发生在网络空间时，其性质和在现实空间发生时相比，是否会发生变化，比如由无社会危害性的行为蜕变为有社会危害性的行为，或者由社会危害性较小的行为异化为社会危害性较大的行为？

首先，应当明确的是，网络空间只是为人类社会行为提供了新的活动场域，而不可能改变行为的性质。互联网技术的发展，使人类的社会活动拓宽至网络空间而不再局限于现实空间。然而，技术只能改变人类社会行为的存在样态，而不能改变其法律性质。换言之，在网络空间中，同样存在合法行为和不法行为的分野，进而需要不同的法律规范予以指引和规正。其中，就不法行为而言，刑法规制的根基是行为的社会危害性。因此，在现实空间中没有社会危害性的行为，延伸至网络空间后，也不具有社会危害性；反之，现实生活中具有社会危害性的行为，在网络空间实施时，也不会丧失其社会危害性。例如，在现实生活中盗窃他人信用卡（实物）并使用的行为，具有社会危害性；同样，在网络空间中盗窃他人信用卡（卡号和密码）并使用的行为，也具有社会危害性。又如，在现实生活中表演“杀人”的行为，没有社会危害性；同样，在网络空间中游戏“杀人”的行为，也不具有社会危害性。有观点认为，网络空间的虚拟性决定其与现实空间具有根本性的差异，因此，现实空间中具有社会危害性的行为，如果置换于网络环境之下，则将不具有社会危害性或只具有较轻微的社会危害性。这其实是对网络空间的属性的误读。应当明确，网络空间只是现实空间的补充，并不会改变行为的性质属性。

其次，相同的危害行为，当其置于网络空间时并不必然比现实空间具有更严重的社会危害性。不少学者认为，一种现实生活中的危害行为，如果在网络环境下实施，将会带来更重的社会危害性。这些观点敏锐地捕捉到了网络犯罪的某些特性，但对其社会危害性的认识却存在一定的偏颇。众所周知，评价行为的社会危害性的最重要标准是行为所造成的实然的危害结果；犯罪时间、犯罪地点、犯罪对象、犯罪工具、犯罪方法等通常都不是衡量行为的社会危害性的指标。网络空间本质上是现实空间的拓展和补充,当行为人将犯罪行为由线下延伸至线上时,实际上是使犯罪场所由单一的现实空间发展为由现实空间和网络空间并存的双层空间。显然,这只是一种犯罪行为实施场域的位移和转换,并未增加或减少行为可能造成的危害结果,因而原则上对行为的社会危害性不发生影响。至于信息散布型犯罪,在线上实施的社会危害性也并不必然大于在线下实施的社会危害性。正如论者所言,这类犯罪的社会危害性直接取决于受众人数和中止行为的难度两个因素,而这两个因素与行为在现实空间和网络空间实施并不具有必然的对应关系。公共论坛上的一个捏造的帖子,如果没有人转发或者点击,很快就会被海量信息所淹没,其受众实际为零;学校食堂门前的一张大字报,就餐同学驻足阅读,并口口相传,其受众可能上千。现实生活中,可以通过在报纸上刊登"补正"、"声明"或"启事"等变更之前的不实报道;网络空间中,同样可以通过这些方式来予以更正。因此,信息散布型犯罪的社会危害性程度的决定性指标,是信息的实际受众人数,而非信息散布的场域。

再次,当网络空间被当作犯罪工具使用时,可能会影响到行为的社会危害性的评价。社会危害性的评价,是一个相当微妙的问题。根据密尔的危害原则,行为的社会危害性的决定因素是唯一的,即行为已经造成的、实然的损害结果。这是一个纯粹的客观理性评价。然而,各国的立法实践却一再突破这一原则,即犯罪对象、犯罪时间、犯罪场所、犯罪工具和犯罪手段等因素也会影响对行为的社会危害性的主观感性评价。这种影响虽然不是决定性的,但却是客观存在的。例如,在立法上,入户盗窃被拟制为比街边盗窃具有更加严重的社会危害性,因而对其予以犯罪化或配置更重的法定刑;在个案中,沉潭杀人被判定为比棍棒杀人具有更严重的社会危害性,因而往往被适用更重的刑罚。这种现象表明,社会危害性的衡量指标,已经由最初的危害结果这一单一指标扩大为由犯罪对象、犯罪时间、犯罪场所、犯罪工具和犯罪手段等综合的多元指标。这些指标之所以能够添加进来,是因为其能够影响危害结果发生的概率,具有潜在的社会危险性。换言之,社会危害性的内涵已经由损害结果扩大为损害结果和损害结果发生的危险。鉴于网络的便捷性、匿名性和无时空性等特点,当其被当作狭义的犯罪工具来使用时,通常能够提升犯罪既遂的实现概率,因而会被评价为具有更高的社会危险性和社会危害性。然而,这一点主要是从宏观上讲的,就个案而言则仍需具体考察。例如,网络电信诈骗,由于采用"一对多"、"多对多"、隐身和匿名等方式,涉案金额大,侦破难度大,因而被认为较现实生活中的普通诈骗具有更严重的社会危害性。但这只是就网络诈骗和普通诈骗整体发案情况所作的对比,就个案比较而言,前者未必一定比后者具有更严重的社会危害性。因此,只有当网络这种犯罪工具确实比非网络工具更可能造成实然的危害结果时,才可以评判为这种行为在网络空间实施时具有更严重的社会危害性。例如,网络空间是为信息传递而生的,因而其在信息传播的便捷程度上具有工具上的天然优势。虽然这类犯罪的社会危害性程度最根本的是取决于散布不实信息的具体实际受众人数,但潜在的受众人数仍会对其主观感性评价产生重要影响。因此,网络信息散布型犯罪通常会被视为比现实信息散布型犯罪具有更严重的社会危害性。

最后,对于在网络空间中出现的新的行为类型,应审慎地判断其行为的社会危害性。网络空间是现实空间的延伸,在网络空间中发生的行为一般在现实空间中也能找到其原型,因而对网络空间行为性质属性的判断基本可以采用对现实空间行为的标准和方法。但是,网络技术的发展,也可能带来一些新的行为类型,这些行为难以在现实空间中找到原型。例如,人肉搜索、深层链接、网络翻墙、侵入计算机信息系统和提供网页制作技术等。虽然实施的行为主体是现实生活中的人,但这些行为基本属于纯粹的网络空间行为或者主要的实行行为发生在网络空间(在现实空间实施的只是一些辅助、帮助行为)。由于难以在传统的现实空间中找到这些行为的原型，它们属于全新的行为类型，所以对其社会危害性的判断应当整体地、独立地予以分析。

（二）生产力标准是网络犯罪行为除罪化的根据

互联网不仅是一种技术，更是一种思想，蕴含着自由、开放、合作和共享的精神。在网络空间背景下，物理空间的某些犯罪行为（主要是行政犯）介入互联网元素之后，其法益侵害性越来越淡薄，其违法性设定越来越不合理，与整个社会的创新发展要求越来越不相适应，成为社会生产力发展的障碍。在这种情形下，及时将其从犯罪圈中清理出去，是一种与时俱进的立法抉择。

在刑法的诸多罪名中，非法吸收公众存款罪的正当性是一个受非议的问题。该罪的保护法益（金融秩序安全）与市场经济的制度保障（契约自由）之间存在严重冲突，以致实践中任何一起典型的非法集资案件①的定罪处罚无不引起激烈的社会争议。为限缩该罪的适用范围，减少负面的社会影响，一些学者提出了对该罪的客观构成要件进行严格解释的主张，认为应当从非法从事资本、货币经营的角度认定非法吸收公众存款罪。如果仅仅是吸收社会资金，而未进行资本、货币经营，即使未经银行批准，也不应该认定为非法吸收公众存款。只有当行为人非法吸收公众存款，用于货币、资本的经营时（如发放贷款），才能认定为扰乱金融秩序，才应以本罪论处。② 论者的本意无疑是善良的，然而结论却难以成立。首先，从解释论来看，这一结论违反了体系解释原则。非法吸收公众存款罪是行政犯，对其构成要件的解释应有行政法上的根据。根据《商业银行法》第 2 条、第 3 条的规定，

---

① 所谓“典型的非法集资案件”，是指借款人没有欺诈的意图（意思表示真实）、借款利率在法律允许的范围内、借款用于正常的生产经营、借款人具有偿还能力（资金链没有断裂）的案件。

② 参见周泽：《对孙大午“非法集资”案的刑法学思考——兼谈非法吸收公众存款罪的认定》，载《中国律师》2003 年第 11 期。

吸收公众存款和发放贷款是两项完全不同的业务；而该法第 81 条第 1 款仅规定“非法吸收公众存款、变相吸收公众存款”（并未规定非法发放贷款）构成犯罪的，依法追究刑事责任。因此，在对《刑法》第 176 条进行解释时，不应将“吸收公众存款”和“发放贷款”混为一谈，而应作严格区分。其次，从实践论来看，这一观点明显与现实案件的处理原则相悖。司法实践中无数的“典型的非法集资案件”都是以犯罪论处的，尽管借款实际上是用于生产经营，并未用于违法发放贷款。但是，互联网技术的发展，使民间融资的模式发生了变化，传统的线下融资变成了线上融资，互联网金融点对点借贷平台（P2P）、众筹成为民间集资的主要手段。耐人寻味的是，对非法集资案件的处理模式也悄然发生了变化，出现了一定程度的松动和非犯罪化。具体地说，对于互联网融资，如果资金链断裂，司法积极介入，最终通常会以非法吸收公众存款罪和集资诈骗罪论处；如果资金链没有断裂，则恪守司法克制主义，一般不予干预。这种适度的出罪化，其内在原因是什么呢？对此，有学者指出，这是党中央、国务院在金融战略决策层面上的部署，表明了国家鼓励创新、支持互联网金融健康发展的态度。网络借贷中的 P2P 借贷，以及股权众筹融资这两种金融业态极具特殊性，由于二者发生于线上或线下，所以其受到的法律评价迥然不同。[①] 这里的“鼓励创新”只是表象，真正的动因在于，真正意义上的 P2P 和众筹是有利于社会生产力发展的，因而应当鼓励发展，而不是早早地将其扼杀在摇篮里。金融秩序的安全与资金有效配置之间应当是动态平衡的，不能为了片面追求高度封闭的金融秩序稳定而牺牲小微企业获取生产资金的权利。这是一个治理理念的巨大进步。

---

① 参见刘宪权：《网络犯罪的刑法应对新理念》，载《政治与法律》2016 年第 9 期。

第五章　风险社会刑罚配置的基本原则

刑罚的合理配置，不仅是实现刑事立法正当性不可缺少的环节，更是平衡安全防控和自由保护的砝码。在风险社会刑事立法不断扩大犯罪圈的趋势下，公众如何能获得安全感，不至于陷入动辄受罚的恐惧中，相当程度上依赖于刑罚的合理配置。本章以风险社会的刑罚配置根据为基础，探讨如何构建以危险程度为核心的刑罚配置体系，同时坚持以轻刑理念为风险社会刑罚配置的主导思想，进而提出具体的配置方案。

第一节　风险社会刑罚配置的根据

行为的危险程度是风险社会刑罚配置的根据。风险刑法以安全为核心价值目标，在这种价值取向下，刑罚配置具有鲜明的预防特色。这种预防效果不同于传统的报应刑主张，行为人的行为在没有造成实害结果时，也要受到刑罚处罚。动用刑罚对风险行为进行调整的唯一根据，就是行为本身的危险程度。

一、刑罚配置的根据:危险的程度

将行为的危险程度作为风险社会刑罚配置的根据,是由风险刑法的价值目标和预防特征所决定的。风险社会的刑罚配置必须找到一个衡量标尺——危险程度,在这一标尺下,刑罚的轻重配置才有据可循。概括而言,“危险”是风险刑法对“风险”的重新认定,是刑法调整风险行为时重点考虑的内容,因而也是刑罚配置的根据。

(一)“危险”是风险刑法的根据

传统社会的风险主要源于人类认知的局限性和自然法则的偶然性;风险社会的风险则与此不同,其更多地源自人类自身的实践活动。相较于传统风险,现代风险通常更难预知、更难确定。风险刑法是风险社会的产物,是刑法为应对人为的、未知的、影响重大的风险而进行的规范调整。传统刑法不关注行为的风险性,如果某种行为被传统刑法所调整,通常表明该行为已经造成了严重的实害结果。按照现代刑法理论,传统刑法中的犯罪当然也“制造或升高了法所不允许的风险”,但对这些罪名进行刑罚配置时,关注的却是该行为最终造成了怎样的实害结果。然而,风险刑法更为关注“危险”,它不仅惩罚“制造或升高了法所不允许的风险”的行为,而且还惩罚那些本身危险程度不高但与危害后果十分贴近的行为。因此,相较于传统刑法,风险刑法调整社会行为的根据是“危险”。

立法者在将一个行为犯罪化之前,需要对该行为和行为侵害的法益进行关联性判断,从而决定如何设置犯罪行为类型。这种关联性判断一般是按照层次逐层过滤的,即首先判断行为是否对法益造成了实际损害,其次判断行为是否对法益造成了危险。① 在风险社会中,刑法

① 参见陈璐:《犯罪化如何贯彻法益侵害原则》,载《中国刑事法杂志》2014 年第 3 期。

不断扩大调整各种风险行为,这些行为要么本身就具有危险性,要么与实害结果十分贴近,要么与实害结果相伴而生。“风险”是风险社会的限定词,“危险”则是风险社会刑法语境下的“风险”。围绕“风险”而产生的风险社会理论,其前提是承认现代社会处在一种风险之中,而在此社会背景下的风险刑法,也难以脱离“风险”。刑法不可能去调整所有可能引发或者具有风险的行为,行为的危险程度决定着刑法是否要将此类行为纳入调整范围以及配置何种严厉程度的刑罚。因此,行为的危险程度既是刑法决定是否对其进行调整的重要标准,又是刑罚配置轻重的核心要素。

(二)危险犯是风险刑法的处罚对象

风险刑法的本质是适当扩大刑法的调整范围,尽可能地防控风险,实现安全。随着风险社会的来临,刑法从罪责刑法开始转向安全刑法。“安全刑法所关注的重点在于行为人所制造的风险,而且通过对这种风险的刑法禁止来降低和避免这种风险的实现,从而保证生活共同体的安全。”[①]由此,危险犯的设置成为风险刑法的常态模式。

众所周知,尖端技术在医疗、生产、运输等多个领域的适用所带来的经济效应明显,但同时存在巨大的安全隐患。这就是风险社会风险的主要来源,即现代风险大多来自人类的创造活动,是人类社会实践不可避免的附随结果。面对风险显现的滞后性、突发性和超常性,有必要对危险行为作出否定评价。因此,对潜在危险的事前防控成为立法的基本目的,维护社会安全成为设立危险犯的正当理由。国家的任务被认为主要不是对既往危害结果的回顾性评价与事后惩治,而是在法益侵害的危险初见端倪时就采取预防性的措施将其扼杀在萌芽状

① 赵书鸿:《风险社会的刑法保护》,载《人民检察》2008 年第 1 期。

态，切断犯罪实害化路径。[①] 刑事立法将惩罚的对象放在具有危险性的行为上，而非等到实害结果出现后才予以惩罚。刑法中对危险犯特别是抽象危险犯的构成要件的设定，即对法益的提前保护。

抽象危险是一种法律拟制的危险，它是法律依据社会生活经验而拟制的危险，具有发生危险的潜在性。这种潜在性意味着，行为在客观上或许并没有表现出外化的危险，但被人为地认定具有危险。因此，对于抽象危险犯，并不需要对行为本身是否具有严重危险的可能性或者现实性作出判断，仅根据行为的客观存在即可肯定抽象危险的存在。由此可见，风险刑法不再需要耐心等待实害结果的出现才能启动相应的调整措施。现代社会中的许多风险，一旦实害化，其后果将无法想象，届时再让刑法介入，必定为时晚矣。即便行为人受到了严厉的刑罚处罚，也无法恢复其对人类及其生存环境所造成的永久性破坏。现代风险表明，仅仅关注实害结果的刑罚分配已经远远不够，从刑事政策更富成效的视角看，“提前一步、不待实害结果发生的规范，可以说对于现代科技、经济高度发展的社会有更完善规范的空间”[②]。

可见，危险犯以法益侵害的危险为处罚根据，这暗合了现代风险控制的逻辑，故而刑罚配置的基础亦应同步转到“危险”上去。当风险社会的刑事立法以危险为核心设定犯罪圈时，刑罚的轻重配置也无法脱离危险程度。

（三）危险程度、防控力度与刑罚轻重的逻辑关系

在风险社会，一种行为的危险程度首先决定刑法是否要将其纳入犯罪圈。当危险程度高到确实需要刑法来调整时，立法者应通过新增罪名或者调整原有罪名等方法扩大犯罪圈。如果危险程度很小或者

---

① 参见陈伟、李晓：《积极主义刑事立法的理性限制：比例原则的植入》，载《河北法学》2020 年第 12 期。

② 林东茂：《危险犯与经济刑法》，台北，五南图书出版股份有限公司 1999 年版，第 15 页。

暂时比较小,在当前情势下还不需要刑法介入,则意味着刑法不必对这类行为进行调整。

然而,对于纳入刑法调整范围的行为,其危险程度并不完全相同,而是存在级差。不同的犯罪所呈现的危害后果各不相同,风险刑法着重调整的风险行为的风险性也各不相同。一种行为,其危险程度高,意味着其引发社会风险事故的可能性高、破坏性强、影响力大,刑法介入的必要性强,国家对其防控力度就大;反之,其危险程度低(但也达到刑法调整的程度),意味着其造成危害后果的可能性低,破坏性和影响力值得重视,刑法有必要介入,但是国家对此类风险的防控是防止轻度危险发展为重大危险。简言之,即便危险行为都被立法者规定在刑法之中,也必须承认对其惩罚力度是各不相同的。传统犯罪以实害结果为刑罚分配和裁量的根据,行为人为自己行为所造成的危害后果负责,所受的刑罚匹配相应的危害结果。在风险刑法中,刑法规制的价值目标逐渐转向预防,刑法防范风险的方案是通过危险犯来实现的,刑罚的配置无法对应具体的危害结果而只能对应行为的危险程度。

立法者对不同的风险的防控力度是不同的,行为本身的危险程度决定了防控力度的大小,相应地,也就决定了对危险行为刑罚处罚的严厉程度。因此,危险程度是风险刑法区分不同风险犯罪危害性的根据,而这种危害性的区分又要通过轻重有别的刑罚来体现。

综上所述,“危险”是风险刑法对“风险”的阐释,行为的危险程度不仅是风险刑法新罪增设的前提,也是风险刑法刑罚配置的基础。前者是利用危险程度划定风险刑法的犯罪圈,将危险程度尚不足以动用刑法的行为排除在外;后者是通过危险程度的不同体现刑法对不同风险行为的防控力度。危险的程度作为风险社会刑罚配置的根据,是风险社会和风险刑法的特征所共同决定的。

二、影响危险程度的具体因素

风险社会刑罚配置的根据是行为的危险程度,而行为的危险程度取决于以下三大因素:其一,危险是否已经转化为实害结果,这是首要的影响因素。如果风险行为已经造成了传统意义上的实害结果,那么其危险程度不言而喻。其二,危险与实害结果的距离远近,这是影响危险程度的重要因素。其三,危险涉及法益的重要性,这也是影响危险程度的有力因素。

(一)危险是否已经转化为实害结果

虽然风险刑法以惩罚危险犯为主,但并不意味着所有应对风险社会的刑事立法规定的都是危险犯。对于不少危害行为,立法是以实害结果的发生为处罚前提或者加重处罚的条件。按照基本规律,危险转化为实害结果的行为,其危险程度必然高于还没有转化为实害结果的行为。

一方面,基于实害结果的刑罚配置是传统刑事立法的基本原则,“实害原则”在风险社会的刑事立法中依然具有重要意义。以实害结果为处罚核心的刑罚配置原则,是客观主义刑法的体现,其主张对个人自由给予最大限度的保护。“实害原则”的雏形首见于密尔的论述:“个人的行为,只要不涉及自身以外的任何其他人的利益,个人就无须向社会负责。”“个人的行为,如果侵犯了其他人的利益,个人则应当负责,并承受社会的或法律的惩罚。”[①]根据密尔的观点,对社会成员动用国家公权的唯一理由,是其对他人造成了危害。在密尔之后,乔尔·范伯格(Joel Feinberg)对“实害原则”作了进一步阐述。他认为,

---

① John S. Mill, *On Liberty, Utilitarianism and Other Essays*, Oxford University Press, 2015, p. 91.

行为犯罪化的前提是对他人的危害;但除对他人的危害外,"冒犯他人"也是刑罚处罚的依据。[①] 由此,"实害原则"在刑事立法中被扩展为包括某些对他人没有造成危害结果的行为,从绝对化逐步走向相对化。这其实表明"实害原则"允许存在例外,即传统实害概念为了迎合现代刑法的需要,通过扩张概念外延实现对没有实害结果的行为的规制。

尽管"实害原则"允许一定的例外,但就立法原则而言,"实害原则"的核心要义仍是行为人为其行为造成他人实害的结果负责。根据"实害原则",刑罚的设置不应将积极的一般预防定位为刑罚的功能。依照传统刑法的主张,行为人只为其行为及其危害后果负责,而不为将来的良好的社会秩序负责;因此不管刑罚的动用是否实际上产生了预防未然犯罪的效果,积极的一般预防都不是刑法的固有功能,更不应该是刑罚的目的。[②] 由此可见,"实害原则"要求个人对实害结果负责,最大限度地保障了公民的基本权利,限制了国家刑罚权的任意扩张。传统刑法的基本惩罚范式就是将实害结果与行为连接在一起;国家要求公民承担刑事责任,主要原因在于惩罚其造成的重大危害后果,这一要件被视为犯罪化的内部限制原则。[③] 如果行为人的风险行为已经将危险现实化,造成了实害后果,则基于"实害原则"的刑罚分配当然具有正当性。

另一方面,造成实害结果的行为与尚未造成实害结果的行为,其危险程度具有"质"的差别。在风险社会中,实害结果是风险制造行为造成的危险现实化的结果,是重要的可罚性根据。原则上,不法行为产生的实害结果是可罚性的界限,只是风险刑法构建起刑罚前置化的

---

① See Joel Feinberg, *Harm to Others*, Oxford University Press, 1984, p. 29 – 35.

② 参见苏青:《法益理论的发展源流及其启示》,载《法律科学(西北政法大学学报)》2011 年第 3 期。

③ 参见[美]道格拉斯·胡萨克:《过罪化及刑法的限制》,姜敏译,中国法制出版社 2015 年版,第 189 页。

各种例外,如危险犯、预备犯、累积犯等。在实质意义上,实害结果产生在时空上与行为相互分离的效果,通常需要一定的对象为载体,也就是通过行为对象的改变得以体现。[①] 实害结果的解释强调客观性、物质性,而不能是观点上的假定。因此,实害结果与危险结果是有本质区别的,危险结果作为一种潜在的状态,并不引起外在的行为载体的情状变化。众所周知,近代以来的刑法大致遵循结果本位的立法模式,以处罚结果犯为原则,处罚危险犯为例外。这种例外的重要原因,就是引起实害结果的行为与未将危险现实化的行为具有"质"上的差别。

(二)危险与实害结果的距离

危险行为和实害结果的距离也是影响危险程度的重要因素。在无实害结果的情况下,应当关注实害结果的实现可能性,即危险行为与实害结果之间的距离。在应对风险社会的诸多犯罪中,纯粹的结果犯十分罕见,因为防控风险、实现安全的初衷是防患于未然。所以,风险社会更需要关注的,是在没有传统实害结果产生的情况下,如何衡量危险程度的大小。通常而言,距离实害结果越遥远的危险行为,危险程度越低;反之,危险行为与实害结果的距离越接近,继续发展产生实害结果的可能性越大,危险程度也越高。

受到刑罚处罚的危险行为,其本身一定具备导致实害结果发生的可能性,但是这些行为造成具体后果的可能性各不相同。这种可能性被称为"显见可能性",即行为对法益保护的现实紧迫性已经是"箭在弦上",超出了实害犯的规范手段,甚至包括未遂犯和预备犯的规范手段,以及行政禁止规范的有效预防范围,只能通过刑事规范对该种危险行为进行调整,如此这种危险行为必然已经相当接近严重后果,入

---

① 参见刘之雄:《刑罚根据完整化上的犯罪分类——侵害犯、危险犯、结果犯、行为犯的关系论纲》,载《中国法学》2005 年第 5 期。

罪必要性和科处刑罚必要性都十分强烈。①

实际上,在没有具体实害结果发生的场合,对危险的判断都是基于经验基础的,危险与实害结果之间的距离衡量,也是经验判断。按照刑法的一般原理和生活经验,可以得出以下两点结论:其一,具体危险犯与实害结果的距离相对更近,抽象危险犯与实害结果的距离相对较远;其二,传统意义上的行为犯距离实害结果相对更近,预备犯距离实害结果相对更远。在第一组比较中,具体危险犯的行为对象已经处在相对客观的危险当中,实害结果尚未发生的一种偶然行为,即大概率情况下都会发生传统意义上的实害结果。具体危险犯的危险是一种具体的、现实的危险,而抽象危险犯的危险是一种抽象的、拟制的危险。有学者认为,具体危险犯中的危险同实害结果一样,属于结果的一种,但抽象危险犯的危险无法和行为相互分离,属于行为的危险。②这种观点虽然尚待探讨,但是至少说明,具体危险犯中的危险和实害结果更为接近,其行为本身的危险程度也更高。正如有学者所指出的,行为的危险并不必然导致危害结果的出现,因此结果危险(具体危险犯)比行为危险(抽象危险犯)更为具体。③ 抽象危险犯在造成实害结果的可能性上被描述为"并未必然导致",正可以说明其距离实害结果是相对较远的。

同理,因防控风险而采取预备行为实行行为化的那些行为,其原本只是一种"预备行为"。此类危险行为在时间阶段上要远远早于一般的实行行为,其与实害结果的距离更远,危险程度更小。例如,刑法将为实施恐怖活动犯罪而准备工具、组织培训、境外联络、策划准备等预备行为实行化,设定为单独的罪名予以处罚,就是因为恐怖主义犯罪本身是具有严重社会危害性的,而处罚恐怖主义的预备行为也是基

① 参见李川:《论危险驾驶行为入罪的客观标准》,载《法学评论》2012 年第 4 期。

② 参见鲜铁可:《新刑法中的危险犯》,中国检察出版社 1998 年版,第 44 页。

③ 参见郝艳兵:《风险刑法:以危险犯为中心的展开》,中国政法大学出版社 2012 年版,第 178 页。

于一旦这类犯罪发生，将对国家、社会和公民造成极其严重的危害后果。不过，恐怖分子在实施犯罪之前的精心策划和长期筹谋，毕竟不同于真正的实行行为。虽然这些预备行为进一步发展，就是恐怖活动犯罪，但客观上这些准备行为都是实施实行行为的前奏，不能直接等同于恐怖分子后续实施的恐怖行为。因此，和传统的实行行为相比，预备行为距离实害结果的距离相对更远，危险程度相对更轻，所配置的刑罚也应当相对较轻一些。

（三）危险涉及法益的重要性

影响危险程度的最后一个因素，是危险涉及的法益的重要性。概论之，危险行为可能侵害的法益越重要，行为的危险程度越高；反之，危险行为可能侵害的法益越普通，行为的危险程度越低。

可以肯定的是，在风险刑法中受到处罚的危险行为，都必然涉及对法益的侵害危险，否则动用刑罚将缺乏正当性根据。试想，如果一种所谓的危险行为，完全不具备引起法益侵害的可能性，就不可能引起实害结果，也就不存在具体的危险或者抽象的危险，从而无法被认定为刑法意义上的"危险犯"。因此，危险行为必然与刑法所保护的法益密切联系，只不过在风险社会，绝大多数行为的犯罪化都是基于对超个人法益的保护，这类法益往往比较抽象，故而不容易判断。例如，污染环境的行为，可能只是单纯对自然环境、生物多样性造成破坏，也可能同时危害到不特定多数人的生命和健康，还可能造成国家经济重大损失。这些法益都可以归属于公共利益，但在具体归类上应当视具体污染行为而定。鉴于此，区分不同风险行为的危险程度，需要关注不同行为具体对哪种法益造成威胁或侵害。因为各类法益虽然在受保护的必要性上是平等的，但在保护力度上会因法益位阶不同而有所侧重。

刑法中规定的不同犯罪、不同危险行为，其各自保护的法益类型并不相同，这可以通过具体犯罪所处的分则章节、构成要件的内容等方面进行判断。在这一维度上,集体的生命和健康无疑是最重要的法益类型,这是刑法保障人权的基本体现。相较之下,公私财产、社会秩序、精神利益等法益则处于次重要的地位。行为涉及的法益重要性是影响危险程度的重要因素,不同犯罪涉及的法益类型不仅能够决定危险行为在刑法体系中所处的位置,而且能够为刑罚的配置提供基本的衡量标准。

综上所述,作为风险社会刑罚分配根据的危险程度,受到实害结果产生与否、危险行为与实害结果的距离、危险涉及法益的重要性等多种因素的影响。这些因素在不同的时空场域、不同的情境背景下影响着受处罚行为的危险程度。危险程度的大小是刑罚配置的根据:危险程度越重,刑罚配置相应越重;危险程度越轻,刑罚配置相应也越轻。

第二节　风险社会刑罚配置的理念

风险社会的刑罚配置应当遵循轻刑理念。轻刑理念是指刑罚配置总体上应当向轻缓化发展,但这并不意味着对所有的风险犯罪都适用相同的刑罚梯度,而是要根据危险程度的不同进行个别化配置。

一、传统重刑理念的根本缺陷

重刑主义曾经是我国刑罚配置的传统理念。在特定时代背景下,立法者为了维护社会安全与稳定,试图通过严厉的刑罚增强刑罚的威慑力,唤起民众的守法意识,从而达到一般预防的社会效果。但问题是,重刑主义只能短暂地、有限地产生威慑力,并不具有持久性。相反,重刑主义极易导致风险社会刑罚矫枉过正,不仅不能有效维护社会稳定,反而会变成侵犯个体利益、增加民众不安感的因素。

(一)厉而不严的刑事法网不利于风险防控

重刑理念容易编织出一张“厉而不严”的刑事法网,即刑罚严苛,但法网疏漏,刑法保护漏洞多,公民的自由和利益容易受到侵犯。过分追求严刑峻法的思想在我国刑事立法史中并不陌生,即便在今天,刑法也并未完全褪去重刑色彩。一直以来,定性加定量的犯罪界定模式和“重罪重刑”的罪刑设定模式,是我国“法不治众”的传统社会心理和重礼轻法的传统治世经验的反映,表明立法者希望把有限的司法力量用以集中对付严重的社会危害行为的战略意图。[①] 这种“与生俱来”的重罪重刑政策理念,必然会影响风险社会的刑罚设置。基于应对风险社会的重大风险的需要,立法者希望通过刑法手段规避此类风险,并能在短时间内取得立竿见影的效果,因而极易对部分危险程度或危险系数较低的行为配置严厉的法定刑,从而使风险刑法呈现出重刑主义的特征。然而,重刑理念所构建的“厉而不严”的刑事法网,并不利于风险防控。兹述理由如下:

第一,从总体趋势看,重刑理念已经无法顺应刑法发展。犯罪圈和刑罚量这一组相辅相成的关系,构成了刑法的实质结构。刑法的实质结构是刑法功能的客观根据,是刑事政策的反映,也是刑法改革的基础主题。[②] 从刑法的发展进程看,刑法越是发展,越是能超越简单的报应功能,突破以恶制恶的恶性循环,从而找到治理社会的更优方案。犯罪圈并不是越大越好,刑罚量也不是越大越好。尽管有罪必罚是民众普遍坚持的正义观,但更有效益的处罚,也是社会应当追求的目标。显然,重刑理念片面追求刑罚的短期效应和威慑效果,已经无法顺应时代的潮流。

---

① 参见许发民:《刑法的社会学分析》,法律出版社 2003 年版,第 134 页。

② 参加储槐植:《严而不厉:为刑法修订设计政策思想》,载《北京大学学报(哲学社会科学版)》1989 年第 6 期。

第二，重刑理念不区分危险行为的级差性，将导致风险刑法防控的片面性。任何立法动向都会引起社会的关注，法定刑档数的增加或者整体幅度的提升也不例外。对重罪应当配置重刑，固然是民众的关注重点，但过度关注刑罚配置的严厉性，难免会忽略对尚未现实化的、轻度危险行为的防控。风险社会的刑事立法，相当大的动因源于已经发生的重大社会事故。这些风险事件表明，原本刑法不予调整的风险行为，在现代社会发展背景下呈现出巨大的危险，甚至已经发生了严重的危害后果，刑法再也不能缺位。应当说，风险防控的立法历程并不难被理解，风险社会的刑事立法需要契合社会情势作出必要调整。但是，试图以重刑打击危险行为的做法并不合理，极易导致片面保护的弊端。一方面，社会生活复杂多样，风险事故的发生具有偶然性和特殊性，故对任何危险行为均配置过于严厉的刑罚，并不能大幅度地削减社会风险的总量。另一方面，如果立法者的目光过分聚焦在已经现实化的危险行为上，就容易忽略现实生活中的其他风险，风险社会的刑事立法就会陷于被动应对的状态，社会防控的体系性和全面性将难以保障。

第三，重刑理念强调打击犯罪的阶段性和政策性，风险刑法的稳定性将遭到破坏。重刑主义虽然在某些领域能够取得打击犯罪的暂时性效果，却是以司法资源的过多消耗为代价的。这在传统社会或许有一定的可取性，但在风险社会，这样的刑罚理念绝不应当再被坚持。风险社会的犯罪原本就具有不确定性、偶发性和难以预计性，在这样的社会背景下，如果盲目地或片面地重点打击某类犯罪，极易偏离刑法的基本原则，进而影响立法和司法的权威。事实上，现代刑事司法早已表明，政策性的刑事处罚并非打击犯罪、保障人权的良方，在风险社会，选择性的严刑峻法也无法实现防范风险、保障安全的目的。依赖刑罚的严厉性很难兼顾对其他风险的刑法治理，至少在司法资源上就无法做到恰当平衡。所以，风险刑法的刑罚配置需要的是稳定性、全面性，而非机会性和严厉性。

综上,传统重刑理念并不符合现代刑法的发展方向,更不符合风险刑法的价值目标。基于重刑主义的刑罚配置会导致犯罪打击选择性和短暂性等弊端,反而不利于防范社会风险,无法保障社会的总体安全。

(二)重刑处罚增加民众的不安全感

重刑理念不仅无法实现社会安全,还会加剧民众的不安全感。民众的不安全感体现在两个方面:一是因法网不严密而身处风险之中产生的不安全感;二是因刑罚过于严苛而产生的守法不安感。第一种不安全感是风险刑法的立法动因,风险刑法的一个核心目标就是缓解现代社会给民众带来的不安全感。但是,如果贯彻重刑理念,风险社会刑法反而会形成"厉而不严"的结构,从而无法做到有效防范风险、保障民众安全。

第二种不安全感直接源于不合理的刑罚设定。重刑理念的贯彻极易导致情绪性立法,尤其是影响极其恶劣的重大刑事案件的发生,或多或少会触动立法者的神经。为了严密法网、惩处犯罪、防止类似事件再次发生,立法者要么扩大犯罪圈,要么提升法定刑。通过提升法定刑来增强处罚力度,或者给风险犯罪配置较其罪责更重的法定刑,都是重刑主义的表现。对严重的风险犯罪配置相对较重的刑罚,是具有正当性的。但是,风险社会刑罚配置如果只依赖重刑原则,肯定是不妥当的,甚至无法实现社会安全的价值目标。过分强调重刑理念,必然会将严密法网的愿景寄托于重刑带来的威慑力。应对风险社会而进行的犯罪扩张或刑罚提升,大多具有短暂性的打击目的和选择性的打击对象。为了实现这种预防犯罪的效果,立法者很容易配置过于严厉的刑罚,以便迅速实现防范风险的现实效果。此即"情绪性的刑罚配置",主要体现为配置过重的刑罚,或者配置与行为情节、法益侵害、行为责任不相匹配的刑罚。风险刑法实行一种相对积极的立法观,将许多原本不受处罚的危险行为、预备行为或未遂行为都纳入处罚范围,这本身已经是对公民权利的大幅度限制。如果立法者还要在刑罚配置上坚持重刑主义,坚持以严苛的刑罚去惩罚风险行为,无疑是对公民基本权利的侵犯。这显然是不正当的,因为相较于传统的造成实害结果的犯罪,风险刑法中的大部分罪名都与实害结果保持一定的距离,或者还没有开始实施真正的实行行为。针对这类危害程度的行为动用严苛的刑罚,是值得怀疑的。此外,配置重刑也未必能够获得刑事制裁所期待的社会效果。换言之,重刑并不能有效实现防控风险、预防犯罪的社会效果,反而可能蜕变为威胁公民基本权利的"新风险"。

试想,风险刑法的犯罪圈已经为了实现社会的总体安全要求民众让渡小部分权利,如果刑罚的设置还要坚持重刑理念,则民众就不只是生活在"动辄犯罪"的社会中,更是生活在一不小心就要受到严厉惩罚的刑法环境下。可以想象,在这样的法治环境下,经济发展将受到严重制约,社会的创造力也将受到严重遏制。如果民众从一种风险的不安感中逃离出来后又要陷入另一种不安感,则无疑违背了风险刑法的价值目标。所以,重刑理念与风险刑法的精神是相悖的。

二、风险社会刑罚配置的理念选择:轻刑理念

基于上文的分析,传统重刑理念无法为风险社会刑罚配置提供正确的方向。本书认为,风险社会刑罚配置应当坚持"轻刑理念",即为现阶段的风险犯罪配置相对轻缓的法定刑。这不仅仅是因为刑罚轻缓化是现代刑法发展的大趋势,更重要的是,轻刑化思想和风险刑法处罚危险犯、预备犯、累积犯等治理目标不谋而合,也与其实现预防与整体安全的价值目标方向一致。贯彻轻刑理念并不代表对所有风险犯罪一律配置最低档的法定刑,而是相对于传统实害犯,对风险社会中的危险犯配置相对较轻的刑罚,对与传统实行行为有本质区别的预备犯配置相对更轻的刑罚,对特定情境下的累积犯配置相对较轻的刑罚等。风

险社会刑罚坚持轻刑理念是有据可循的，下文将从立法者、行为人、社会公众三个角度进行阐释。

(一)立法者角度:预防为主、报应为辅

从立法者角度看，对风险犯罪的处罚是必要的，但不必是严厉的。因为风险刑法本着预防为主、报应为辅的刑罚理念，希冀通过立法编织一张"严而不厉"的刑事法网，将社会风险扼杀在现实化之前，从而保障社会的安全和稳定。须知，一个社会的刑罚配置并不是越严越好，刑事处罚也不是越重越好；在轻刑化的大趋势下，刑罚权的行使更应节制和内敛，避免不当剥夺或限制公民的自由。在风险社会的背景下，刑罚目的已经从报应转向预防，刑罚配置理念也势必要进行相应调整。传统刑法追求报应的实现而需要考量的诸多要素，在风险刑法中并不成立。基于"预防为主、报应为辅"的刑罚目的，立法者应借助风险社会的契机，实现整个刑罚体系的轻缓化发展，实现刑事法网从"厉而不严"到"严而不厉"的转变，从而平衡个人自由和公共安全的关系。

首先，我国刑事立法一直在抵制重刑主义思想，并努力寻找中国特色社会主义法治下的轻刑化道路。2011 年，《刑法修正案(八)》废除了 13 个罪名的死刑。2013 年，党的十八届三中全会通过的《中共中央关于全面深化改革若干重大问题的决定》提出："国家尊重和保障人权……逐步减少适用死刑罪名。"2015 年，《刑法修正案(九)》又相继废除 9 个罪名的死刑。这充分表明，在刑法现代化的进程中，我国一直以实际行动顺应轻刑化的变革浪潮。这种逐步放弃重刑理念的具体举措作为我国全面深化改革的战略部署举措，为轻刑理念的发展创造了更好的法治环境。虽然从整个刑罚结构上看，我国刑法的重刑理念依然存在，尤其是死刑适用的罪名数量仍然偏多①，但不容否认，轻

① 关于世界各国死刑废除与适用现状的具体内容，可参见孙世彦:《从联合国报告和决议看废除死刑的国际现状和趋势》，载《环球法律评论》2015 年第 5 期。

刑化理念与“严而不厉”的刑事法网结构一直是刑事法治建设的重要内容。

其次，轻刑理念与风险刑法更为契合，更能实现预防目的。风险刑法关注预防效果的实现，严密法网、扩大犯罪圈的各项举措已势不可当。显然，“严而不厉”的刑事法网是风险刑法最为理想的效果。法网越严密，表明考虑的风险类型越多，预防效果也将更加显著。严密刑事法网主要取决于犯罪态势和刑事政策的变动，而风险社会的到来使严密法网的任务迫在眉睫，需要及时缓解公民因处在不确定的风险之中而产生的不安全感。风险的复杂性、多样性以及广泛性，要求刑事法网应当尽可能没有漏洞，能够囊括更多威胁公共安全和社会稳定的危险行为。只有严密刑事法网，才能实现风险刑法的预防目的和防控风险的价值追求。因此，站在立法者的角度，适当扩大犯罪圈来避免过多的处罚漏洞是刑事立法的重点，也是实现预防目的的主要手段。

最后，对报应效果的摒弃，要求风险社会的刑罚配置更应注重整体刑罚体系的合理性。风险社会的刑罚并不追求传统刑法的报应效果，因而在为风险犯罪配置刑罚时，应从宏观上把握整个刑罚体系的合理性。风险社会的刑罚配置不应以报应为核心，因为：有的风险没有被现实化，难以对行为人展开传统意义上的报复；有的风险不具有可复制性，难以通过严厉的刑罚手段实现对行为人的矫正；有的风险又极易被复制，难以通过严刑峻法彻底杜绝犯罪人的再犯可能性。所以，风险社会的刑罚配置，应当具备大局意识。风险社会的犯罪虽然均有其特殊性，但也有其共性。正确的刑罚理念应当能够在总体上指导现阶段风险社会的刑法发展，报应目的应当让位于预防目的，因此在刑罚配置上应注重整体的刑罚构建，将预防效果的实现作为刑罚阈值的设限因素。

（二）行为人角度：没有造成实害结果

从行为人角度看，轻刑理念能够实现罪刑关系的合理化，保障犯罪人的合法权益。风险犯罪并不属于传统意义上的实行行为,或者并不必然导致传统意义上的实害结果。风险刑法充斥着大量的危险犯、预备犯、累积犯,这些危险行为基于整体的安全利益考虑而被纳入犯罪圈,但在绝大多数情况下,并没有产生真正的实害结果。就此而言,无实害结果的风险犯罪,具有更小的社会危害性,理应配置更轻的刑罚,以实现罪与刑的相称和均衡。

轻刑理念既是罪刑法定原则的要求,也是罪刑均衡原则的要求。众所周知,禁止不均衡的刑罚是法治原则的重要内容。在现代刑法理论中,罪刑均衡"所要求的并不是某一犯罪和对这种犯罪的惩罚之间的完美适应关系,而是对不同犯罪的惩罚应当在罪与罚的标度或标准上'相当'于犯罪的恶或者严重性"①。禁止不均衡的刑罚主要在于禁止轻罪重判;刑罚配置的轻重既取决于罪行的轻重,也取决于预防必要性的大小,因此重罪可以轻判。② 但反过来,不能因为预防必要性大,就将轻罪重判,这是违反罪刑法定原则的。在风险刑法中,绝大部分犯罪都属于轻罪,这是因为:第一,大部分风险犯罪是危险犯,并没有实害结果。传统刑法的处罚根据在风险刑法中并不适用,不能以经验预想的或者法律拟制的危害结果作为实害结果,并以此为处罚行为人的依据。第二,大部分风险犯罪都是预防必要性大而危害性不大的轻罪。预防必要性大,是风险刑法的立法前提。如果一种危险行为没有足够的预防必要性,也没有现实的实害结果,那么动用刑法的正当性就存在问题。大部分风险犯罪都还没有出现现实的实害结果,或者距离实害结果还有相当一段距离,即便是已经十分接近实害结果,客观上也依然没有出现实害结果。预防必要性大和罪行严重并非绝对的对应关系,只有重罪才有匹配重刑的必要,而轻罪无论有多大的预防必要性都不能适用重刑。

---

① [美]H. C. A. 哈特:《惩罚与责任》,王勇等译,华夏出版社 1989 年版,第 155 页。

② 参见张明楷:《刑法学》(上),法律出版社 2016 年版,第 55 页。

轻刑理念能够兼顾风险犯罪的特殊性和犯罪人的基本权利，可以较好地实现罪刑均衡。《唐律疏议》规定，在“断罪而无正条”的情况下，可以按照“其应出罪者，则举重以明轻”以及“其应入罪者，则举轻以明重”的原则定罪。[①] 这其中也体现了罪刑均衡的思想。均衡原则是比例原则在刑法中的具体化，直接决定刑罚配置是否符合刑罚目的。刑罚的严厉程度应当与犯罪的危害程度相符，否则就会导致不正义。轻刑理念能够实现风险刑法罪刑关系的合理化，即犯罪与刑罚的设置合理及其二者之间均衡的理想状态。[②] “罪刑有序、等级均衡是刑法自身应有的自我免疫系统，是公平价值的存在条件。”[③]罪刑关系合理化体现的是犯罪对刑罚的本能制约，它要求刑罚配置应当以罪质为限度，追求犯罪与刑罚之间的内在等同性，是对具有自由意志的犯罪主体的理性尊重。刑罚是“以恶制恶”，在动用刑罚的过程中对民众的损害应当尽可能小，对所有进入刑事制裁范畴的行为均应考虑罪刑关系的问题。对于个罪而言，其法定刑应当与该罪的性质相适应，而且应当合理地配置个罪之间的刑罚[④]，避免刑罚攀比。犯罪是个人的反社会行为，而刑罚是具有法定惩罚权的国家以社会名义对犯罪的反应，是对犯罪人的财产、自由乃至生命的剥夺。作为一种“不得已的恶”，刑罚对个人利益的损害较易衡量，所以判断罪刑是否均衡的关键在于对刑罚所实现的公共利益的衡量。

总之，在风险刑法中，大部分犯罪都是没有造成实害结果的危险行为。对这类行为适用重刑是不符合罪刑均衡原则的。只有贯彻轻刑理念，在维护社会安全的同时，充分考虑行为人的基本权利，才是现代刑法文明与进步的表现。

---

① 参见王立民主编：《中国法制史》，上海人民出版社 2007 年版，第 194 页。

② 参见陈兴良：《本体刑法学》，商务印书馆 2001 年版，第 117 页。

③ 白建军：《罪刑均衡实证研究》，法律出版社 2004 年版，第 276 页。

④ 参见韩轶：《法益保护与罪刑均衡：法益保护之优先性与罪刑关系的合理性》，中央民族大学出版社 2015 年版，第 93 ~ 95 页。

(三)社会公众角度:达到基本的威慑力即可

从社会公众角度看,对风险犯罪配置轻刑已经具有足够的威慑力,既能够唤起民众的守法意识,又不至于让民众因严苛刑罚而过度恐惧。因为风险刑法的一般预防效果主要是通过扩张处罚范围实现的,而并非依靠重刑实现的。

对于普通民众而言,需要刑法来防控社会风险,否则风险社会造成的诸多问题将扰乱社会正常的生产与生活秩序。但是,是否只有严刑峻法才能传导刑法的威慑力?答案当然是否定的。贝卡里亚早已阐明:“历史上任何最新的酷刑都未使决心侵犯社会的人们回心转意。”[①]人类社会的实践表明,有效传导威慑力并实现预防犯罪的效果,从来都不是靠重刑实现的。民众对刑法的敬畏,归根结底是来自刑法的明确性,来自国家与政府集中全力保卫这些法律,不用丝毫的力量去破坏这些规定,来自避免使法律成为为少部分人服务的手段。[②]法律不能期待所有的公民都像刑法学家一样熟知每个刑法条文,甚至还要清楚每种犯罪匹配的刑种和刑度。民众之所以敬畏法律,更多的是源于刑罚的必定性以及内心道德力量的约束。正如伯尔曼所言:“真正阻止犯罪的乃是守法的传统,这种传统又根植于一种深切而热烈的信念中,那就是,法律不仅仅是世俗政策的工具,还是生活的终极目的和意义的一部分。”[③]据此,法律唤起公民的守法意识,威慑公民不要触犯刑法的预防效果,根本不是来自刑罚的严苛性,因为当刑法宣告要对某种社会行为进行调整时,这种威慑力就已经产生了,并且

① [意]贝卡里亚:《论犯罪与刑罚》,黄风译,中国大百科全书出版社 1993 年版,第 66 页。

② 参见[意]贝卡里亚:《论犯罪与刑罚》,黄风译,中国大百科全书出版社 1993 年版,第 102 ~ 103 页。

③ [美]哈罗德·J. 伯尔曼:《法律与宗教》,梁治平译,中国政法大学出版社 2003 年版,第 18 页。

已经实现威慑效果。多余的刑罚或者过重的惩罚不仅无用,还会损害公民的基本权利。

因此,重刑必须以重罪为基础,而不能以任何预防效果或威慑效力为借口。在普通民众眼中,最具备威慑力的刑法是明确的罪刑规范,是公正平等的刑罚适用,是稳定而行之有效的公权力制裁。达到这些要求所需要的其实是匹配适当的法定刑,而非严酷的刑罚。基于上文的阐述,结合风险刑法的预防目的不难得出,轻缓化的刑罚足以惩罚风险社会中的大部分犯罪,也足以与受到刑法调整的风险行为相互匹配。这种轻刑理念非但不会降低刑法的威慑力,反而会使民众因其具备妥当性、科学性及稳定性而增强自己的守法意识。

三、轻刑理念的具体展开

轻刑理念是一个适用领域相当广泛的刑罚分配原则:它不仅指刑罚在刑事立法过程中的轻缓化,也包括刑罚在刑事司法过程中的轻缓化;它不仅指刑罚适用由重到轻的动态转变过程,也包括刑罚种类和幅度朝着轻缓方向的拓展过程;它不仅指针对个别犯罪或者风险犯罪秉持的特别的刑罚分配理念,也包括指导整个刑法发展和刑罚体系改革的核心理念。风险刑法的轻刑理念,具体体现在以下三个方面。

(一)轻缓化的刑罚设置

轻缓化的刑罚设置包括两个方面:一是风险刑法在立法上的刑罚设定;二是由重到轻的刑罚转变。前者是静态的,后者是动态的。

其一,对于新增罪名,应当谨慎适用死刑、无期徒刑等重刑,在刑罚的设置上趋于轻缓化。在刑法中增设风险犯罪是一种扩大处罚圈的表现,相应地,是对公民自由的限制。虽然这种限制是为了实现整体安全,但其毕竟是一种积极的预防性立法。古典刑法固守刑法的谦抑性,反对刑罚权扩张。谦抑主义深刻根植于自由主义理论之上,体现了古典刑法理论的精髓。古典刑法立足于国家和公民的纵向关系和“最小政府”理论,谦抑性正是这一理论的具体化。谦抑性要求坚持刑法的最后手段性,发动刑罚的前提是出现可归责的损害。所以,按照传统刑法最初的思路,反对犯罪化的立法,批判象征性立法①,应当尽可能地限制刑罚权。然而,风险刑法为了实现防范风险的需求,将预防的关卡往前移,强调立法的积极性和一定规模的犯罪化,使刑罚前置化和抽象化,这与古典刑法所坚持的谦抑性之间形成了紧张关系。不过,古典刑法的谦抑性更多表现为形式意义,本身带有浓厚的理想化色彩,因而在社会发展中需要批判性阐释。一方面,在抽象层面上,谦抑性具有强烈的教义学意义,但在现实中难以达到理想的状态。古典刑法将刑罚视为“被迫的恶”,强调刑法只能在其他侵害较小的制裁手段失效时,才可以作为最后手段介入原本属于个人自由的领域。这种过于理想化的主张,难以充分发挥刑法在现代社会治理中的功能。另一方面,在具体层面上,在投射到刑法的品格塑造中时,谦抑性被不断地重新解读。每个时代的刑法面临不同的时代主题,尽管古典刑法所描述的刑法的谦抑性始终是刑法所必须坚持的原则,但是以形式意义大于实质意义的坚守,很可能会让刑法难以完成其使命。对新增的风险犯罪动用刑罚但适用轻刑,正是为了更好地协调个人自由和国家刑罚权的关系。自由和安全并不是完全对立的,但是两者存在冲突是肯定的。在风险社会,应对不断扩张的刑罚权,只有尽可能在刑罚设定之初就保持理性和谦抑,才是缓解自由和安全冲突的最佳方案。

其二,针对情绪性立法或象征性立法,应当及时作出调整,将刑罚修改为与危险程度相匹配的刑罚。风险社会刑罚分配的根据是危险的程度,因此,对那种为实现暂时性的风险防控效果而设置与危险程度不相匹配的刑罚的做法,应当予以纠正。通过考察现行刑法的刑罚

① 参见姜涛:《为风险刑法辩护》,载《当代法学》2021 年第 2 期。

设置,依然可以发现不少重刑主义的残留。这不仅不符合罪刑均衡原则,也难以实现风险刑法所追求的预防效果。为此,刑事立法迫切需要贯彻轻刑理念,逐步消除重刑思想对刑事立法的影响,从而实现刑事法网从“厉而不严”向“严而不厉”的彻底转变。

其三,轻缓化的刑罚设置,还应当构建成熟的保安处分制度。保安处分制度的特点之一是轻缓化,它不以传统的监禁形式剥夺被处分人的人身自由,而是以更轻缓的方式来限制被处分人的自由。随着人权观念的勃兴,轻缓化的刑事制裁措施获得普遍认同,自由刑受到保安处分的有力冲击,这是世界刑罚发展的总趋势。在我国,减少死刑的适用和自由刑的改革一直没有停止,非监禁刑革新也开始兴起,以剥夺自由为核心的刑罚理念受到反思。职业禁止、资格禁止、社区服务、强制戒毒等措施,都不同于传统的监禁措施。对于风险刑法中的犯罪,惩罚的根据不是行为造成了实害结果,而是行为具有造成实害结果的危险性。刑法之所以将这些行为犯罪化,是为了未雨绸缪,更有效地防范风险。但是,对这类犯罪是否一定要科处长期自由刑,却值得进一步思考。本书认为,从现实的羁押压力看,完全有必要对这些犯罪适用短期自由刑或保安处分等其他替代措施来缓解监狱压力;从监禁必要性视角出发,这些犯罪的罪责程度确实没有达到要长期剥夺自由的程度,不能一味地追求安全效果而适用严厉的刑罚。由此,程度相对轻缓的财产刑、短期自由刑和保安处分可以为立法者和裁判者提供更多选择的空间,从而进一步推进刑事制裁措施轻缓化的进程。

总之,轻刑理念的核心在于“轻”,刑罚在立法过程中就要“轻”,刑罚配置的整体发展也要朝着“轻”的方向发展,刑罚甚至还要探索更“轻”的类型。轻缓化的刑罚配置是轻刑理念的直接表现,也是轻刑理念最为重要的实现领域。

(二)多元化的惩罚措施

除刑罚配置的轻缓化,惩罚措施的多元化也是轻刑理念的重要内容。在古代社会,刑罚种类体现在对肉刑或死刑实施方法上的多样化,但这个方面的多样化并不是轻刑化的体现,反而是刑罚严苛性的体现。有学者指出,我国的刑罚体系经历了五帝时代以死刑为中心的刑罚体系、三王时代以肉刑为中心的刑罚体系、隋唐到清以徒流刑为核心的刑罚体系,最后是清末以自由刑为主的刑罚体系四个阶段。[①]从历史的进程看,从死刑到肉刑,再从肉刑到徒流刑,最后从徒流刑到自由刑,依稀呈现出由重到轻的刑罚发展趋势。现代社会,人权理念深入人心,酷刑、厉刑早已成为历史。除极个别国家仍然保留鞭刑外,各国刑法均不再存在以给犯罪人施加身体痛苦为目的的肉刑。相较于封建社会以死刑和肉刑为主的刑罚体系,现代刑法融合了死刑、自由刑、财产刑、资格刑等多种刑罚,无论在轻缓程度还是多样性程度方面,都更为文明和进步。

然而,现有的刑罚体系虽然对传统犯罪基本能够实现报应效果,但对风险犯罪难以实现相应的预防效果。在风险社会,风险犯罪的特殊性极大地冲击了现有刑罚体系的适用效果。现有的惩罚措施通过对犯罪人施加惩罚,可以较好地发挥报应功能,但在预防效果的实现上,却收效甚微。必须承认的是,在以自由保障为中心的传统刑法中,预防风险几乎处于被完全忽视的位置。最初制定刑法以"易触感的力量"——刑罚来保障个人的自由,而风险刑法用刑罚来实现整体的安全。如果刑罚的实施既不是以报应为主要目的,又没能实现应有的预防效果,则这样的刑罚配置就既没有保障公民的个人自由,也没有实现安全的目标,是一种双输的刑罚配置。

为了应对风险犯罪的多样性和特殊性,刑罚措施应当向更加多元化的方向发展,保安处分就是一种新的制度供给。与传统的刑罚不同,保安处分制度更具多样性,在应对风险社会复杂多样的风险行为时更具灵活性和针对性。比如,《德国刑法典》明文规定了六种保安处

---

① 参见蔡枢衡:《中国刑法史》,中国法制出版社 2005 年版,第 2 页。

分措施，分别是收容于精神病院、收容于戒瘾机构、保安监禁、行为监督、吊销驾驶证和职业禁止；《日本刑法典》虽未明文规定保安处分，但在单行刑法和附属刑法中规定了大量的制裁措施；《法国刑法典》关于刑罚措施的条文多达70余条，其中有不少是具有保安处分性质的附加刑，如公民素质培训、公共利益劳动等。区别于传统刑罚措施，保安处分制度更具有针对性，如收容于精神病院、收容于戒毒所、禁酒令、禁止从事特定的职业等。在风险社会中，伴随经济发展和科技进步，一些不法分子利用职业身份实施破坏市场秩序、金融秩序的行为日益增多，成为风险社会中频发的犯罪类型。为了预防行为人再次利用职业上的便利实施这类犯罪，有必要剥夺或限制其从业资格。可见，保安处分措施与传统刑罚措施相比，更具有特殊预防的功能，更能满足实现风险防控的需要。

（三）层次化的处罚体系

层次化的处罚体系是深度贯彻轻刑理念的结果。首先，轻刑理念是一种大趋势，但并不意味着对所有的风险犯罪都一律使用轻刑。其次，轻刑是相对而言的，世界上没有任何一个国家的刑法只有轻刑而没有重刑，轻刑只是整体刑罚体系的趋轻。最后，轻刑理念不仅体现在风险犯罪与传统犯罪的轻重有别，也体现在不同风险犯罪之间的轻重有别。总之，根据危险程度的不同，构建"总体趋轻、层次分明"的刑罚体系，是风险社会刑罚配置的应然方案。

在风险刑法中贯彻轻刑理念，符合我国"宽严相济"的刑事政策。科学的刑罚分配，应当做到重罪重刑、轻罪轻刑、微罪微刑的层次化刑罚格局。域外许多国家的刑法对犯罪均有轻罪和重罪的划分，分别对应不同的制裁手段。比如，《德国刑法典》第12条规定：重罪是指最低刑为1年或1年以上自由刑的不法行为；轻罪是指最高刑为1年以下自由刑或科处罚金刑的不法行为。犯罪分层是刑事制裁层次化的前提条件，对风险犯罪的轻重认定至关重要。我国现行刑法中因应对风险社会需要而增设的大部分犯罪,都展现出风险刑法的特征,即将预备行为实行化、处罚没有实害结果的危险犯等。这类行为与传统犯罪中的实害犯相比,是危害程度相对较轻的风险犯罪,理应配置相对较轻的刑罚。

除此之外,不同的风险犯罪也有轻重之分,因为不同行为的危险程度不同,即因危险行为现实化与否、危险行为与实害结果之间的距离远近以及危险行为所涉及的法益重要性不同而表现出不同程度的危险。这些是决定风险犯罪是否严重的重要原因,也是决定刑罚轻重的根据。因此,层次化的刑罚分配还应体现在对不同程度的风险犯罪配置不同的法定刑方面。同时,同一种风险犯罪也可能因为危害结果的不同,或者最终侵害的法益类型不同而存在不同的惩罚方案。

层次化的刑罚设计,不仅要优化现有刑种的分配体系,而且要构建刑罚与保安处分并存的双轨制刑事制裁结构。就目前我国刑法所规定的刑罚种类而言,无论是主刑还是附加刑,都属于传统的刑罚措施,在惩处的力度和强度上,依然保留传统社会犯罪治理的烙印。我国刑法也没有关于保安处分的设置,对轻罪和重罪的区分也只停留在学理层面,从而导致风险刑法在刑罚设置上呈现单一化、重刑化以及非均衡化的效果。为此,有必要建立保安处分和传统刑罚的双轨制刑事制裁结构,形成一个界分轻罪和重罪的基本格局,并对风险社会中风险程度不同、危害程度不同、实现可能性不同的不同犯罪类型采用不同的制裁方案。

第三节 风险社会刑罚配置的方法

基于上文的分析,风险社会刑罚配置的根据是危险程度,风险社会刑罚配置的基本理念是轻刑化思想。在具体的风险社会刑罚分配中,应当围绕以下两个方面展开:一是正确评估风险,即正确地认定行为的危险程度;二是合理分配刑罚,即基于风险程度科学地贯彻轻刑理念。

一、正确评估行为的风险

正确评估行为的风险,是指正确判定行为的危险程度。是否存在实害结果、危险行为与实害结果的距离、危险涉及法益的重要性等都会影响行为的危险程度。在具体的刑事立法中,立法者应当在个罪的设定或修正时考虑这些影响要素,并根据这些犯罪的危险程度合理地配置刑罚。这些危险程度的影响要素,在立法中可以具体分为以下三个方面。

(一)厘清各种风险犯罪的类型

根据危险是否现实化,风险犯罪可以进行基本的形态划分。在立法中,明确一种犯罪属于重罪还是轻罪、实害犯还是危险犯、抽象危险犯还是具体危险犯等问题极其重要。

应当说,重罪和轻罪的分类是最为经典的一种分类。尽管在我国,这种区分尚停留在理论层面,但其在域外早已经是一种常见的立法层面的分类。在风险刑法中区分重罪和轻罪,对刑罚配置和适用具有重要意义。例如,如果认定一种犯罪是重罪,那么未遂犯一般也应当进行处罚;如果认定一种犯罪是轻罪,那么就应当尽可能配置相对较轻的刑罚。在程序上,重罪和轻罪的区分对于诉讼程序的适用也有重要意义,如能否适用简易程序。[①] 在刑罚的执行问题上,重罪和轻罪的区分对能否适用缓刑意义重大,对财产刑和保安处分的配置也影响深远。在我国,虽然法规范层面尚没有明确的轻重划分,但学界通常认为法定最低刑为 3 年以上有期徒刑的犯罪是重罪,其他则为轻罪。

---

① 参见陈兴良:《规范刑法学》(上册),中国人民大学出版社 2017 年版,第 74 页。

据此,故意杀人罪、抢劫罪、强奸罪等均为重罪,危险驾驶罪、高空抛物罪等则为轻罪。还有部分犯罪根据具体情节的不同有轻重之分,在部分情况下为轻罪,部分情况下为重罪。在风险刑法中,轻罪和重罪的确定离不开对危险程度的综合评估。换言之,对于增设的新罪,是将其归属为轻罪还是重罪,取决于对其危险程度综合衡量的结果。基于轻刑理念,如果新罪被归于轻罪,在适用轻缓刑罚的同时可以考虑刑罚替代措施的适用,以实现更好的预防效果;如果新罪被归于重罪,则刑罚配置依然要根据其危险程度的大小进行微调,即对没有造成实害结果的风险犯罪应当尽可能地向更轻的刑罚靠拢。

实害犯与危险犯,是风险刑法中关于犯罪形态最为重要的一组分类。实害犯,是指只有对保护法益造成实质性的侵害结果,才能成立犯罪的情形;危险犯,则是指只要对保护法益构成一种危险状态,即可成立犯罪的情形。所谓实害犯的风险犯罪①,意味着只有出现传统意义上的法益侵害后果,才能认定为犯罪。换言之,行为人不仅要实施危险行为,而且危险行为必须现实化,其行为才能被刑法调整。实际上,风险犯罪如果是一种纯粹的实害犯,说明刑法介入的时间并不早,因为将实害结果作为犯罪构成要件,是传统刑法的通常做法。实害结果对于法益保护具有触发效果,只要行为造成了法益侵害结果,刑法的介入就具有正当性;因此,惩罚本身就属于实害犯的那部分风险犯罪,契合刑罚的分配原理,并不需要创新罚则。相较之下,风险刑法规定更多的是没有实害结果的危险犯,这类犯罪才是风险犯罪的主要组成部分。

在危险犯中,需要进一步区分抽象危险犯和具体危险犯。对这两种危险犯的区分,学界主要存在以下不同的主张。(1)构成要件说,即认为危险作为构成要件要素被明确规定在刑法中的危险犯,是具体危

---

① 从严格意义上讲,"实害犯的风险犯罪"的概念本身是一个悖论,因为风险犯罪本来就没有实害犯,只有危险犯。这是为了对比和分析的需要而创设的一个概念。

险犯；相反，犯罪构成中没有关于发生危险的具体表述的，则是抽象危险犯。通常而言，刑法中“足以……”“致使……危险”等表述被认为是对危险的明文规定，属于具体危险犯；而没有此类法条表述的，则属于抽象危险犯。(2)危险属性说，即认为具体危险犯是“作为结果的危险”，而抽象危险犯是“行为的危险”。结果危险是行为展现的现实状态所体现出来的危险，而行为危险是通过行为人的行为预测或推论出来的危险。(3)危险衡量说，即认为与实害犯相比，具体危险犯是可能产生实害结果，而抽象危险犯是可能产生具体的危险。具体危险犯是“实害犯的可能”，抽象危险犯则是“实害犯可能的可能”。(4)程序区别说，即认为需要公诉方积极证明危险存在的是具体危险犯，不需要的则为抽象危险犯，但允许辩护方反证危险不存在而出罪。

本书认为，刑法规范的表述承担着区分具体危险犯和抽象危险犯的功能，虽然也有学者质疑这种基于条文表述的区分方案①，但是如果立法层面的表述能够为具体危险犯和抽象危险犯的区分提供指引，那么风险刑法在新罪增设或者修正罪状时便能够在规范中精确表述，这也不失为保障明确性的一种重要方法。所谓“行为危险”和“结果危险”，其实就是危险行为与实害结果之间的距离问题。因此，无论是哪种区分理论，都应围绕实害结果与危险行为的关系展开。换言之，在立法时就应厘清是抽象危险犯还是具体危险犯，这是立法者对行为危险程度的一种表态。尽管危险程度的大小并不完全取决于实害结果与危险行为的距离，但是各个危险行为现实化的可能性需要予以区分，这种区分应当在立法时就被明确。为此，上述构成要件说是相对合理的主张。

除此之外，在风险刑法中确定是身份犯还是非身份犯，是自然人犯罪还是单位犯罪，是亲告罪还是非亲告罪等，也都具有重要意义。

---

① 参见杜文俊、陈洪兵：《质疑“足以”系具体危险犯或危险犯标志之通说》，载《中国刑事法杂志》2012 年第 2 期。

身份犯还是非身份犯的区分决定了刑法处罚对象的大小,这和危险行为的实施主体密切相关。自然人犯罪和单位犯罪也是对犯罪主体的限定,同样需要根据风险社会防控风险的需求,由立法者进行风险评估后作出决定。亲告罪和非亲告罪的区别,在某种程度上也是对行为危险程度的一种解读。一般来说,告诉才处理的犯罪为例外,主要是考虑到熟人犯罪或其他涉及个人法益的轻微犯罪;而公诉犯罪即使违背被害人意愿,也必须启动刑事诉讼程序来追求行为人的责任。风险犯罪大多是侵犯公共利益的犯罪,以非亲告罪为主。

(二)正确认定规范保护的核心法益

任何一种风险行为都一定会对法益造成某种程度的威胁,否则刑法调整的正当性将不复存在。这种威胁可能是对法益造成实质性的损害,可能是对法益造成即刻的危险,也可能是对法益造成预期的危险。无论是哪种情形,风险社会刑事立法都要首先明确行为所威胁到的核心法益是什么。只有确定了规范所保护的核心法益,才能准确认定行为的危险程度,从而为之设定合理的刑罚。

对于立法者而言,正确地判定危险行为所危及的核心法益是科学立法的重要前提。假如对核心法益的认定出现偏差,则可能导致犯罪在整个刑法中的位序不对或者难以融合的困境,进而影响刑罚的配置。例如,《刑法修正案(十一)》新增的第 291 条之二“高空抛物罪”,被安排在《刑法》第六章“妨害社会管理秩序罪”下的第一节“扰乱公共秩序罪”中。这表明,立法者认为高空抛物罪所保护的核心法益是公共秩序。值得注意的是,在高空抛物罪增设之前,对高空抛物这类危险行为的调整是依据《刑法》第 114 条“以危险方法危害公共安全罪”定罪处罚的,而该条是《刑法》第二章“危害公共安全罪”下的条文,该章内的条文所保护的核心法益是公共安全。立法者的这一调整表明,新增设的高空抛物罪以保护公共秩序为核心法益。对此,有学者认为,这是将扰乱公共秩序的高空抛物行为一并纳入刑法的调整范围,即新罪既保护公共秩序,又保护原本的公共安全。[①] 也有学者指出:这种调整并不正确,因为"高空"与公共安全才具备直接关系;而高空抛物与扰乱公共秩序并没有必然联系,因为低空抛物也能够扰乱公共秩序。[②] 本书亦不赞同立法者对"高空抛物罪"的法益选择和认定,理由如下:其一,从公共安全到公共秩序的核心法益调整,是将保护法益从更重要的领域调整到更一般的领域。这在逻辑上意味着这类危险行为的危险程度和之前相比有所降低,那么在法定刑的匹配上也应当适当降低。立法者的具体做法亦是如此,《刑法》第 291 条之二配置的法定刑是"一年以下有期徒刑、拘役或者管制,并处或者单处罚金",而原本适用的以危险方法危害公共安全罪的法定刑更重。可问题是,仅仅危害公共秩序的高空抛物行为是否有必要由刑法来调整?其二,以保护公共秩序为核心的高空抛物罪,反而造成了对公共安全的保护漏洞。将高空抛物行为所涉及的法益确定为公共秩序,降低了高空抛物行为的入罪门槛,但也将刑罚重心从惩罚危害公共安全的危险行为转移到扰乱公共秩序的危险行为。但从危险程度上看,仅仅扰乱公共秩序的高空抛物行为的危险程度与过去所调整的高空抛物行为或者刑法确实有必要介入的危险行为的危险程度有很大的距离。如此一来,对公共安全造成威胁的高空抛物行为反而会面临刑法适用的困境。

高空抛物罪的法益选择问题体现出正确认定风险犯罪所涉及法益的重要性。法益选择不精准,不仅会造成处罚范围的不当扩大,还会使真正需要处罚的危险行为无法被调整。更重要的是,犯罪涉及的法益问题直接影响个罪在刑法中的位置,继而影响其刑罚配置。不精准的法益认定会直接造成不合理的刑罚分配。例如,那些对公共安全

---

① 参见陈兴良:《公共安全犯罪的立法思路嬗变:以〈刑法修正案(十一)〉为视角》,载《法学》2021 年第 1 期。

② 参见彭文华:《〈刑法修正案(十一)〉关于高空抛物规定的理解与适用》,载《苏州大学学报(哲学社会科学版)》2021 年第 1 期。

几乎没有危险性的高空抛物行为要受到刑事处罚(过重),而真正威胁公共安全的高空抛物行为,即危险程度原本与放火罪、决水罪、爆炸罪相当的行为,所受的刑罚处罚只是"一年以下有期徒刑、拘役或者管制,并处或者单处罚金"(过轻)。因此,在风险刑法中,立法者需要事先明确,刑法准备调整的这类危险行为究竟危害到哪种法益,这将直接关系刑法打击犯罪的重心和范围。同时,受到调整的风险行为的危险程度也会因为立法者在法益选择上的区别而造成认定上的偏差。因此,科学地确定规范所要保护的核心法益是正确评估风险的重要前提。

(三)考虑行为人的主观要素

对危险程度的判断,除了客观层面的内容,还需要考虑行为人的主观要素。风险犯罪原则上均是危险犯,行为人对其实施的风险行为,主观上均是故意,但对风险行为可能造成的实害结果,则心态不一。有的风险行为,虽然没有造成实害结果,但行为人对于风险行为的实施是故意的,并且对实害结果的发生也存在故意,甚至是以损害重要法益为直接目的。例如,恐怖主义活动,多以破坏社会安宁、扰乱经济秩序、剥夺公众生命为目标,这类行为的危险程度因实施者的主观因素而给整个社会带来极大的不安全感。又如,有的不法分子利用计算机技术和网络系统等设施实施破坏行为,追求对个人、企业甚至国家的财产安全、信息安全及国防安全造成严重破坏的结果。对于这类风险行为,在危险程度的判断上可以趋重考量,并倾向于犯罪化。有的风险行为没有造成实害结果,而行为人对风险行为的实施是故意的。对于这类风险行为,在危险的判断上可以适中考量,并视情况予以适度犯罪化。还有的风险行为,不仅没有造成实害结果,而且行为人对风险行为的实施是过失的。对于这类风险行为,在危险的判断上应当予以趋轻考量,并一律予以非犯罪化。

在立法过程中,明确犯罪的主观要素,对危险程度的确定至关重要。如果对实施危害行为的主观问题都没有事先确定，那么对犯罪本身危险程度的司法认定也会存在困难，这无论是在犯罪成立问题上还是在刑罚裁量过程中，都会造成适用偏差。例如，《刑法修正案（八）》将刑法第338条“重大环境污染事故罪”修改为“污染环境罪”；原本作为典型过失犯的“重大环境污染事故罪”，在修改后却面临罪责形式的争议。概括而言，主要有以下三种学说观点：一是过失说，认为污染环境罪的主观方面延续了“重大环境污染事故罪”的主观设定，仍然为过失犯罪。① 二是故意说，认为立法已经删除了原来条文中过失的相关表述和结果要件，且将其认定为故意更能使刑法保护目的处在平衡状态，减少处罚漏洞。② 三是双重罪过说，即强调刑法修正案“去事故化”的目的，认为该罪的成立并不限于过失，还可以是故意。③

污染环境罪的主观要素争议直接导致污染环境罪在刑事司法过程中的主观认定乱象。从污染环境罪的司法判例看，法院对该罪的主观方面立场有以下四种处理模式：一是不采纳过失辩护，以故意犯定罪处罚，回避本罪是故意还是过失的责任形式问题。二是不采纳过失辩护，以故意犯定罪处罚，并认为本罪的责任形式是故意。三是采纳行为人主观过失的辩护意见，回避本罪是故意犯还是过失犯的问题。四是采纳行为人主观过失的辩护理由，但是认为本罪既可以由故意构成，也可以由过失构成。上述污染环境罪的案例表明，如果风险犯罪的主观方面不明确，将影响该罪在司法实务中的具体适用，不仅会影响犯罪成立与否的判定，而且还会影响刑罚轻重的裁量。可见，区分故意犯罪和过失犯罪，对于风险社会的刑罚分配是极其重要的。故意犯罪体现行为人对抗社会、破坏规范的主观恶性和人身危险性，也表

---

① 参见赵秉志主编：《〈刑法修正案（八）〉理解与适用》，中国法制出版社2011年版，第413页。

② 参见杨宁、黎宏：《论污染环境罪的罪过形式》，载《人民检察》2013年第21期。

③ 参见陈洪兵：《模糊罪过说之提倡——以污染环境罪为切入点》，载《法律科学（西北政法大学学报）》2017年第6期。

现出行为人实施行为时反抗法秩序、无视法律威严的心理态度。基于这种主观心态而实施的行为具有更高的危险程度。反之,过失犯罪的行为人并不存在实施危害行为的主动性,行为人只有对行为不负责任的主观心态。故意和过失最为直观地反映出行为人的主观恶性和人身危险性,这种主观要素的不同势必影响风险行为造成实害结果的可能性、危险的显见程度等。因此,明确风险犯罪行为人的主观要素,是正确考察行为危险程度的重要指标。

二、合理配置犯罪的刑罚

合理配置风险犯刑罚的前提,是正确评估风险犯罪行为的危险程度。风险刑法的刑罚配置方案应当以行为的危险程度为根据,以轻刑理念为指导原则,以立法者正确评估危险行为所可能造成的后果为基本前提。具体而言,风险刑法的刑罚体系构建可以从以下三个方面具体展开。

(一)有实害—无实害的刑罚梯度

构建“有实害—无实害”的刑罚梯度是基于风险刑法以处罚危险犯为主的目标定位。与传统犯罪中的实害犯相比,危险犯的行为并没有在客观上将风险现实化,立法者基于对公共安全的考虑而提前将这类危险行为予以犯罪化,其本质上是对个人自由的一种限制。因此,为了缓解个人自由与公共安全之间的矛盾,刑罚应当对有实害结果的犯罪和无实害结果的犯罪进行区分,在同一维度上,有实害结果的犯罪的刑罚应当重于无实害结果的犯罪的刑罚。

根据这一方案,“有实害—无实害”的刑罚梯度应当在风险刑法中得到体现:除非犯罪本身就是纯粹的结果犯,否则就应当设置至少两档法定刑,分别对应实害犯和危险犯的刑罚配置。在传统刑法的绝大部分犯罪中,实害结果就等同于犯罪结果,因此,具备实害结果是刑罚介入的前提。在风险刑法中,风险犯罪都是广义的危险犯,即没有实害结果也要受到刑罚处罚的犯罪,因而无须根据实害结果的有无来进一步作出刑罚划分。

我国刑法规定的罪名包容性相当强,通常既包括实害犯也包括危险犯,既包括既遂犯也包括未遂犯。在同一罪名下,对于没有造成实害结果的行为,应当配置相对较轻的刑罚;对于已经造成实害结果的行为,则应当配置相对较重的刑罚。二者的关系,取决于看问题的角度。如果站在前者的立场,后者相当于是前者的结果犯或结果加重犯;如果站在后者的立场,前者相当于后者的未遂犯或预备犯。对于结果加重犯,应当根据实害结果在具体法益类型和损害程度上的不同,作出相应的刑罚调整。例如,《刑法》第 338 条的污染环境罪,原本立法只设定两档法定刑,即"三年以下有期徒刑或者拘役,并处或者单处罚金"和"后果特别严重的,处三年以上七年以下有期徒刑,并处罚金"。《刑法修正案(十一)》对污染环境罪修正后,又增加了一档更重的法定刑,即"处七年以上有期徒刑,并处罚金"。具体适用条件方面,法条规定有以下四种情形:(1)在饮用水水源保护区、自然保护地核心保护区等依法确定的重点保护区域排放、倾倒、处置有放射性的废物、含传染病病原体的废物、有毒物质,情节特别严重的;(2)向国家确定的重要江河、湖泊水域排放、倾倒、处置有放射性的废物、含传染病病原体的废物、有毒物质,情节特别严重的;(3)致使大量永久基本农田基本功能丧失或者遭受永久性破坏的;(4)致使多人重伤、严重疾病,或者致人严重残疾、死亡的。这新增的四种情形及相应的法定刑,既表明立法者对各类污染环境的风险行为"零容忍"的态度,也表明立法者在刑罚配置上更加理性,有意识地区分了有实害结果的污染环境行为和无实害结果的污染环境行为。

(二)重法益—轻法益的刑罚梯度

从宏观上看,"重法益—轻法益"的刑罚梯度,是指根据风险犯罪在刑法中的具体位置，判断其所涉及的核心法益，继而根据法益类型的不同，形成整体上轻重有别的刑罚层次。根据传统的法益位阶观点，生命法益重于身体法益，身体法益重于自由法益，自由法益重于财产法益。因此，在其他影响危险程度的要素基本相同的情况下，行为所涉及法益的重要性将影响刑罚的配置。当然，这是针对行为所侵害或威胁的直接法益而言的，因为风险犯罪可能会因行为手段和方式的不同而指向不同的法益内容。以污染环境罪为例，该罪处于《刑法》第六章"妨害社会管理秩序罪"的第六节"破坏环境资源保护罪"之下，故而其所侵害的直接法益是人类赖以生存的环境和资源，但在特殊情况下，污染环境的行为也会对公众的生命、身体健康造成侵害，这就指向了新的附属法益。所以，污染环境罪的基本犯是轻罪，刑罚的配置也是相对较轻的；但该罪存在结果加重犯，应当对其予以相对较重的刑罚。

从微观上看，风险犯罪的法益侵害还具有复杂性。除了规范所保护的直接法益和核心法益外，还会因为行为人所使用的犯罪工具、手段以及其他不确定因素而发生法益侵害类型多样化、法益侵害范围扩大化、法益侵害程度变化等情况。当危险行为因行为方式、行为对象的改变使法益侵害发生实质性改变时，其行为的危险程度也被改变，相应的刑罚配置亦应作出相应调整。仍以污染环境罪为例，其最轻法定刑所对应的核心法益是环境资源法益，而最高法定刑对应的法益除了环境资源法益，还有公共安全法益，故而它们配置的刑罚幅度明显不同。

（三）高风险—低风险的刑罚梯度

所谓"高风险—低风险"的刑罚梯度，是指根据危险行为的程度不同，设置不同的法定刑。一般而言，当实害结果尚未发生时，刑罚轻重的分配只能依赖于对行为危险程度的判断。因此，根据危险程度级差来分配刑罚，是风险社会刑罚分配的主要方案。

即使是同一种犯罪,因行为方式的不同,行为与实害结果之间的距离也会有所不同。为此,其在刑罚配置方面也应不同,以体现各自行为危险程度的不同。以《刑法》第133条之一的危险驾驶罪为例,不同类型的危险驾驶罪对应不同的危险行为。飙车型危险驾驶行为、醉驾型危险驾驶行为、超速超载型危险驾驶行为、危险化学品运输型危险驾驶行为四类行为在危险方式、行为主体等方面均各不相同,在危险现实化的可能性、与实害结果的距离等方面也存在较大的差异,如果均适用同一档法定刑,就可能存在刑罚分配不均衡的问题。

由此可见,合理的刑罚分配需要考察危险行为的具体表现形式,因为采取的行为方法不同,将严重影响风险现实化的可能性,也就是改变危险程度的高低。这种情况在风险社会尤为明显,因为高新技术的发展,让部分掌握技术的犯罪人获得了更有效的犯罪工具,这些犯罪工具本身就代表着不同程度的风险。例如,利用网络进行非法集资行为的风险性较传统的线下非法集资更高,因为网络技术的特殊性决定其受害人数更多、集资数额更大、涉及范围更广。再如,利用互联网进行恐怖主义宣传活动的危害性较传统的恐怖主义宣传方式更高,这也与网络空间和网络技术的特殊性具有密切关系。另外,社会分工的发展,也会使部分群体掌握特殊的资源,其利用这些资源实施犯罪而产生的风险性,也会较没有掌握这些资源的人实施同样的犯罪更高。

总之,高风险和低风险刑罚分配的不同,源于具体的风险行为在行为工具、行为对象、行为手段、行为场景等方面的不同。同一种犯罪的不同行为类型很可能带来完全不同程度的风险,因此需要对这种风险强度进行评估,进行采取不同的风险防控力度,实现有梯度的"高风险—低风险"的刑罚配置。

第六章　风险社会刑事立法的程序保障

成文的刑法作为一种立法活动的“产品”,其产出必然要经过一定的生产程序。在风险社会背景下,立法者极易犯急功冒进的错误,无视既定的立法程序,从而导致“缺陷产品”的产生。风险社会的刑事立法,尤其要注意立法的程序保障,在制定主体、规划方案、立法调研、草案拟定、草案审议、法案公布、法案审查等方面遵循既定的程序规则。

第一节　风险社会刑事立法正当程序的意义

科学立法、民主立法和依法立法是我国立法活动应当遵循的三项基本原则。这三项基本原则的完整体现始于党的十九大报告,即“推进科学立法、民主立法、依法立法,以良法促进发展、保障善治”。科学立法在于解决立法的合规律性问题,民主立法在于解决立法的合人民性问题,依法立法在于解决立法的合法律性问题。立法科学性的实现,离不开包括民主立法和依法立法在内的两个维度的正当程序的保障。在风险社会的背景下,程序合法和民主立法对于刑事立法科学性而言尤为重要。

一、程序合法是立法科学性的重要组成部分

(一)风险社会刑事立法实体正当性存在的困境

正当性,又称合法性或正统性,是指某种事物存在的合理根据。刑事立法的正当性,是指立法者对某种危害社会的行为作犯罪化或非犯罪化的设定时,应当符合正义观念,具有内在合理的根据。[①] 从近年来我国刑事立法的内容上看,虽然其包括少量的非犯罪化,但主要还是犯罪化居多。可以说,近年来我国刑事立法已然进入立法活性化时代。这是因为,随着风险社会的到来,罪刑法定原则的刚性制约导致由社会结构变迁引发的犯罪问题无法通过解释论得到解决,立法者不得不放弃优先考虑刑法的稳定性,转而通过立法论的方式来谋求刑法的适应性。

1. 风险社会刑事立法的安全目的可能损害法益保护功能

刑法的目的是保护法益,“刑法只能保护具体的法益,而不允许保护政治或者道德信仰,宗教教义和信条,世界观的意识形态或者纯粹的感情”[②]。风险社会刑事立法服务于国家的政治安全目标,而不是具体的法益,这使法益概念丧失了其本该具有的“告诉立法者合法刑罚处罚的界限”的功能[③],即合理限定刑法处罚范围的功能。

---

① 参见高铭暄:《风险社会中刑事立法正当性理论研究》,载《法学论坛》2011 年第 4 期。

② [德]克劳斯·罗克信:《刑法的任务不是法益保护吗?》,樊文译,载陈兴良主编:《刑事法评论》(第 19 卷),北京大学出版社 2007 年版,第 147 页。

③ [德]克劳斯·罗克辛:《刑法的任务不是法益保护吗?》,樊文译,载陈兴良主编:《刑事法评论》(第 19 卷),北京大学出版社 2007 年版,第 152 页。

风险社会的刑事立法,法益不再以某种具体客体的存在为前提,而是可以表现为抽象的弥散性或精神性,即为了保障集体性的公共安全,刑法不再是在发生法益侵害的结果时介入,而是在出现抽象的侵害安全的危险时即可介入。由此,刑法中出现了越来越多的危险犯,实害犯渐渐退居其后。以《刑法修正案(七)》为例,该修正案在刑法已有非法侵入计算机信息系统罪、破坏计算机信息系统罪的基础上,新增了非法获取计算机信息系统数据、非法控制计算机信息系统罪,提供侵入、非法控制计算机信息系统程序、工具罪两个罪名。实践中,绝大多数非法侵入他人计算机系统行为的目的是窃取其中的数据信息,如网银账号、密码等金融信息,或者对他人的计算机系统进行非法控制,而实施这些行为的最终目的是通过对个人数据的非法利用牟利或者实施其他犯罪。与非法获取计算机信息系统数据、非法控制计算机信息系统相比,提供侵入、非法控制计算机信息系统程序、工具无疑是前两种行为的前端行为。换言之,在当下的网络犯罪现实情势下,通过对计算机信息系统或者数据的非法控制、获取,为继而实施的诈骗、敲诈勒索、盗窃或侵犯人身权利犯罪提供条件,是当前网络犯罪的一种惯常形态,刑事立法作出如上修正亦主要出于此种考量。[①] 故而,增设上述犯罪是作为侵犯个人法益犯罪的前置化手段的一种立法安排。由于这些犯罪行为对个人法益的侵害仅具有抽象的危险,学理上无法为其实行行为提供正当化根据,故有必要将其作为单独的实行行为予以规定。将"计算机信息系统安全"法益作为"公共秩序"等法益的亚类型,就成为相关行为犯罪化的阐释路径。与之类似,《刑法修正案(九)》增设的非法利用信息网络罪、帮助信息网络犯罪活动罪,从根本上而言,亦是对个人法益的超前保护。其实现路径是将传统诈骗罪、盗窃罪等财产犯罪的法益替换为"网络空间秩序"这一集体法益,进而将新型网络犯罪解释为对此类法益的"抽象危险",只不过其在立

① 参见黄太云:《刑法修正案解读全编》,人民法院出版社 2011 年版,第 152 ~ 153 页。

法技术的选择上还借助了预备行为实行化与帮助行为正犯化的外衣。

立法者通过以弥散性法益替代个人法益实现对后者的超前保护，或许有利于实现网络犯罪“打早打小”的政策目的，但却极易使其丧失对刑事立法的边界限定功能。面对大量的不需要实害结果要素的抽象危险犯，刑法的可罚性界限大大前移，古典自由主义的法益观在现代社会遭到了巨大挑战。尽管弥散性法益概念契合了风险社会控制风险的需要，但由于其在一定程度上丧失了传统法益的实质内容，故而呈现出抽象化、空洞化的特征。“如此的发展将动摇行为刑法、法定原则、比例原则、以个别人归责为原则的罪责原则、诉讼法上不自证己罪原则、嫌疑刑法或警察法化的干预行为，甚至在复杂的诉讼程序上必须引用协商机制。”其结果就是，“法益保护原则”也就不复存在并不再使用，而是直接用“政策上是否该罚”来决定之。[①]

2. 风险社会刑事立法的谦抑性不足可能损害自由保障功能

风险刑法为了实现预防风险的功能，主张扩大刑法的处罚范围，加重刑法的惩罚力度。但刑罚本身是剥夺犯罪人的权利，对其适用应当尤为慎重，只有在用尽民事救济、行政制裁等其他手段之后才可以选择适用刑罚。风险社会刑事立法将一些原本属于行政法或者民法调整范围内的行为囊括在内，这显然有违谦抑性原则，削弱了刑法的自由保障功能。

刑法的价值应当受宪法的约束，宪法的人权保障目的是任何时候都不可动摇的价值追求。以社会契约论和三权分立理论为基础建立起来的自由刑法，对于风险社会刑事立法的构建仍具有坐标性的借鉴意义。根据启蒙思想家的法治理念，刑法对“坏”公民的惩治应有“度”的限制，包括广度与深度。前者是惩罚范围，后者是惩罚力度，因为每一个“善”的公民都是潜在的犯罪人，刑法是犯罪人的大宪章也是

① 参见林宗翰：《风险与功能——论风险刑法的理论基础》，台湾大学 2006 年硕士学位论文，第 86 页。

善良人的大宪章。申言之,刑法与其他法之间的关系应该是“被动式”的,在序列问题上,刑法应排在最后。因此,刑法的价值定位,无论是自由刑法还是风险刑法,都应当是自由保障。正如有学者所言,“刑法不应成为社会管制、社会工程的手段,应当把刑法的目的限定在古典学派所理解的目的上面”①。然而,保护弥散性法益的风险刑法,却容易对公民自由造成不当限制。域外不少国家不惜牺牲国内公民的自由度,以迎合风险社会的风险治理,大量进行风险性刑事立法。这种立法行为带来的风险,甚至可能比风险社会的风险具有更大的危害性。特别是,对于被奉为风险刑法主角的抽象危险犯,立法者仅是依据一般的生活经验推定其具有侵害法益的严重危险,进而决定对其施加刑罚。这一做法隐藏着因推定不可靠而让行为人对不存在的危险承担刑事责任的风险,故而违反责任主义。

3. 风险社会刑事立法对危险的界定存在一定的模糊性

风险刑法关于行为危险的界定缺乏明确的标准。法律必须明确,否则其功能将无从彰显。刑法规范的不明确是刑事法治最大的“敌人”,因为不明确的条款不仅阻碍了民众的预测可能性,而且还可能引发国家刑罚权的滥用。然而在风险社会中,刑事立法却面临诸多技术上的难题。风险本身是不可估计的,人们无法准确地计算风险是否会发生及其发生的概率,从而无法精准地判断何种风险行为需要被犯罪化。

风险刑法中的危险结果也难以预见。“在风险社会中,侵害后果往往很难被估测和认定,化学污染、核辐射和转基因生物等可能引发的危害,超越目前人类的认识能力。”②因此在当前的科技条件下,往往无法估测风险刑法中的危险结果。传统刑事立法注重结果本位,刑

---

① [芬兰]基墨:《安全、风险与刑法》,江溯译,载梁根林主编:《当代刑法思潮论坛(第3卷):刑事政策与刑法变迁》,北京大学出版社2016年版,第295页。

② 劳东燕:《公共政策与风险社会的刑法》,载《中国社会科学》2007年第3期。

法理论上的危害结果仅指实害结果，而非危险结果。这种实害结果，通常是指物质性的、可以被感知和测算的损害后果。风险刑法中的这种理论要求和实际认定之间的矛盾使刑事立法在某些情况下放弃对实害结果的要求，设立独立的危险犯构成要件成为立法者的当然选择。① 结果就是，将实行化的预备行为和正犯化的帮助行为直接扩张为危险犯，成为风险社会刑事立法的一大特色。这类危险犯被称为间接危险犯，其独特性在于本体行为并不直接产生具体法益危险，而是将本体行为的相关行为产生的对法益的危险作为危险犯的根据，其预防的是直接产生法益危险的行为的发生危险。② 间接危险犯大大前置了刑法的介入门槛，比直接预防法益危险的直接危险犯更能防患于未然，因而更能满足风险防范的需要。然而，在理论上，间接危险犯面临一个关键问题需要回答，那就是在多大程度上行为主体要对尚未发生的行为或他人的行为的危险负责。基于客观主义者解释间接危险犯的观点，无论是"行为分离说"还是"危险组织圈论"，其内涵都不清楚，无法起到作为明确界定预备行为和帮助行为危险犯化标准的作用。③ 可见，间接危险犯的危险，往往是主观放大的危险。

（二）通过程序合法化解实体正当性难题

风险社会中，刑事立法的实体正当性往往面临诸多质疑和挑战；而确保刑事立法程序合法，也即遵守依法立法的原则，是化解刑事立法正当性难题的一个重要途径。因此，刑事立法程序合法是刑事立法科学性的重要组成部分。

一方面，严格遵守宪法开展刑事立法活动，是遵守立法自身规律的重要体现。法治首先是宪法之治，在检验立法刑事目的正当性的问

---

① 参见郝艳兵：《风险刑法：以危险犯为中心的展开》，中国政法大学出版社 2012 年版，第 6 页。

② 参见李川：《危险犯的扩张逻辑与正当性思考》，载《法学评论》2017 年第 3 期。

③ 参见李川：《危险犯的扩张逻辑与正当性思考》，载《法学评论》2017 年第 3 期。

题上,应当借助作为"母法"的宪法。第一,风险社会刑事立法必须以宪法为指导,也即符合宪法对于刑法功能定位的要求。申言之,在刑事立法的过程中,应当检测罪刑规范目的与宪法的兼容性。① 以《刑法修正案(十一)》新增的非法采集人类遗传资源罪为例,条文规定,对"违反国家有关规定,非法采集我国人类遗传资源或者非法运送、邮寄、携带我国人类遗传资源材料出境,危害公众健康或者社会公共利益"的行为,按照情节严重或特别严重而处以不同的刑罚。但问题在于,条文中的"违反国家有关规定"与"危害公众健康或者社会公共利益"两个要件之间,究竟是复合关系还是择一关系?对此问题的不同理解,将直接涉及本条是否与《宪法》第47条规定的"科学研究活动自由"相冲突的问题。第二,风险社会刑事立法的程序,应当严格贯彻比例原则。比例原则有三个子原则,即适当性原则、必要性原则和均衡性原则。这三大子原则之间的结构和秩序,为风险社会刑事立法的边界提供了相对客观明确的判断方法和标准。具体而言,首先,应当借助适当性原则进行犯罪化过滤,将有碍于或无助于刑法目的实现的刑罚手段判定为不适当。只有在行为造成严重的法益侵害或者危险时适用刑法才是适当的,这就为犯罪适格与否的判断提供了一个简便而具体的标准。② 其次,贯彻必要性原则,应当坚持刑法的最后手段性。对于某种危险行为,只有在民事、行政法等手段无法有效规制时,刑法才可以介入,因为"刑罚对法益的保护是以限制自由为代价的,保护措施也是最强的干预手段"③。因此,在没有事实可以证明其他法律所构筑的防线业已崩溃之前,刑法就不能违背"无先而后"的逻辑规则,将这一行为直接纳入刑法的规制范围。④ 否则,违反刑法最后手段性

① 参见陈璇:《法益概念与刑事立法正当性检验》,载《比较法研究》2020年第3期。

② 参见陈晓明:《风险社会之刑法应对》,载《法学研究》2009年第6期。

③ 陈伟、李晓:《积极主义刑事立法的理性限制:比例原则的植入》,载《河北法学》2020年第12期。

④ 参见姜涛:《比例原则与刑罚积极主义的克制》,载《学术界》2016年第8期。

的做法将造成刑事立法上的正当性危机，势必额外引起“风险社会刑法的（立法）风险”。[①] 最后，风险社会刑事立法要参照均衡性原则，以实现社会利益最大化。法益的前置化凸显了刑法的社会保护机能，但同时会对刑法的人权保障机能产生压制，因而刑法需要在充分权衡利弊的基础上，及时对社会保护与人权保障这两个机能进行调和，使之充分发挥作用。[②]

另一方面，遵守宪法和立法法所规定的程序开展刑事立法活动，同样是依法立法的应有之义。《立法法》第 5 条规定依法立法原则，即“立法应当符合宪法的规定、原则和精神，依照法定的权限和程序，从国家整体利益出发，维护社会主义法制的统一、尊严、权威”。这一规定对有权主体开展立法活动提出了程序性要求：有权主体要按照法定的立法权限立法，既不能不作为，也不能乱作为；有权主体要按照法定的立法程序立法，遵守立法程序成为立法之必备条件。[③] 刑事立法的正当性，应当以其立法程序合法正当为前提。《宪法》第 62 条将制定和修改刑事、民事、国家机构的和其他的基本法律的职权赋予全国人大；第 64 条第 2 款对通过包括刑法在内的法律作出了限制，即需要全国人大以全体代表的过半数通过；第 67 条将在全国人大闭会期间对全国人大制定的法律进行部分补充和修改的职权赋予全国人大常委会，但需要遵循不得同该法律的基本原则相抵触的规则。《立法法》第 11 条明确了关于犯罪和刑罚的事项只能制定法律，这意味着层级较低的法规和规章均不能规定与刑法相关的内容；第 17 条至第 28 条规定了全国人大立法程序；第 29 条至第 47 条规定了全国人大常委会立法程序。这些规定，均是立法机关进行刑事立法活动应当遵循的程序要求。立法机关只有在权限范围内按照法定程序行使刑事立法权，其所

---

① 参见古承宗：《环境风险与环境刑法之保护法益》，载《兴大法学》2015 年第 18 期。

② 参见张明楷：《刑法学》（上），法律出版社 2016 年版，第 22 页。

③ 参见陈俊：《依法立法的理念与制度设计》，载《政治与法律》2018 年第 12 期。

生产出来的“产品”才有合法性、正当性的保障。

二、民主立法是立法科学性的重要保障

(一)民主立法体现立法的正当性

民主立法是现代法治国家立法正当性的重要体现。以社会契约论的视角观之,国家这一共同体所具有的统一性、公共的大我、生命和意志,均源于组成共同体的成员“以其自身及全部的力量置于公意的最高指导之下”[①]。换言之,国家主权源于公民权利的让渡,民主立法则是保障这一权利让渡的目的实现的有效途径。民主立法的基本要求是立法应当反映民意、吸纳民智和保护民权,这意味着立法过程应当对公众开放,任何人都可以向立法机关表达意见。在立法过程中,如果没有设定一定的程序让公民能够表达其诉愿和呼声,而是完全由立法机关任意制定法律,则最终通过的法律将因缺乏民主的基因而沦为一种纯粹的统治工具。事实上,法律如果缺少民主基础,则必然会因为缺乏公众的认同而在实施执行时面临诸多难题。“如果人们对法律当局缺乏这种规范主义的认同,司法机关要解决各种社会问题,就只能有一个办法,那就是进行威慑,也就是说只能通过给予人们奖励或者对违法行为人进行惩罚这种工具主义的控制方法。”[②]然而,如果法律的实施仅靠外部威慑,而缺乏公众的内心信仰,则其效果必将大打折扣。

现代法治国家的立法,大多以代议制体现民主色彩。这种立法过程,是“共同体的代表聚集在一起,庄严而明确地确定与他们所有人的名字相配的共同体制和标准,并在这样做时公开承认和尊重(而不是

① [法]卢梭:《社会契约论》,何兆武译,商务印书馆2003年版,第20页。

② [美]汤姆·R.泰勒:《人们为什么遵守法律》,黄永译,中国法制出版社2015年版,第277~278页。

隐瞒)他们之间在意见和原则上不可避免的分歧”[①]。民主立法具有保障法的正当性的重要作用,所以民主立法成为现代国家立法活动的基本要求。民主立法是立法程序正义的重要体现,而程序正义为结果正义提供了重要保障。在我国,“立法权源于人民,通过提升立法的民主性,才能使立法决策更加符合人民群众需求和客观实际,改善立法质量,增进立法实效”[②]。换言之,一部法律属于良法的最根本检验标准,是其顺应广大人民的意愿,维护广大人民的利益,成为增进人民福祉、增进社会认同的最大公约数。民主立法对刑法正当性的保障具有更加特殊的意义。“刑事立法具有正当性的评价目的在于‘被大多数人认为是正义的’,为民众情感所认同,后者能够发自内心地尊重和遵守。”[③]刑法特有的罪刑法定原则之所以成为基石原则,不仅在于它要求罪刑规范实体具有正当性,同时要求罪刑规范的程序具有正当性。“罪刑法定主义由于与议会制民主主义相结合,又具有了另一种旨趣,可以说就是国民的自主规制,即犯罪与刑罚的范围是由接受刑罚的国民自己通过代表来决定的。”“如果刑法没有国民的参与,而直接由掌权者制定,那么国民在该范围内就是不自由的。但是,如果这种不自由是由国民自己决定的,那还是保留了自律这一意义上的自由。”[④]在我国立法语境下,公众参与立法,不仅包括人大代表自己直接参与立法活动,还应包括公众通过向人大代表或人大常委会提出意见的方式间接参与立法活动。

---

① [美]杰里米·沃尔德伦:《立法的尊严》,徐向东译,华东师范大学出版社2019年版,第3页。

② 任才峰:《科学立法、民主立法、依法立法的理论与实践》,载《人大研究》2019年第1期。

③ 谢俊龙、李腾:《刑法立法正当性基本原则之构建》,载《中共杭州市委党校学报》2017年第2期。

④ [日]西原春夫:《刑法的根基与哲学》,顾肖荣等译,法律出版社2004年版,第12页。

（二）民主立法是科学立法的有效保证

民主立法能够集中多数人的智慧，提升立法的科学性。有学者指出，“民主程序既是民主的内容也是科学立法的内容，还是实现科学立法的有效措施”①。民主立法是实现立法科学化的有效保证，真正的科学立法不应该脱离民主的轨道。

首先，科学立法强调立法要符合社会发展的现实需求，增进民众的福祉，而民主方式是立法反映社会需求、保障民众利益的根本方法。“立法的功能正在于通过对利益的调整，来控制或者协调各种不同的关系，把这些关系规范在立法者所希冀的坐标上，实现立法价值，协调利益需要，平衡利益关系，解决矛盾冲突。”②在实行代议制的民主国家，“对刑法制定的直接原动力是国会中议员对法案赞成与否的投票，进而是政党的统一方针、社会舆论、压力团体的行动、政治捐款等，它们构成了影响议员投票的直接或间接的驱动力”③。即便因政治体制、基本国情、文化传统等方面的差异，外界对立法的影响力会有所不同，但毋庸置疑，不同国家的立法活动均面临协调和平衡各方利益的问题。在立法中应当注重吸收代表不同阶层利益的群体的意见，寻求利益的最大公约数；而以民主的方式生产出来的“产品”，最能反映和保护民众的利益，符合社会发展的现实需求。

其次，科学立法强调立法符合客观规律。寻找客观规律并不是一个立法者闭门造车的过程，而是需要通过各种公众参与来实现。影响立法质量的因素很多，包括立法观念、立法制度、立法程序、立法技术等，但核心是民主立法。立法质量高的一个重要指标，是立法内容具

---

① 朱应平：《孜孜追求立法科学化的四十年》，载《法治现代化研究》2018 年第 5 期。

② 尹中卿：《民主立法与提高立法质量——民主立法问题研究之四》，载《新疆人大（汉文）》2007 年第 8 期。

③ ［日］西原春夫：《刑法的根基与哲学》，顾肖荣等译，法律出版社 2004 年版，第 16 页。

有科学性，符合客观规律，能够有效应对社会发展中出现的各种新情况、新问题。立法活动往往涉及多个领域的问题，立法机关虽然由民选代表组成，但这些代表基于自身所处领域的局限性，难以全面地掌握所涉领域的专业知识和客观规律。这就要求立法机关在立法过程中，应当广泛听取具有深厚理论知识的专家学者、具有丰富实践经验的行业代表以及具有真切生活感悟的普通民众的意见。只有如此才能集思广益，才能发现客观规律，从而使立法具有针对性和可行性。

最后，科学立法不是仅向专门领域的专家咨询的立法，因为这样极易因专家个人的价值偏见而影响立法质量。如果立法机关将民主立法仅定位为向专家咨询相关专业领域的知识或征求相关领域的立法建议，则将带来以下三重困境。第一重困境是，专家所掌握的专业知识可能是不可靠的，循此而制定的立法方案必然不具有可行性。现代科技的发展日新月异，这意味着专家对技术发展规律的掌握仅具有相对的科学性，而难以成为绝对的、永恒的真理。正如吉登斯所言，当今社会的现代性更为具体的风险景象之一，便是对专业知识的局限性，就采用专家原则的后果来看，没有任何一种专家系统能够被称为全能的专家。[①] 当下，专家的不可靠又被频频发现，“专家的不可靠同时削弱了人们对政府等公权力机构的信心，因为公权力机构不加选择地采用专家建议，而对公众的关注充耳不闻”[②]。第二重困境是，相关领域的专家可能会缺乏相关的科技伦理和人文素养，从而在价值立场上与保障公共利益的立法目标相冲突。当前，人工智能、基因编辑、网络技术等新技术的发展迅速，给人类社会生活带来巨大便利，但与此同时也潜藏着巨大的社会风险。在新技术的发展过程中，相关领域的

① 参见[英]安东尼·吉登斯：《现代性的后果》，田禾译，译林出版社2011年版，第109~110页。

② 何跃军：《风险社会立法机制研究》，中国社会科学出版社2013年版，第216页。

专家无疑对其发展起着主导作用,但个别专家完全可能只追求科研突破而不惜牺牲人类的共同福祉。如果立法机关只吸收这样的专家参与,无疑会导致立法出现价值偏差。第三重困境是,公权力机构与专家系统可能会基于某种利益而相互勾结,如果立法机关仅听取专家系统的意见,就可能会选择让与自己立场相同的专家发声而压制其他群体的意见。在贝克看来,“如果风险预示着决定,而我们也因此‘更加依赖专家’,那么那些‘公认的’和‘权威的’机构的发言人——如政府和军方的官员、‘武器专家’、‘安全顾问’、‘武器分析家’及其他‘战略共同体’的成员——所作的声明恐怕都可以解读成一种调整核风险的前提并使之合法化的企图”①。因此,如果民主立法缺乏公众参与,确切地说,是缺乏相当数量的公众参与,就可能出现公权力机构为了实现某一目标,寻找与其立场一致的专家论证其起草的法律草案的科学性,而不再寻求更有利于保护公众利益的立法路径。

(三)风险社会民主立法面临的挑战与坚持

对于风险社会政治的系统转型,贝克曾形象地描述:“社会变革的两个对立组织过程随工业社会的建立而交织在一起。其中一个过程是建立政治的、议会制的民主,另一个过程是在‘进步’和‘理性化’的正当化护翼下,推行非政治、非民主的社会变革。”②风险社会下,尽管现代国家仍在不断努力推进民主法治的进程,但是民主在立法决策过程中相比于工业社会而言却面临更多危机。

在风险社会中,新技术在解放生产力的同时,也推动了一种由新技术发展所主导的亚政治的形成。“当替代性社会的轮廓不再被期望

---

① [英]阿兰·艾尔温:《风险、技术和现代性:重新定位核能的社会学分析》,载[英]芭芭拉·亚当、[英]乌尔里希·贝克、[英]约斯特·房·龙编著:《风险社会及其超越》,赵延东、马缨等译,北京出版社 2005 年版,第 132 页。

② [德]乌尔里希·贝克:《风险社会:新的现代性之路》,张文杰、何博闻译,译林出版社 2018 年版,第 232 页。

出现在议会辩论或行政机构的决策中，而是出现在微电子学、核反应堆技术和人类遗传学的应用中时，那些迄今为止在政治上把现代化进程中立化的构想也就崩塌了。”[①]换言之，对于一项新技术能否发展、如何发展、发展过程中有哪些不能触碰的底线等问题，代议制立法机关在规则制定过程中事实上已经很难起到主导作用。“技术政策意义上的进步共识的制造者和承载者是工业领域的冲突双方：工会和资方。国家只在其中承担间接的任务——接收‘社会后果’并监控风险。”[②]也就是说，一项新技术的研发，资本的提供者既是其发展的主导者，也是其应用的受益者。新技术创造了资本收益的新方式，故而资本的提供者在新技术发展过程中总是支持和执行新技术的发展。至于新技术会带来哪些不利的社会后果，则非其所问。新技术的产生、发展、确认和实际投入生产应用，都是在代议制民主立法之外进行的，而它将对社会公众的利益产生重大影响。代议制立法机关由于在专业知识方面的局限性，难以对新技术领域的立法予以实质性的控制，民主立法面临严峻的挑战。

尽管如此，立法仍然是控制风险的重要手段，而民主是立法应对新型风险的有效保障。正如贝克所言，“确实，无法禁止现代生活中的风险，但是我们能够和确实应该获得的是新的制度安排的发展，这种安排能够更好地处置我们目前面临的风险”[③]。即便是在风险社会，民主的方式仍然是化解社会矛盾、分配社会风险的最佳途径。这是因为，风险及其引发的实害结果归根结底要由每个个体来承担，只有让承担风险的个体能够对风险的产生及其分配发表意见，这样的立法才

---

① [德]乌尔里希·贝克：《风险社会：新的现代性之路》，张文杰、何博闻译，译林出版社2018年版，第234页。

② [德]乌尔里希·贝克：《风险社会：新的现代性之路》，张文杰、何博闻译，译林出版社2018年版，第256页。

③ [德]乌尔里希·贝克：《世界风险社会》，吴英姿、孙淑敏译，南京大学出版社2004年版，第141页。

符合公平正义的基本要求。另外,由于风险社会的风险主要是由人类的决策产生的,所以其又是可控的。立法作为控制风险的重要手段,其运行过程中的民主作用更应当被重视。正因为新型风险由人类决策产生,所以民主可以将这些决策转化为法律并进行有效监督,从而在源头上保证人类决策行为的正确性。概言之,坚持立法的民主性,可以为风险社会背景下的立法提供正当性基础。

此外,民主立法通过沟通对话,可以有效地调和不同利益群体的主张,实现最大多数人利益的最大化。风险沟通是立法风险决策的一个核心议题,“风险沟通的社会基础乃是现代社会风险的外部性、可预测性下降,变化性增强,风险分配存在不公平现象等,这些因素促进风险沟通成为风险决策程序中的一个核心议题,对于立法中各主体的利益与价值追求具有整合功能”①。在某种意义上,法律就是社会不同利益的代表者经过沟通对话相互妥协的产物。如果立法过程重视民主作用的发挥,那么沟通对话会更加充分,由此生产出来的“产品”也就更能为公众所认同。当法律符合更多人的利益时,法律实施过程中的阻力也就更小。在风险社会下,新型风险的制造者与风险后果的承担者在价值立场上出现明显的对立;调和这种价值冲突的有效途径便是沟通对话,即以民主立法的方式寻求利益的最大公约数。

第二节　当前我国刑事立法程序存在的问题

自 1997 年《刑法》颁行以来,立法机关又多次启动立法程序,对其进行补充修改。总体来看,这些修改活动遵循了基本的程序规范,但仍存在不少值得改进的空间。

---

① 何跃军:《风险社会立法机制研究》,中国社会科学出版社 2013 年版,第 229 页。

一、立法前风险评估未成制度

在刑事立法中，立法者对于风险刑法理论的肯定集中表现为刑事立法的扩大化。以《刑法修正案（十一）》为例，此次修正的新增罪名涵盖了危害公共安全罪、破坏社会主义市场经济秩序罪、侵犯公民人身权利罪、妨害社会管理秩序罪等类型，几乎涉及社会生活和经济活动的方方面面。然而，罪名的新增势必会带来如下疑问：为何要用刑事手段对这些行为进行规制？事实上，从某种程度上来说，情绪性立法是对风险社会刑法理论的过度解读，是过分评估风险的结果。积极刑事立法针对风险可以进行适度的犯罪化，但是绝不能脱离风险的防控而假借刑事立法之名行社会治理"过度刑法化"之实。①

保障刑事立法的正当性，绝非一个单纯的口号，而应当精确地分析具体行为的风险程度。对此，有学者建议，可以借助大数据分析，以风险的科学预测与评估为基础，在整合权利保障思维的基础上进行综合全面的利益衡量。② 在科技迅猛发展的当下，运用大数据的手段对风险予以评估，不失为一种可行之策。这种基于逻辑运算与分析得出的结果，在某种程度上也许更令人信服。在风险评估模型构建的问题上，不妨利用经济学和管理学中的态势分析战略模型（SWOT理论模型），对刑事立法的优势（strengths）、劣势（weaknesses）、机会（opportunities）和威胁（threats）等影响因子进行全方位诊断，由此确定某项刑事立法是否紧迫和必要。③ 虽然对利用该模型演算出来的结论，不能直接作为立法决策的根据，但毫无疑问可以作为重要的参考。

---

① 参见何荣功：《社会治理"过度刑法化"的法哲学批判》，载《中外法学》2015 年第 2 期。

② 参见劳东燕：《风险社会与功能主义的刑法立法观》，载《法学评论》2017 年第 6 期。

③ 参见王群：《当下中国刑事立法何以谦抑化》，载《北京理工大学学报（社会科学版）》2017 年第 1 期。

二、立法中公众参与程度有限

在立法问题上,公众参与对于保证立法质量不可或缺,刑事立法亦不例外。原因在于:一方面,刑事法律的变更会直接影响公众的行为边界,法律明文禁止之处皆不可为;另一方面,风险社会的预防性立法在很大程度上是以公民自身的安危感为基础的,故应将公众的呼声纳入程序监督的考量范围。

立法过程中的公众参与,是指公民以个人或者团体的形式,以某种方法介入立法过程并对立法运行及其结果施加影响的活动,其目的在于影响立法利益的权威性分配。① 简言之,就是公众影响立法机关立法决策的活动。客观地说,目前我国刑事立法的公众参与得到相当程度的重视,但公众的参与度仍有待提高。虽然按照有关的刑事立法程序,立法者应将法律草案对外公开以征求公众意见,但实际上,由于给予公众参与的渠道相当有限,故而参与刑事立法的公众仍然为数很少,且其意见的话语分量极其微弱。这样流于形式的意见征集,实际成效寥寥。然而,在风险社会背景下,刑事立法的节奏明显加快,预防性立法占比比较大,所以如果要保障风险刑法立法程序的正当性,就应当广开言路,扩大公众在立法中的参与度与影响力。

具体而言,一方面,应当进一步贯彻开门立法的方针。目前我国已经建立相对完善的法律草案公开征集意见制度,但面向社会的征询渠道仍有待进一步扩展。原因在于,目前大部分的建议都是通过网站、电子邮件、电子论坛等方式收集的,而这些方式实际上是有准入门槛的,亦即对于不谙新媒体的公民而言,现行的意见征询方式无异于切断了他们参与刑事立法的可能性。因此,在信息时代,既要掌握新媒体技术,充分利用各种媒体渠道,提前公开刑事立法的草案及起草

① 参见徐向华主编:《新时期中国立法反思》,学林出版社 2004 年版,第 132 页。

意见,同时应当深入社区或村镇,以实地走访、座谈会等方式征询意见,并且及时反馈听取意见的结果。另一方面,在刑事立法的过程中,应当给予民众充分的讨论时间。以《刑法修正案(十一)》为例,草案一次审议稿网上征求意见时间为2020年7月4日至2020年8月16日,仅为45日;草案二次审议稿网上征求意见的时间为2020年10月22日至2020年11月19日,仅为30日;草案三次审议稿,没有在网上征求意见。可见,此次修改的速度十分迅速。但问题在于,自草案一次审议稿发布之日起,针对此次修法的争议便不绝如缕,对于许多罪名的增设、罪状的修改、法定刑的变更等问题,均存在较大的分歧。对此,需要给予充分的时间辩论和沟通。仅一个月左右的征求意见时间,显然过于短暂,各种观点不能达成统一意见,征集来的观点亦来不及消化吸收,故而公众参与度实际上是不高的。

三、立法后实效评估未能开展

进入后工业社会,法律的更新频频加快,但社会的发展变化更快。这导致法律在通过的那一刻起,便已经落后于时代。这是法律天生的滞后性缺陷。为弥补这一缺陷,有必要设计一种机制来发现并弥补法律规范和社会现象之间的差距。为此,除在立法前和立法中强调对刑事立法的正当性予以程序保障外,对已经完成的刑事立法正当性的审查也应当构建一种常态化的程序。风险社会的刑事立法只有被限定在某种先在的框架之下进行,才能免于恣意立法、随意立法的诘难与可能导致的弊端。这种限定不仅应当存在于立法过程中,还应当存在于法律开始运行后的任何时期。这种先在的框架,“必须借助合宪或违宪的符码来运行,而不能直接将经济、道德等其他类型的符码作为判断标准”①。将宪法作为检验刑事立法正当性的标准,可以充分地

---

① 李忠夏:《合宪性审查制度的中国道路与功能展开》,载《法学研究》2019年第6期。

容纳风险刑法的立法要求。“我国现行的依宪治国实际上具有容纳现实基本要求的灵活的机制，现实的合理要求有可能通过体制的自身运行得到满足。”[①]因此，在法秩序内寻求刑事立法的根据对法整体的统一具有重要意义。这不仅促进了宪法的现实化，也保证了刑法的正当性。将推进合宪性审查作为对法律之有效性检验的常态程序是其中至关重要的一步。

宪法作为最抽象的根本法，承载着最大限度的解释功能。宪法应当将自身定义为与社会共同体共同发展的流动概念，而所有部门法的规范法条与社会现实的对照，都应在与宪法的来回审视中找到生动的注解。但这种审查不是一种对过去的立法行为的追溯，而是对存在于当下的法律与当下的社会的审视。它不以追究责任为目的，而以调整社会规范机制为目的；它并非以面向过去为目标，而是着眼于当下与未来。宪法的抽象性既然包含了对一切合理要求的容纳度，必然也预设了失去时代背景的罪名是不符合宪法要求的。宪法的权威在于实施，每个部门法的立法和执行都是宪法实施的体现。因此无论是出于维护宪法权威的要求，还是保障刑法正当性的要求，都需要对刑法的合宪性进行常态化审查。总而言之，因为刑事政策并非外在于实证法，而是以宪法为实质来源，因而“刑事政策的宪法化有助于消除刑事政策的模糊性，缓和其对实证法体系的冲击，补强其批判立法的功能”[②]。在刑事法律施行的一段时间后，通过启动合宪性审查来重新检视立法必要性和立法实效性，实属必要。我国当前刑事立法具有显著的活性化特征，自 1997 年《刑法》颁布以来，已有 1 个单行刑法和 11 个刑法修正案对其进行了大量修改和补充。然而，这些修改和新增的罪刑规范在施行的过程中实效如何、是否符合宪法精神，却缺乏相应

① 参见韩大元：《社会变革与宪法的社会适应性——评郝、童两先生关于“良性违宪”的争论》，载《法学》1997 年第 5 期。

② 张翔：《刑法体系的合宪性调控——以“李斯特鸿沟”为视角》，载《法学研究》2016 年第 4 期。

的评估,这显然不利于刑事立法的提质增效。

第三节　对我国刑事立法程序的完善建议

在风险社会,行为的危险程度是判断其危害性及是否需要刑法规制的根本因素。对行为危险程度的判断,是实在主义和建构主义的辩证统一。在不同群体对同一行为的危险程度具有不同认知的情况下,正当的立法程序能够有效地消弭关于风险刑法正当性的分歧。风险刑法的刑罚目的在于积极的一般预防,这种特性要求其在立法程序上应当更加严格。构建正当的风险刑法的立法程序,必须遵循“明确权限”“依法立法”的基本原则,对提案、审议、公布、评估等各个阶段认真贯彻实施。

一、刑事立法程序的基本原则

(一)明确全国人大常委会的立法权限

就刑事立法而言,立法主体是全国人大及其常委会。根据《立法法》第 10 条的规定,刑法作为国家的基本法律,应当由全国人大制定和修改,全国人大常委会只能在全国人大闭会期间对其进行部分补充和修改。然而,何为“部分补充和修改”,法律并未进一步明确。有学者认为,“部分补充和修改”是指对刑法等基本法律进行的非重大权益剥夺型修改,而不包括对重大权益的剥夺型修改。[①] 按照立法惯例,关于重大权益的剥夺,基本规定在《刑法》总则部分,如刑罚的种类,刑罚

---

① 参见王志祥、融昊:《〈立法法〉中立法权限与立法程序规定的贯彻问题——以〈刑法修正案(八)〉和〈刑法修正案(九)〉为基础的分析》,载《铁道警察学院学报》2018 年第 1 期。

的裁量，缓刑、减刑、假释的适用等，《刑法》分则的条文大都不涉及重大权益的剥夺。如果按照上述学者的观点，《刑法修正案（十一）》第1条对刑事责任年龄的有限下调，已经属于对公民权利的重大剥夺，超出了“部分补充和修改”的范围，应当由全国人大而非全国人大常委会制定。据统计，自1999年《刑法修正案》至2020年《刑法修正案（十一）》，全国人大常委会对《刑法》的修改已经多达200余条，累计修改比例超过50%，包括降低刑事责任年龄、死缓限制减刑、职业禁止、禁止令等总则内容，其职能已经很难用“部分补充和修改”来界定。

就风险刑法而言，其主要创设的规范是对尚未发生实害结果的危险行为的禁止，大多数情况下并不涉及对公民重大权利的限制及剥夺。如《刑法修正案（十一）》中关于药品安全、野生动物保护等方面的规定，这种类型的立法程序可以由全国人大常委会提起。但是，随着危险的严重化以及风险刑法的扩张，如涉及对公民重大权利的剥夺，相应的修改程序必须由全国人大提起，而不能由全国人大常委会提起。为此，本书主张，一个新的刑法规范是否属于对《刑法》的“部分补充和修改”，以该规范是否涉及“重大权益的限制或剥夺”为判断标准，基本是可行的，而不能简单地以该规范是规定在《刑法》总则中还是《刑法》分则中而定。对《刑法》总则的修改也可能是对犯罪人权益的保障而非剥夺，如《刑法修正案（八）》关于老年人犯罪从宽处罚的规定；对《刑法》分则的修改也可能涉及对犯罪人重要权益而非一般权益的剥夺，如《刑法修正案（九）》关于贪污犯罪死刑缓期执行终身监禁的规定。申言之，对“部分补充和修改”的判定，不能看刑法规范的存在形式，而应看其规定的实质内容。

另外，对危险程度较难判断或存在较大争议的行为犯罪化时，亦应由全国人大启动立法程序。风险刑法是针对未来的具有不确定性的风险采取的积极预防措施，而非对已经造成实害结果的既定行为的处罚。如果采用现有的技术手段，也不能合理预估某种行为可能产生实害结果的概率及其程度，则应允许在决定是否动用刑法规制时留下一定的可变空间。因此,对于风险刑法的立法是否属于“部分补充和修改”,应当持相对审慎的态度,在不能判明的情况下,将该项立法程序交由全国人大而非全国人大常委会启动,可能更符合宪法关于立法权限的分配原则。

(二)立法机关的立法活动应当坚持依法立法

关于全国人大常委会表决法律案的程序问题,《立法法》有相对“柔性”的规定。其第 32 条第 1 款规定了“三审交付表决原则”,即“列入常务委员会会议议程的法律案,一般应当经三次常务委员会会议审议后再交付表决”。第 33 条规定了“特别交付表决原则”,即“列入常务委员会会议议程的法律案,各方面的意见比较一致的,可以经两次常务委员会会议审议后交付表决;调整事项较为单一或者部分修改的法律案,各方面的意见比较一致,或者遇有紧急情形的,也可以经一次常务委员会会议审议即交付表决”。综合这些规定,可以将全国人大常委会表决法律案的程序概括为“三审交付表决为常态、二审交付表决为例外、一审交付表决为例外的例外”。

刑法修正案是目前我国刑法修改的基本模式,但对其交付表决应当采用三审交付还是二审交付抑或一审交付,法律本身没有规定,实践中具体操作不详。从近年来全国人大常委会仅公布刑法修正案草案一审稿和二审稿的做法来看,其似乎采用的是二审交付表决原则。本书认为,鉴于刑法修正案是对刑法这一基本法律的修改,即使不能做到全部由全国人大启动立法程序,至少在法律案交付表决时应当做到三审交付。换言之,对刑法修正案的交付表决程序,宜一律坚持三审交付原则。

这是因为,立法是一项非常精密的技术性工作,虽然《立法法》第 32 条第 1 款的表述采用了“一般应当”的表述,似乎表明“三审交付表决”原则并不是刚性的立法程序要求,但基于刑法系最严厉的规制手段这一特性,其在立法过程中应当最严格地遵循立法的各项程序性要求,坚持所有的刑法修正案均执行“三审交付表决”原则。特别是,在风险社会背景下,作为核心要素的“危险”在发生的可能性、危害结果的严重性等方面均具有不确定性。这意味着在风险刑法的立法过程中,需要考虑多方面因素,对立法的必要性、可行性、实效性等进行充分预测和评估,而坚持三审程序有利于保证这种预测和评估的相对准确性。

综上所述,风险刑法如要通过立法程序获取正当性,首要前提是在适格的立法主体的主导下严格依照《宪法》和《立法法》的相关规定展开立法工作。特别是,《立法法》中的“柔性”规定应当被最严格地掌握,在条件允许的情况下采用最严密的程序方案。

二、刑事立法程序的完善路径

(一)提案阶段:重视立法预见性,提高提案质量

刑事立法程序的启动,自刑法修改提案提出为起始点。在风险刑法的立法程序上,如果提案本身不完美,则即使程序上完全合乎规定,也难以为其正当性增色添彩。就风险刑法自身而言,其立法的规范目的主要针对的是风险行为的禁止;然而就目前的刑法修正状况来看,行为犯(相当于抽象危险犯)的主要修正方向属于补漏型修正,比例高达85.7%,相较以拓展型修正为主的危险犯(指具体危险犯)和结果犯而言呈现出明显的差异性。[①] 从中可以看出,在传统的结果犯的具体危险犯的立法方面,立法者修正刑法的主要目的在于拓展刑法规制的范围;而在抽象危险犯方面,立法者主要是针对既有的条文进行修改。这从侧面反映出,立法对于风险社会中多变的犯罪行为以及多样

① 参见黑静洁:《刑法修正案之立法质量的实证考察》,载《中国刑事法杂志》2010年第5期。

化的风险缺乏足够的预见性，未能很好地掌握风险社会中行为犯的独特规律，因而刑法修正较为被动。这种立法模式还存在一个悖论，即风险社会刑事立法的目的在于通过对危险行为的禁止来维护公共安全，是一种前置性的处罚措施，如果该立法需要通过事后的修正才能完善，则其立法的必要性便大打折扣了。因此，作为刑事立法程序的前端，提案这一行为本身也应当具有一定的前瞻性和预见性，避免法律通过后又朝令夕改。

根据《立法法》第29条、第30条的规定，有权向全国人大常委会提出法律案的主体包括国务院、中央军事委员会、国家监察委员会、最高人民法院、最高人民检察院、全国人大各专门委员会以及10人以上的常委会组成人员。这些主体主要是层级较高的国家机关，其对于突出的社会问题以及我国目前的法律动向有着比较深入的认识；但是在刑事立法领域，每次修正案的出台基本上都是被动立法的结果。[①] 以洗钱罪为例，最初《刑法》中洗钱罪的上游犯罪仅包括3种，随后在《刑法修正案（三）》增加1种，在《刑法修正案（六）》中又增加3种。实际上，这些上游犯罪的类型在刑法制定之初就已经存在，只是立法预见性的欠缺导致立法者在后来的立法活动中多次补漏。这种被动修正的现象在结果犯方面产生的不良后果尚可被接受，但就风险刑法侧重规制的危险犯而言，则会导致其事前预防功能的丧失。

另外，这也反映出风险社会中列举式立法的弊端。列举式立法虽然对处于法律控制范畴的行为描述较为精准，便于司法对照适用，但是容易滞后于社会发展，不能与日益发展的社会生活相协调。以《刑法修正案（十一）》为例，在风险刑法的立法方面，其采用的也大都是列举式的立法模式。例如，新增的妨害药品管理罪列举了四种犯罪行为类型，即“生产、销售国务院药品监督管理部门禁止使用的药品的”“未取得药品相关批准证明文件生产、进口药品或者明知是上述药品

---

① 参见郭泽强：《从立法技术层面看刑法修正案》，载《法学》2011年第4期。

而销售的”“药品申请注册中提供虚假的证明、数据、资料、样品或者采取其他欺骗手段的”“编造生产、检验记录的”,但却没有将药品运输、药品研发等阶段的不法行为纳入。然而,从风险社会的视域来看,这些阶段的行为在危险的实现可能性及危害后果的严重性方面未必小于立法规定的四种行为类型,未将其纳入明显是一种立法疏漏。例如,引发公众广泛关注的假疫苗系列案件,其实主要是在研发环节没有遵守有关的管理规范。

因此,在提出法律案的阶段,最高人民法院、最高人民检察院等国家机关应当在充分总结实务中的案件类型及其暴露出的社会治理问题的基础上,发挥主观能动性,对可能产生风险的行为进行全方位的预测和评估;全国人大常委会委员应当主动贴近基层,展开多方面的调研活动,倾听其所代表的选民以及有关群体的呼声和意见。通过国家层面与个体层面的有机配合,确保在风险刑法的提案阶段能够提出具有预见性的法律案,从而为刑事立法提供一个良好的开端。同时,在立法的模式选择上,如果依靠现有的技术手段无法判明危险行为的具体形式,可以选择弹性较大的概括式立法,之后再通过司法解释予以进一步明确,进而避免法律案通过之后的频繁修改,影响刑法的安定性。

(二)审议阶段:充分发挥讨论机制的功能,顺应民意而不屈从民意

风险刑法面临的正当性问题的核心在于,风险社会的刑事立法存在诸多技术性难题,如对行为危险程度的评估、损害后果的计算、处罚幅度的选择等。对这些问题作出令人信服的解答,是刑事立法具有正当性的关键。但正如有的学者所言,在风险社会中,无论是行为的危险还是危害结果,抑或是传统的因果关系证明,都存在难以攻克的技术性难题。[①]

---

① 参见高铭暄:《风险社会中刑事立法正当性理论研究》,载《法学论坛》2011 年第 4 期。

在实体层面的争议无法彻底解决的情况下，通过程序为刑事立法的正当性提供依据，就成为另一条解决问题的路径；而其中立法审议阶段的工作，则成为重中之重。

法律案审议的核心，在于充分发挥讨论机制的作用。在以风险为特征的当代社会中，社会的风险性质使刑法成为管理不安全性的控制工具，风险成为塑造刑法规范与理论的重要社会力量；而这种社会力量往往以公共政策为媒介，后者由此成为刑法体系构造的外在参数。风险社会的本质决定抽离公共政策的分析模式无法真正认识现代刑法。[①] 一方面，公共政策本身相较于刑法具有社会性与公共性的特征，脱离了社会公众支持的公共政策将成为无法实施的空中楼阁。另一方面，风险刑法对立法者提出了更高的技术要求，而立法者本身不可能对科技、经济、社会、环境等各个学科都具有丰富的知识和深刻的洞见。因此，风险社会刑事立法应当是开门立法，要充分发挥公共政策的媒介作用。

第一，打造开放的平台，为社会各类群体参与决策提供途径。风险社会中，风险的广泛存在不仅要求国家机构，同时要求公司、企业、社会组织、人民团体等公开有关信息及决策过程，因为一个功能全面、性能良好的公共平台有利于提升立法决策的质量。例如，在环境领域的刑事立法中，民众与污染企业之间往往存在严重的信息不对称问题。如果这一问题不先解决即展开立法讨论，非但达不到预期的效果，反而可能影响立法者对于现实状况的判断。一个良好的信息联动平台，可以为各方讨论风险刑法中的价值冲突问题提供媒介。即使各方最终无法达成共识，但对价值选择问题的充分探讨，不但可以摒弃明显欠缺立法必要性的法律案，而且可以减轻民众对于风险刑法的质疑。通过充分的沟通和交流，各方主体都能了解所涉领域存在的风险状况，即使对这种危险是否需要刑法规制存在观点分歧，这种商谈程

---

① 参见劳东燕：《公共政策与风险社会的刑法》，载《中国社会科学》2007 年第 3 期。

序本身的严谨性也能增加各方主体对立法正当性的认同。

第二,重视技术专家的意见,但不能简单盲从。风险刑法的正当性难题的来源之一,是技术的局限性。在风险社会中,对行为的危险程度的判断往往涉及自然科学的技术领域,法学、政治学等社会学科在这方面反而贡献有限。这就要求立法者要正确地对待技术专家的意见。一方面,立法者要高度重视技术专家的意见。相较于立法者而言,技术专家对各自学科领域的专业问题在知识储备上更具优势,如在食品药品安全领域,某种食品添加剂是否会导致损害人体健康的结果,某种食品处理行为是否会导致食品污染或变质等问题,食品领域的技术专家显然更具有发言权。另一方面,立法者也不能简单盲从专家意见。"知识分子和他们所创造的知识一样,不受地域和共同体传统的限制,与他们的知识一起享有治外法权。"[①]虽然现代科技发展日新月异,社会分工日益精细,但毋庸置疑,客观世界中仍有相当大的区域尚未被人类透彻地理解和掌握。换言之,即使是技术专家,也有其认识盲区,即便是在其擅长的专业领域。更何况,在有的情况下,专家还存在道德风险问题,即基于利益原因而有意出具不具有客观性的专家意见。因此,对于技术专家的意见,立法者应当辩证地对待,理性地吸纳。

第三,充分听取民众意见,但不能无条件屈从民意。一方面,符合民意的法律具有更强的实效性。刑法作为一种社会控制工具,只有满足并符合当时社会基本特征的要求,才能从社会中、从一般民众处获得普遍遵守的力量。刑法也唯有时刻关注民众的所思、所想、所愿,才能不断修正自己的方向,与社会共同进步。[②] 在风险社会背景下,某种行为是否需要刑法规制有时难以获得统一的答案。在这种情形下,如

---

① [英]齐格蒙·鲍曼:《立法者与阐释者:论现代性、后现代性与知识分子》,洪涛译,上海人民出版社 2000 年版,第 6 页。

② 参见许发民:《风险社会的价值选择与客观归责论》,载《甘肃政法学院学报》2008 年第 5 期。

果在立法程序上没有充分考虑民意，贸然强行通过法律案，则将导致风险刑法在实施过程中与民意发生激烈冲突，甚至可能会受到重重阻碍。另一方面，立法者又不能迁就民意。立法审议过程虽然要通过广泛的民意来强化程序的正当性，但立法者必须秉持基本的立法价值的判断，切不可被民意裹挟。风险刑法基于自身的特性，往往难以获得全体民众的支持，故而立法者应当冷静地辨识民意，客观地分析民意，理智地对待民意。最为理想的方案是，在立法过程中顺应民意的同时引导民意，强化民众对于风险刑法的认同感和信赖度，利用开放、透明、公开的程序减少民众对风险刑法的怀疑。

第四，严格遵守“三审交付表决原则”，避免因追求效率而损害程序的严谨性。《立法法》规定的“三审交付表决原则”是对立法审议阶段的程序性要求，风险刑法以危险为行为规制的根据的特点，决定了其立法过程更应严格遵守这一原则。诚然，在风险社会中，瞬息万变的危险行为对立法效率提出了更高的要求，但是如果立法本身是缺乏正当性的，那么高效的立法只会带来更大的社会负效应。因此，严格依照《立法法》的程序要求，对法律案进行全面细致的审议，雕琢打磨最适合社会发展状况的法律规范，是通过程序保障刑事立法正当性的必由之路。

（三）公布阶段：合理确定法律生效日期，给予民众消化时间

关于刑法修正案的生效时间的规定，主要有以下两种方式：一是自公布之日起即生效，如第 1 个至第 7 个以及第 10 个刑法修正案；二是明确规定法律生效的时间，如第 8 个、第 9 个、第 11 个刑法修正案。这种阶段性的转变存在历史性的原因。在《刑法修正案（八）》出台之前，全国人大常委会对《刑法》的修改比较简单，修改的条文数量也比较少，如《刑法修正案（二）》只有 1 个条文；但是自《刑法修正案（八）》以来，刑事立法对于《刑法》的修改内容大大增加，如《刑法修正案（十一）》就有 48 个条文，并且涉及降低刑事责任年龄等重大事项的修改

内容。正如有学者所言,刑法修正案虽然不是一部完整的法典,但也是一种立法活动,其中包括新罪名的设置,原有罪状的修改,而这些往往与人们的生命、自由等切身利益相关,必须加以慎重对待。[①] 因此,给予民众一定的时间来消化、学习《刑法》的最新规定,正是慎重对待的表现。

在风险刑法的规制策略中,人们往往是因为实施了某种特定行为受到处罚,而不是因为这些行为造成了实害结果而受到刑罚。这种规制模式使刑法更广泛地介入公民的个人生活。申言之,风险刑法中许多罪名系由行政违法行为转化而来的,属于行政犯。为了让民众接受这种转变,需要一定的时间告知民众,让民众知悉。即使立法过程的审议阶段是严谨合规的,刑事立法也要通过程序获取正当性。另外,还需要这种立法程序能够充分给予民众对于自身行为属性的预测可能性。如果在公民没有足够时间了解刑法规定的内容且尚未对行为产生合理预期的情况下就让其承担刑事责任,显系"不教而诛",也与罪刑法定原则相悖。因此,通过程序为刑事立法公布与生效时间设置一个合理的缓冲期,让民众拥有充分的时间来学习、消化刑法规定,是风险刑事立法程序中的重要一环。

(四)立法后:完善立法后评估机制,及时总结经验教训

一般而言,法规范在公布并生效后,立法程序即告终结。但是,在风险社会刑事立法领域,基于风险的多变性以及风险刑法本身的正当性难题,事后的立法评估程序是必不可少的。

在风险刑事立法领域,重点应当对立法的必要性进行评估,原因在于现阶段我国风险刑事立法的趋势是将原来由行政法规规制的违法行为纳入刑法的规制范畴。这样做的理由,显然在于立法者认为这

---

① 参见卢勤忠:《我国刑法修正案立法的问题及对策》,载《南京大学学报(哲学·人文科学·社会科学版)》2009年第3期。

种类型的违法行为一旦发生,会对公共安全造成巨大威胁。但是,这种行为的危害性究竟如何,依照现有的技术手段很可能是无法查明的,而如果在实践中证明这些行为尚不至于达到与刑法所规定的其他类似行为相匹配的危害程度,对该行为动用刑罚就欠缺正当性。因此,即便立法程序符合法律要求,但如果事后证明这种立法无法实现犯罪化的目的,也就无法为刑罚权的扩张提供合理依据。为此,在刑事立法领域有必要推行立法后评估机制。具体而言,在新设刑法规范生效后:从纵向上来说,地方司法机关应当汇总一定期限内相关案件发生的频次、造成的危害后果等数据,定期向国家司法机关报送;从横向上来说,司法机关应当与行政机关加强信息联动,将这类案件的各项指标与行政违法的案件数据进行对比。在此基础上,由立法机关评估特定的罪刑规范的增设或修正是否具有必要性和实效性。

综上所述,通过正当程序为风险社会的刑事立法的正当性证成,需要做到:一方面,应由适格的立法者,即全国人大及其常委会发起;另一方面,应严格遵守立法法规定的立法程序,尤其是要严格适用“三审交付表决原则”。具体而言,在提案阶段,法律案本身需要具有前瞻性,能对当前的社会现状作出合理的预期,避免“无效立法”的出现。在审议阶段,应当构建开放便利的讨论平台,让社会各界及时了解法律草案的内容并积极参与讨论;同时立法者应当对草案进行严密的论证,切不可为追求立法效率而匆忙将草案提交表决。在公布阶段,应当采用“公布后一段时间生效”的模式,给予民众理解并消化该法内容的时间。在事后评估阶段,应当着重评估该项立法的必要性、可行性和实效性,对于没有必要动用刑法手段规制的行为,应当及时进行相应调整。

第七章　风险社会刑事立法的实效评估

自1997年《刑法》施行以来，对其立、改、废、释就一直没有停止过。特别是，《刑法修正案（八）》、《刑法修正案（九）》和《刑法修正案（十一）》对《刑法》进行了大规模修改，或直接增设新的罪名，或修改现有罪名的构成要素，或提升现有罪名的法定刑。对这些新增或修改条款的必要性和实效性评估，是科学刑事立法必不可少的一项重要工作。对于刑事立法的评估，学界关注甚少。但最近有学者敏锐地发现了这一问题，认为应当在刑法领域积极建构刑法规范科学性评估机制，具体评估方案可以分为立法前刑法规范科学性的预期评估和立法后刑法规范科学性的评估两种类型，并初步确立了各自的指标体系和评估值。[①] 本书认为，这一主张是颇有见地的。刑事立法评估不仅将是刑法领域的一个新的学术增长点，而且必将极大地推进刑事立法质量的提升。

---

① 参见姚万勤：《从盲目到评估：克服刑法规范科学性不足的另一种尝试》，载《法治研究》2018年第3期。

第一节 危险驾驶罪条款的立法评估

2011 年,《刑法修正案(八)》增设了危险驾驶罪,首次以刑罚手段规制飙车型和醉驾型两种危险驾驶行为。2015 年,《刑法修正案(九)》又对该罪进行了修改,增加了客运超载超速型和危险化学品违规运输型两种危险驾驶行为。作为应对风险社会的经典罪名,危险驾驶罪的增设一直饱受争议,故我们亟须对其实效性予以评估。

一、增设危险驾驶罪的立法动因

(一)增设危险驾驶罪的原因

《刑法修正案(八)》之所以增设危险驾驶罪,其原因可以归纳为以下三点:

第一,飙车、醉驾等危险驾驶行为已经严重威胁到公共安全。国家统计局发布的数据显示,2009 年全国共发生交通事故 23.8 万起,造成 6.8 万人死亡,27.5 万人受伤,直接财产损失 9.1 亿元。[①] 交通事故发案数量逐年上升,成为威胁公民生命与身体健康的重要风险。加之杭州胡某飙车案、成都孙某铭醉驾案、南京张某宝醉驾案等重大恶性案件的发生,造成了恶劣的社会影响,促使立法者决定对具有高度危险的违章驾驶行为予以犯罪化。

第二,行政法手段和运动性执法,无法有效治理危险驾驶行为。长期以来,对于飙车、醉驾等违章驾驶行为,一直是采用行政处罚予以

---

① 参见《2009 年国民经济和社会发展统计公报》,载 http://www.stats.gov.cn/tjsj/tjgb/ndtjgb/qgndtjgb/201002/t20100225_30024.html,2021 年 3 月 30 日最后访问。

规制。但是,罚款、拘留等行政处罚存在最高阈值,因而惩戒力度低,威慑力有限。实践中,虽然公安机关有时采取专项执法活动也能取得较好的整治效果,但却难以持续。例如,自 2009 年 8 月开始,公安部在全国开展集中治理酒后驾车专项执法行动。数据显示:自 2009 年 8 月 15 日至 9 月 15 日,全国共查处酒后驾驶违法行为 65, 397 起,其中醉酒驾驶 10, 711 起,分别比上一年同期上升 86% 和 91%;但因酒后驾驶发生的交通事故仍达到 320 起,死亡 118 人。[①] 这种状况表明,单纯依靠行政处罚,在根治酒驾等危险驾驶行为上确实存在威慑不足这一瓶颈问题。

第三,现有的罪名体系,均难以合理囊括危险驾驶行为。实践中,对于飙车、醉驾等违章驾驶行为,如果发生重大交通事故造成严重后果,通常是以交通肇事罪论处。及至 2009 年 9 月 15 日最高人民法院下发《关于醉酒驾车犯罪法律适用问题的意见》,规定对“二次相撞”(指醉驾肇事后继续驾车冲撞,造成重大伤亡的情形)应以危险方法危害公共安全罪定罪量刑。然而,无论是以交通肇事罪还是以危险方法危害公共安全罪论处,均是以飙车、醉驾等违章行为造成实害结果为前提,否则难以入罪。换言之,对于飙车、醉驾等危险驾驶行为,只有造成严重后果的部分,才可以纳入刑法评价;而对于那些没有造成严重后果的部分,则无法予以刑法评价。因此,如果要将没有造成严重后果的飙车、醉驾等危险驾驶行为也纳入刑法的调整范围,只能单设罪名。

(二)扩容危险驾驶罪的原因

《刑法修正案(八)》增设的危险驾驶罪,在规制飙车类和醉驾类危险驾驶行为方面发挥了重要的作用。但是随着社会生活的发展与变化,其他类型的危险驾驶行为的危害性也开始凸显出来。据统计,

---

① 参见《醉酒驾车写入刑法面面观》,载《人民法院报》2010 年 8 月 19 日,第 2 版。

2011 年至 2014 年全国发生的交通事故中，涉及营运客车超载事故共 1946 起，死亡 1289 人，受伤 6173 人；其中，造成 10 人以上死亡的重特大交通事故中，客运车辆超载的情况占 27.2%。同一时期，全国校车、营运客车超速违法导致的交通事故共 6649 起，死亡 2891 人，死亡 10 人以上的重特大交通事故中因校车、客运车严重超速导致的情况占 53%。此外，2011 年至 2014 年全国发生特别重大道路交通事故 5 起，其中有 3 起涉及危险化学品运输。①

面对上述的严峻形势，《刑法修正案（九）》对危险驾驶罪及时扩容，扩大其适用范围。具体修改之处包括：一是增加了危险驾驶罪的行为类型，在原有的飙车和醉驾两种类型之外，又增加了客运超载超速型和危险化学品违规运输型两种类型。二是拓宽了受罚主体，明确规定对于新增的两类危险驾驶行为，负有直接责任的机动车所有人、管理人均应承担相应的刑事责任。

二、增设危险驾驶罪的反对观点

（一）对危险驾驶罪单独设罪的质疑

关于危险驾驶罪单独设罪的必要性，在社会层面鲜闻有质疑之声，但在学界存在严重的撕裂现象。虽然有不少学者对单独设罪持肯定态度，但也有相当一部分学者并不认可。无论是在《刑法修正案（八）》通过之前还是通过之后，始终有学者批评危险驾驶行为犯罪化是立法的一大败笔。归纳起来，反对者的观点主要包括：其一，认为危险驾驶罪在行政层面予以规制即已足够，而刑法应当坚守谦抑原则。醉酒驾车已经是一种行政违法行为，完全可以依靠治安处罚的方式来

① 参见刘子阳：《权威披露典型危险驾驶行为特点》，载《法制日报》2015 年 12 月 2 日，第 4 版。

规制。[①] 其二,认为现有的罪名体系能够有效规制危险驾驶行为,如将醉驾、飙车等以“以危险方法危害公共安全罪”论处,故而没有必要增设新的犯罪。[②] 其三,认为危险驾驶行为入刑,将导致选择性执法的困境。因为醉驾、飙车等危险驾驶行为发案率高,而司法资源有限,故只能采取选择性执法策略,而这必然有损法律的权威性。其四,认为严惩危险驾驶行为,浪费了宝贵的司法资源。实践中,全国各级法院审理的刑事案件中,危险驾驶罪已经高居榜首,成为“司法第一大罪”。司法机关为查处危险驾驶案件,投入了大量的司法资源,成本与收益严重失衡。

(二)对危险驾驶罪条款设计的质疑

在危险驾驶罪单独设罪已是既成事实的前提下,一些学者不再对“是否有必要增设危险驾驶罪”的话题展开讨论,而是质疑危险驾驶罪的构成要件和刑罚配置。

首先,认为飙车型危险驾驶罪的罪状缺乏明确性。飙车型危险驾驶罪条款中有两个核心构成要素,即“追逐竞驶”和“情节恶劣”,但这两个要素存在定义不清和界限不明的问题。有学者认为,追逐竞驶是指行为人驾驶机动车超速行驶、随意追逐、频繁超越其他车辆、突然并线等危险行为。[③] 但最高人民法院公布的指导案例指出,追逐竞驶是指行为人出于炫耀车技、随意与他人比拼车技、寻求刺激或者其他不法动机,在道路上不停变道、快速行驶的行为。[④] 以上两种理解,前者重在行为的危险性,后者重在行为人的动机,存在明显的区别。另外,

① 参见于志刚:《危险驾驶行为的罪刑评价——以“醉酒驾驶”交通肇事行为为视角》,载《法学》2009 年第 9 期。

② 参见谢望原:《“飙车”致人死伤如何定性》,载《检察日报》2009 年 8 月 4 日,第 3 版。

③ 参见张明楷:《刑法学》,法律出版社 2011 年版,第 637 页。

④ 参见张某某、金某危险驾驶案,最高人民法院指导案例第 32 号。

关于“情节恶劣”的认定，亦没有明确的规定。有的学者认为，此处“情节恶劣”的要素是多余的，危险驾驶罪根本不需要“情节恶劣”的限定，只需要符合追逐竞驶的危险行为即可。[①] 也有学者认为，“情节恶劣”应以行为的公共危害性为判定标准，即追逐竞驶时的道路车流人流情况、时间、速度、表现方式等，比如在没有什么人流的偏僻道路追逐竞驶不属于“情节恶劣”。[②]

其次，认为醉驾型危险驾驶罪的入罪标准过于绝对和机械。关于“醉驾”的认定，刑法并未明确规定，但司法解释有相应的规定。2013年《关于办理醉酒驾驶机动车刑事案件适用法律若干问题的意见》第1条明确规定，“血液酒精含量达到80毫克/100毫升以上的，属于醉酒驾驶机动车”。应当说，这一标准是非常明确的。但也有学者质疑，认为这一入罪标准过于绝对，会导致办案“唯酒精论”。实践中，执法人员办理醉驾案件，过度依赖这一标准：只要对驾驶者进行血液检测的检测结果达到这一标准，无论其能否辨认或控制自己的行为，能否掌控车辆，均构成危险驾驶罪。可问题是，人的体质不同，对酒精的分解力和耐受性也必然不同，仅以驾驶者血液中的酒精浓度为依据来判定其驾驶行为危险与否，并不科学。

再次，认为“严重超载超速”的界定没有坚持法律主义。对于客运超载超速型危险驾驶罪的构成要素“严重超过额定乘员”“严重超过规定时速”，刑法未予以明确规定，司法解释也未规定。2015年公安部印发的《严重超员、严重超速危险驾驶刑事案件立案标准（试行）》，对此作了非常详细的规定。根据其第1条的规定，“严重超过额定乘员”，是指具有下列情形之一：（1）驾驶大型载客汽车，载客超过额定乘员50%以上或者超过额定乘员15人以上的；（2）驾驶中型载客汽车，载

---

① 参见郑泽善：《刑法分论争议问题研究》，中国人民大学出版社2015年版，第347页。

② 参见张明楷：《危险驾驶罪及其与相关犯罪的关系》，载《人民法院报》2011年第5期。

客超过额定乘员80%以上或者超过额定乘员10人以上的;(3)驾驶小型、微型载客汽车,载客超过额定乘员100%以上或者超过额定乘员7人以上的。根据其第2条的规定,“严重超过规定时速”,是指具有下列情形之一:(1)在高速公路、城市快速路上行驶,超过规定时速50%以上,且行驶时速达到90公里以上;(2)在高速公路、城市快速路以外的道路上行驶,超过规定时速100%以上,且行驶时速达到60公里以上的;(3)通过铁路道口、急弯路、窄路、窄桥或者在冰雪、泥泞的道路上行驶,或者掉头、转弯、下陡坡,以及遇雾、雨、雪、沙尘、冰雹等低能见度气象条件时,超过规定时速50%以上,且行驶时速达到30公里以上的;(4)通过傍山险路、连续下坡、连续急弯等事故易发路段,超过规定时速50%以上,且行驶时速达到30公里以上的。客观地说,上述标准是非常精细的。但也有学者认为,该标准是公安机关单方面颁布的,没有司法机关参与,在法律位阶上属于行政规范性文件,而非刑事司法解释,更不属于法律。如果将该标准作为刑事案件定罪的根据,有违反罪刑法定原则之法律主义的嫌疑。

最后,认为危险驾驶罪的刑罚配置不够合理。有学者认为,对危险驾驶罪仅配置拘役这一单一主刑,不尽合理。[①] 其一,不利于整个刑罚体系的统一和协调。在我国《刑法》总则规定的五种主刑中,有期徒刑是适用最广泛的刑种,《刑法》分则中几乎所有的罪名均配置这一刑种,唯一例外的是危险驾驶罪。这在整个《刑法》分则中是绝无仅有的,不仅有损刑罚适用的灵活性,而且破坏了刑罚体系的统一性。其二,无法与同体系下的交通肇事罪、以危险方法危害公共安全罪的刑罚实现有机衔接。就现行立法来看,这三个罪的刑罚设置总体上呈现出由轻到重的梯度,其中,危险驾驶罪的唯一一档法定刑(主刑)为拘役,交通肇事罪的基本法定刑是3年以下有期徒刑或者拘役,以危险方法危害公共安全罪的基本法定刑是3年以上10年以下有期徒刑。

---

① 参见叶良芳:《危险驾驶罪的立法证成和规范构造》,载《法学》2011年第2期。

表面上看，三者之间形成了刑罚设置的前后衔接；但是，将危险驾驶罪的法定刑设定得与交通肇事罪的最轻法定刑相同，是否契合风险刑法平衡风险和自由的基本理念，是否有利于实现特殊预防，仍有探讨的空间。

三、增设危险驾驶罪的实效评估

（一）危险驾驶罪的治理数据

以醉驾型危险驾驶罪的适用为例，通过对醉驾入刑 10 年来的数据统计和分析，危险驾驶罪的增设在道路交通安全维护方面取得了预期的治理效果，不仅预防了醉驾行为可能带来的危害后果，也塑造了汽车时代民众良好的交通伦理意识。

据公安部交通管理局数据，自 2011 年"醉驾入刑"至 2020 年，全国机动车增加 1.81 亿辆，驾驶人员增加 2.59 亿人，年均增长 1800 万辆、2600 万人，但 10 年来全国交通安全形势总体稳定，10 年间减少了 2 万余起酒驾醉驾肇事导致的伤亡事故，上万家庭免于破碎、致贫。其中，2020 年醉驾比率（每排查百辆车的醉驾比例）比"醉驾入刑"前减少 70% 以上。[①] 全国情况如此，地方情况亦如此。以浙江省为例，2010 年，全省查处酒驾 24.8 万起，其中醉驾 2.6 万余起；2020 年，全省查获酒驾 9.6 万起，其中醉驾 2.3 万起。与此同时，全省汽车保有量由 2010 年的 544 万辆增加至 2020 年的 1774 万辆，汽车总量增加 3.2 倍，查获酒驾数量减少 2.5 倍，其中醉驾数下降 10%。10 年间，全省共查处酒驾 99.9 万起，其中醉驾 20.3 万起，查处总量居全国首位；涉酒驾交通事故明显下降，涉酒驾交通事故死亡人数也从 2010 年的 128

---

① 参见刘宇鹏：《"醉驾入刑"十年成效显著　治理酒驾醉驾任重道远》，载《人民公安报·交通安全周刊》2021 年 4 月 30 日，第 4 版。

人降至2020年的77人,下降40%。[①] 上述数据表明,自醉驾入刑以来,醉驾发生率明显下降,刑罚的威慑效应日益显现。

此外,醉驾入刑也在悄悄地塑造民众的交通伦理意识和出行方式。据e代驾大数据中心发布的醉驾入刑十年代驾行业数据报告,2011年12月1日至2021年4月20日,全国代驾需求累计突破16亿人次,代驾使用人数突破1.5亿。[②] 这一报告从侧面反映了醉驾入刑对人们交通伦理的潜移默化的影响,规范的导引功能和预防功能作用明显。

(二)危险驾驶罪的司法数据

与上述治理数据形成鲜明对比的是,危险驾驶罪在刑事司法领域的数据明显上升。据最高人民检察院案件管理办公室数据,2021年,全国检察机关共批准和决定逮捕各类犯罪嫌疑人86.8万人,同比上升12.7%;共决定起诉174.9万人,同比上升11.2%。起诉人数最多的五个罪名分别是:危险驾驶罪35.1万人,盗窃罪20.2万人,帮助信息网络犯罪活动罪12.9万人,诈骗罪11.2万人,开设赌场罪8.4万人。[③] 其中,排名第一位的危险驾驶罪,被起诉人数是排名第二位的盗窃罪的1.74倍,占所有罪名被起诉总人数的20.07%。另据最高人民法院信息中心数据,2012年至2015年,全国法院共审理一审危险驾驶案件数分别为:3.77万件、4.97万件、8.76万件、13.20万件,自2013年分别较上一年上升31.75%、76.18%和50.75%。[④] 这种数量逐年上升的趋势一直到今天仍在持续中。据最高人民法院工作报告,2019

---

① 参见方帆、王田维:《浙江:"醉驾入刑"十年走过的艰辛路》,载《道路交通管理》2021年第6期。

② 参见南辰:《读懂"醉驾入刑"十年大数据》,载《汽车与安全》2021年第6期。

③ 参见《2021年全国检察机关主要办案数据》,载中华人民共和国最高人民检察院网,https://www.spp.gov.cn/spp/xwfbh/wsfbt/202203/t20220308_547904.shtml#1。

④ 参见最高人民法院信息中心:《危险驾驶案件专题分析报告》,载《法律适用·司法案例》2017年第6期。

年全国法院审结的危险驾驶犯罪案件数共计31.9万件，首次超越盗窃罪成为排名第一的罪名（案件数量位居前五的罪名依次为：危险驾驶罪31.9万件、盗窃罪20.8万件、故意伤害罪9.7万件、交通肇事罪7.2万件、诈骗罪6.1万件）；2020年审结危险驾驶犯罪案件28.9万件，仍居首位；2021年审结危险驾驶犯罪案件34.8万件，为历史最高。[①]

（三）对危险驾驶罪数据的正确解读

对比危险驾驶罪的治理数据和司法数据，二者反差极大。一方面，交通部门查获酒驾醉驾的数量、因酒驾醉驾引起的交通事故数量和死亡人数都有所降低，似乎表明醉驾入刑的社会治理成效明显。另一方面，醉驾型危险驾驶罪刑事案件数量逐年增加，在全部刑事案件数量中已经成为第一大罪，又似乎表明醉驾入刑的一般威慑功能相当有限。

对上述两组矛盾数据，正向解读者和反向解读者均大有人在。绝大多数人认为，醉驾入刑的执法效果有目共睹，在治理酒驾上取得了立竿见影的效果。“开车不喝酒，喝酒不开车”的观念深入人心，成为社会普遍认同的文明准则和法治规则。饭桌文化亦为之一新，劝酒之风悄然隐退，浪费现象大为减少。实证资料也表明，醉驾入刑具有积极的治理成效，涉酒驾交通事故案件数量占比低，肇事伤亡比率下降明显，社会公众在酒驾问题上的道路交通安全意识总体向好。[②] 但也有少数人认为，当前醉驾司法治理存在以下现实困境：一是醉驾入刑未能有效实现抑制交通肇事犯罪案发的立法初衷，反而消耗了巨大的社会成本；二是醉驾刑事处罚的附随后果严重，制造了可能引发潜在

---

① 参见《最高人民法院工作报告》（2020～2022年），载http://gongbao.court.gov.cn/，2022年3月8日最后访问。

② 参见成都市公安局课题组：《“醉驾入刑”十年刑事司法实证研究——以成都地区为样本》，载《公安研究》2022年第3期。

矛盾的社会对立面；三是醉驾入刑10年的曲线变量反映出边际效益递减趋势；四是醉驾入刑的规制效果群体性差异明显，且刑事处罚与行政处罚出现倒置现象。[①] 个别全国人大代表甚至建议，应当取消醉酒型危险驾驶罪。自醉驾入刑以来，醉驾型危险驾驶罪案件数量不仅没有减少，反而在不断攀升。对醉酒驾驶行为进行刑事打击并没有起到有效遏制醉驾的效果，现实已偏离了“醉驾入刑”的初衷。[②]

本书认为，醉驾入刑的威慑效果和预防效果是不容辩驳的，此举有效地遏制了酒驾醉驾行为和重大交通事故的发生，实现了立法的预期目标。否定醉驾入刑成效的观点比较片面，理由并不充分。一是只看到醉驾型危险驾驶罪绝对数量的上升，没有看到其相对数量的减少。醉驾入刑以来，虽然醉驾型危险驾驶罪的绝对数量一直在上升，但如果考虑到每年机动车保有量增长幅度更大，考虑到醉驾数量和机动车保有量之间的比例关系，则其发案率非但没有上升反而下降明显。二是只看到醉驾型危险驾驶罪犯罪查处数量的增加，没有看到其犯罪黑数的减少。受公安机关绩效考评机制的激励，办案人员特别有查办醉驾案件的积极性；因为相比其他刑事案件，醉驾案件案情更简单，证据易收集，处理更高效。这就导致醉驾案件被查获的概率大，犯罪黑数少。但评判一种犯罪的惩治效果，不能只看查获的案件数量，还要看未查获的案件数量。虽然每年醉驾案件的犯罪黑数较难统计，但不难判定，其犯罪黑数与执法力度是成反比的。执法力度越大，犯罪黑数越小，犯罪查处数量越接近犯罪总数，执法效果越向好。三是刑事处罚都可能有不利的附随后果，不能因为附随后果的存在就否定刑罚处罚的必要性，否则将意味着对所有的犯罪都不能予以刑罚处

---

① 参见王美鹏、李俊：《“醉驾”入刑十年的反思与治理优化——以浙江省T市和W市检察机关办理案件为分析样本》，载《人民检察》2021年第18期。

② 参见《全国人大代表朱列玉提出关于修改〈中华人民共和国刑法〉取消醉驾罪的议案》，载广州刑事律师团网2022年3月4日，http://defenselawyer.cn/Article/lawnews/24284.html。

罚。四是刑罚的边际效益递减也是一个共通现象,因而不能以此否定对醉驾适用刑事处罚的合理性。五是不同个体对刑罚的耐受力本来就存在差异,以此否定对醉驾适用刑罚,并不符合适用刑罚的基本规律。所谓刑罚与行政处罚之间的倒置现象,在立法层面并不存在,因为对犯罪行为本来就可以同时适用刑罚和行政处罚(只要处罚的性质不同)。

不过,醉驾型危险驾驶罪数量井喷,乃至成为“司法第一大罪”,全国每五名罪犯之中就有一名是醉驾者,这一现象还是值得我们反思的:醉驾入刑即使实效显著,但是否威慑过度?司法机关将有限的司法资源大部分倾注到这一轻罪的查处中,是否有点主次不分?为取得更理想的治理效果,本罪在立法和司法层面有哪些值得进一步完善的地方?

四、对危险驾驶罪的完善建议

(一)立法层面:完善危险驾驶罪的刑罚体系

现行刑法为危险驾驶罪配置的刑种不是很成熟,主刑只有拘役,附加刑为罚金,且为必处制。这种过于单一的法定刑设置,不利于有效应对实践中形形色色的危险驾驶案件,不利于法官灵活地行使自由裁量权。为此,本书建议,将危险驾驶罪的法定刑修改为“处一年以下有期徒刑、拘役或者管制,并处或者单处罚金”。简述理由如下:第一,危险驾驶罪有四种行为类型,但只有单一的刑种,适用同一个刑罚标准,无法根据危险驾驶行为的危险程度实现轻重有别的刑罚体系。第二,即使对于同一种类型的危险驾驶行为,由于其具体表现形态复杂多样,故仅用一个单一的刑种来评价,也无法实现个案正义。第三,有期徒刑是刑法中所有罪名的标配,对危险驾驶罪也应配置;同时,考虑到危险驾驶罪总体上属于轻罪,将有期徒刑的上限设定为 1 年,与该罪的危害性基本相称。第四,由于对一些情节轻微、危险度不高、行为人主观恶性不大的危险驾驶案件,可以优先考虑适用非监禁刑或财产刑,故而建议增加管制和罚金,并建议罚金也由并处制改为并处或单处制。

(二)司法层面:及时制定相关司法解释

对于危险驾驶罪的某些关键构成要素,最高司法机关应当及时制定司法解释,以便各地司法机关遵照执行。

第一,明确飙车型危险驾驶罪"情节恶劣"的情形。虽然这类危险驾驶罪在实践中的发案数量不太多,但如何正确适用关乎社会的公平正义,故而应当总结经验,形成解释性意见。

第二,明确"醉酒驾驶"的认定标准。2004 年《车辆驾驶人员血液、呼气酒精含量阈值与检验标准》规定:车辆驾驶人员血液中的酒精含量大于或者等于 20mg/100ml,小于 80mg/100ml 的驾驶行为为饮酒驾驶;车辆驾驶人员血液酒精含量大于或者等于 80mg/100ml 的驾驶行为为醉酒驾驶。2013 年最高人民法院、最高人民检察院、公安部联合颁布的《关于办理醉酒驾驶机动车刑事案件适用法律若干问题的意见》第 1 条吸收了这一标准,因而在目前的司法实践中,对醉驾的认定,采用的就是这一标准。这种单一的绝对标准的优势是,简单明确,易于操作,只要检测行为人血液中的酒精含量没有超标即可。但其缺陷也是明显的,就是机械僵化,未考虑行为人的个体差异,有违实质公平。为此,许多国家采用相对标准来补充。例如,德国法律规定了 110mg/100ml 的绝对标准和 30mg/100ml 的相对标准:当行为人的酒精含量达到 110mg/100ml 的绝对标准时,不用考虑其他因素,直接可以认定行为人符合"醉酒"这一情节;当行为人的酒精含量在 30mg/100ml ~ 110mg/100ml 的相对标准范围之内,不能直接排除行为人犯罪的可能,需要进行类似人体平衡试验的程序,进一步判定行为人是否醉酒。[①] 我国的司法实践中却没有类似的相对标准作补充。一些地方的司法机关虽然没有明确另行制定地方性醉驾标准，但却另辟蹊径，根据行为人驾驶机动车的不同种类，设定了不同的追诉标准，起到了实质改变醉驾标准的作用。例如，2019 年浙江省高级人民法院、浙江省人民检察院、浙江省公安厅联合发布的《关于办理“醉驾”案件若干问题的会议纪要》中明确规定，醉酒驾驶汽车，认罪悔罪，酒精含量在 100mg/100ml 以下，且无特定 8 种从重情节，危害不大的，可以认为是情节显著轻微，不移送审查起诉；醉酒驾驶摩托车，认罪悔罪，酒精含量在 180mg/100ml 以下，危害不大的，可以认为是情节显著轻微，不移送审查起诉。实践中，醉驾案件的猛涨，最根本的原因还是在于司法解释将醉驾的标准放得太低。[②] 为此，最高司法机关有必要修改司法解释，适当提高醉驾的认定标准。

第三，明确“严重超过额定乘员”“严重超过规定时速”的标准。对于超载超速型危险驾驶罪，公安部《严重超员、严重超速危险驾驶刑事案件立案标准（试行）》已经作了非常详细具体的规定，其具体内容较好地界分了与道路交通安全法规定的超载超速行政违法行为的区别。最高司法机关可以吸收其中的合理规定，制定相关的司法解释。

第四，明确危险化学品运输型危险驾驶罪之“危及公共安全”的判定。严重违反规定运输危险化学品的行为，之前一直是作为行政违法行为处理的；入刑之后，便涉及犯罪与行政违法的界分问题。根据《刑法》的规定，二者区分的标准是有无“危及公共安全”。然而，关于这一点，并无相关的司法解释和行政法规，有关的司法判例数量极其有

---

① 参见邹雪：《醉酒型危险驾驶罪司法适用的困境与路径优化——基于两省近四年 1353 份判决书的实证分析》，载《山东法官培训学院学报》2022 年第 2 期。

② 或许有人认为，域外通行的酒驾标准就是 80mg/100ml，有的甚至降到 50mg/100ml 乃至更低。然而，虽然域外酒驾通常是作为犯罪处理的，且酒驾标准更低，但其对酒驾的处罚通常也相对更轻，通常是罚款、短期拘役、社区劳动等。但在我国，由于区分了酒驾和醉驾，二者定性完全不同，故而适当提高醉驾的认定标准是可行的。

限,故亟须司法解释予以明确。

(三)执法层面:果断调整相关执法政策

危险驾驶罪案件数量之所以居高不下,某种程度上与执法机关零容忍的高压政策有很大关系。如果办案机关将所有的司法资源投入某种犯罪,则其犯罪黑数肯定下降,而犯罪查处数量必然上升;但相应地,投入其他犯罪治理的执法资源就少了。所以,这里需要一个合理的平衡,而这种平衡取决于合理的执法政策。就危险驾驶罪而言,以下三个执法政策是值得反思的:其一,醉驾案件一律不得适用缓刑。醉驾入刑之初,办理醉驾案件曾有“一律立案”“一律起诉”“一律不得适用缓刑”的政策指示。当初,为体现法律的权威性和执法的刚性,这是有必要的。但在醉驾入刑 10 余年后,这一政策应当作出更符合当下社会情势的改变。例如,2021 年最高人民法院、最高人民检察院《关于常见犯罪的量刑指导意见(试行)》即作出了相应调整,明确了对危险驾驶罪可以适用缓刑,即“构成危险驾驶罪的,综合考虑危险驾驶行为、危害后果等犯罪事实、量刑情节,以及被告人主观恶性、人身危险性、认罪悔罪表现等因素,决定缓刑的适用”。其二,醉驾案件严格控制酌定不起诉数量。酌定不起诉是检察机关的法定职权,但在实践中,检察机关在对其适用方面特别严格,对醉驾案件尤其如此。对此,也有必要作出调整。例如,2019 年浙江省《关于办理“醉驾”案件若干问题的会议纪要》规定,醉酒驾驶汽车,酒精含量在 170mg/100ml 以下,认罪悔罪,且无特定 8 种从重情节,犯罪情节轻微的,可以不起诉或者免予刑事处罚;醉酒驾驶摩托车,没有造成他人轻伤及以上后果,认罪悔罪,酒精含量在 200mg/100ml 以下,犯罪情节轻微的,可以不起诉或者免予刑事处罚。这种适度放宽酌定不起诉的标准,是比较务实的做法。其三,指标驱动查办醉驾案件。实践中,各地公安机关均实行绩效考核制,并将醉驾案件也纳入考核指标,以指标驱动查办醉驾案件。应当说,绩效评价机制有其实行的必要性,但查办醉驾案件时应考虑这类案件的特殊性,如量大、面广、难度系数低;故在绩效考评时与其他案件相区分,降低醉驾案件对办案人员的激励强度,既可以使考评标准更加公平合理,也可以使执法资源得到更有效配置。

第二节　高空抛物罪条款的立法评估

《刑法修正案(十一)》第33条增设了高空抛物罪,作为《刑法》第291条之二,即"从建筑物或者其他高空抛掷物品,情节严重的,处一年以下有期徒刑、拘役或者管制,并处或者单处罚金。有前款行为,同时构成其他犯罪的,依照处罚较重的规定定罪处罚"。这一罪刑规范的设定是否符合正当性标准,能否取得预期的治理效果,亦需要专门的评估考察。

一、增设高空抛物罪的立法动因

(一)高空抛物罪的立法过程

近年来,我国城市化进程不断加快,城市居民人口持续增长,高楼大厦鳞次栉比,高空抛物事件亦频频发生,造成无辜人员伤亡的严重后果,成为"悬在城市上空的痛"。不少社会人士呼吁,立法应当严惩高空抛物行为。为回应社会关切,全国人大常委会启动了立法程序,《刑法修正案(十一)(草案)》第1条增设了高空抛物罪,具体条款表述为:"从高空抛掷物品,危及公共安全的,处拘役或者管制,并处或者单处罚金。有前款行为,致人伤亡或者造成其他严重后果,同时构成其他犯罪的,依照处罚较重的规定定罪处罚。"

对于《刑法修正案(十一)(草案)》的上述规定,在后续的公开征求意见过程中,不少学者就增设高空抛物罪的必要性提出了强烈的反对意见。对此,立法机关没有正面回应,而是改弦易辙,将本罪挪至《刑法》分则第六章“妨害社会管理秩序罪”第一节“扰乱公共秩序罪”中予以规定,并对整个条文进行了重新设计。这一方案在最终审议时通过。

对比《刑法修正案(十一)(草案)》第1条和《刑法修正案(十一)》第33条的规定,主要存在以下变动:一是体系位置的变动,由《刑法》第114条第2款、第3款调整为《刑法》第291条之二。二是客观要件的变动,由“从高空抛掷物品,危及公共安全”改为“从建筑物或者其他高空抛掷物品,情节严重”。三是法定刑的变动,最高刑从拘役调整为1年以下有期徒刑。这些变动的背后,是立法者对高空抛物罪的保护法益发生了认识变化。申言之,立法者在高空抛物设罪方案的思路和方向上出现了根本性、实质性的重大调整。具体而言,虽然二者增设的罪名都是“高空抛物罪”,罪状的核心要素都是“从高空抛掷物品”,但是前者针对的是危害公共安全型高空抛物行为,后者针对的是扰乱公共秩序型高空抛物行为。

(二)高空抛物罪的立法动因

从立法动因来看,增设高空抛物罪的立法目的,就是要维护公共安全。对此,参与立法工作的同志明确指出:“对社会反映突出的高空抛物、妨害公共交通工具安全驾驶的犯罪进一步作出明确规定,维护人民群众‘头顶上的安全’和‘出行安全’。”[①]“人民群众”,就是社会公众;“头顶上的安全”,就是生命安全;“维护人民群众头顶上的安全”,就是保护社会公众的生命法益,就是保护公共安全。事实上,正是因为高空抛物行为侵害或者威胁了公共安全中最重要的法益——

① 李宁:《关于〈中华人民共和国刑法修正案(十一)(草案)〉的说明》,载全国人民代表大会网,http://www.npc.gov.cn/npc/c30834/202012/f16fedb673644b35936580d25287a564.shtml。

社会公众的生命法益，民众才强烈呼吁将其入刑。《刑法修正案（十一）（草案）》第1条拟定的高空抛物罪的罪状之“危及公共安全”要素，更是本罪的保护法益是公共安全的直接证明。

但是，当立法机关将高空抛物罪从危害公共安全罪一章挪至妨害社会管理秩序罪一章时，这一法条挪位的结果，似乎意味着立法者对高空抛物罪的保护法益进行了变更和调整，不再是，至少不主要是保护公共安全，而是维护公共秩序。

二、增设高空抛物罪的反对观点

对于《刑法修正案（十一）（草案）》第1条增设高空抛物罪的原初方案，不少学者旗帜鲜明地提出了强烈的反对意见，认为不应增设独立罪名。例如，韩铁教授认为，刑事立法更新必须考虑罪名内部体系的协调性。从高空抛物行为的危害程度来看，其有两种类型：一是具有高度公共安全风险或者造成严重实害后果的高空抛物行为，对此现行刑法已有足够的罪名予以制裁。二是不具有高度公共安全风险亦未造成严重后果的高空抛物行为，这类行为仅违背公共社会生活准则，损害公共道德和公共秩序，不宜规定为犯罪，而危害达到一定的严重程度的，可以通过寻衅滋事罪来评价；否则会降低刑法对公共安全的敏感性，引发评价的模糊和失衡。总之，增设高空抛物罪，是情绪性立法的典型表现。[①] 又如，魏东教授认为，《刑法修正案（十一）（草案）》第1条的规范目的已经在刑法的现有罪名中有较为充分的体现，因而无须重复规定；对其他高空抛物行为，则可以在寻衅滋事罪中增设“从高空抛掷物品，危及他人人身、财产安全或者社会管理秩序的”

---

① 参见韩铁：《刑法更新应坚守谦抑性本质——以〈刑法修正案（十一）（草案）〉为视角》，载《法治研究》2020年第5期。

这一行为类型。[①] 也有一些学者不反对新罪增设,但认为不应在《刑法》分则第二章增设,而应在《刑法》分则第六章增设。例如,张明楷教授认为,高空抛物罪通常并不危害公共安全,因此,如果要增设高空抛物罪,应当将其规定在《刑法》分则第六章第一节中。[②] 还有一些学者认同新罪增设,但对罪状及法定刑设置有不同看法,认为应当将其设定为重罪。例如,赵香如教授认为,高空抛物行为具有较一般"以危险方法危害公共安全罪"更轻的罪质,并非因为其造成的后果通常更轻,而是受制于其犯罪对象所体现的法益属性,即危害不特定且非多数人的人身、财产安全。因此,应将高空抛物犯罪从"以危险方法危害公共安全罪"中分离出来,同时采取较后者更高的入罪门槛,即采用具体危险犯的入罪模式。[③]

上述学者的观点虽然不完全一致,但对《刑法修正案(十一)(草案)》原初修改方案的批判立场是相同的。众口铄金,或许是学者们的严厉批评,导致立法者抛弃了原初的修改方案。这是学者对刑事立法真正发挥影响力的难得案例。

三、增设高空抛物罪的实效评估

自 2019 年 11 月 14 日最高人民法院颁布《关于依法妥善审理高空抛物、坠物案件的意见》以来,越来越多的高空抛物行为受到刑法的制裁。但是,当时适用的罪名主要是以危险方法危害公共安全罪、故意伤害罪、过失致人重伤罪、寻衅滋事罪等罪名。自 2021 年 3 月 1 日

---

① 参见魏东、赵天琦:《刑法修正案的规范目的与技术选择——以〈刑法修正案(十一)(草案)〉为参照》,载《法治研究》2020 年第 5 期。

② 参见张明楷:《新罪增设的原则——对〈刑法修正案十一(草案)〉的修改意见》,载《政法论丛》2020 年第 6 期。

③ 参见赵香如:《论高空抛物犯罪的罪刑规范构造——以〈刑法修正案(十一)(草案)〉为背景》,载《法治研究》2020 年第 6 期。

《刑法修正案(十一)》生效施行后,司法机关开始以高空抛物罪惩治此类行为。截至2021年6月30日,在中国裁判文书网以搜索条件"刑事案件""高空抛物"为检索词,共检索出98份裁判文书。其中,在《刑法修正案(十一)》生效之后作出的裁判文书为21份(20份为一审判决书,1份为二审裁定书),涉及20起案件。通过对这20个案件裁判文书的释法说理进行梳理,可以发现高空抛物罪在司法实务认定中,存在诸多问题。

(一)将重要法益当作一般法益保护

在上述20起高空抛物案件中,以高空抛物罪定性的案件为19件,占案件总数的95%;以以危险方法危害公共安全罪认定的案件为1件,占案件总数的5%。从实际案情来看,这些案件的被告人所实施的行为均属于性质严重的侵害公共安全型高空抛物犯罪,而非危害轻微的扰乱公共秩序型高空抛物犯罪。例如,在徐某某高空抛物案中,被告人两次从住处3楼向楼下公共租赁房抛掷菜刀①;在韩某某高空抛物案中,被告人从开放小区3楼窗口直接向地面抛掷带有铁钉的板材等建筑废料②;在吴某某高空抛物案中,被告人3次从23楼住处窗口扔下3块冰块③;在於某某高空抛物案中,被告人将一只装有陶瓷杯碎片等垃圾的塑料袋从厨房窗口扔出,砸伤途经楼下人行通道的蒋某某头面部,致其轻微伤④。在这些案件中,被告人的行为已经给不特定多数人的人身、财产造成严重损害的威胁或者已经造成一定的损害,侵犯的法益无疑属于公共安全,但法院大多认定侵犯的法益为公共秩序,并以高空抛物罪论处。但如果这些案件在《刑法修正案(十一)》施行之前处理,则大概率会被以以危险方法危害公共安全罪论处。

---

① 参见江苏省溧阳市人民法院刑事判决书,(2021)苏0481刑初121号。

② 参见浙江省绍兴市上虞区人民法院刑事判决书,(2021)浙0604刑初188号。

③ 参见安徽省合肥市包河区人民法院刑事判决书,(2021)皖0111刑初172号。

④ 参见上海市杨浦区人民法院刑事判决书,(2021)沪0110刑初235号。

(二)绝大多数被告人被判处轻刑

在上述20起案件中,被告人均为一人。从实际适用的刑罚来看:判处有期徒刑的有12人,占被告人总数的60%;判处拘役的有8人,占被告人总数的40%。除1人被认定构成以危险方法危害公共安全罪并判处有期徒刑3年6个月外,其他被判处有期徒刑的被告人的刑期均处于6个月到11个月;被判处拘役的被告人,刑期则处于2个月到6个月。除1人没有被判处罚金外,其他19个被告人均被判处罚金,数额在1000元到5000元。从刑罚执行方式上看:7人被适用缓刑,占被告人总数的35%;13人被适用实刑,占被告人总数的65%。总体来看,司法机关对被告人适用的刑罚相当轻微,难以发挥应有的惩戒和警示效果。

(三)裁判文书释理部分相当简略

在上述21份裁判文书中,除卢某某以危险方法危害公共安全案的一审判决书对定性作了详细的分析和说理外①,其他20份裁判文书对犯罪构成要件的分析均缺乏详细的法理分析,而是含糊地一笔带过。究其原因,不排除立法立场模糊和偏移给法官说理带来了极大的困难。个别裁判文书解释了《刑法修正案(十一)》之前发生的行为,以及最终以高空抛物罪论处的原因——从旧兼从轻原则。裁判文书的说理,是法院结合具体案件对法律规定进行的再一次阐明,而非简单的法律裁判,其对树立法律的尊严和权威,规范和引导公众的行为,意义重大。然而目前这种状况,很难发挥规范的原初意义。

---

① 参见上海市静安区人民法院刑事判决书,(2021)沪0106刑初49号。

四、对高空抛物罪的完善建议

综上所述,高空抛物罪罪刑条款的设计存在明显的缺陷,需要对其加以完善。对此,有观点认为,虽然立法对高空抛物行为的规制存在方向上的偏差,但出于对法规范的尊崇,当务之急是从解释论的角度寻找合理适用的方案。基本的解释立场是,应当根据具体的高空抛物行为所侵害的法益性质的不同,分别以以危险方法危害公共安全罪、故意杀人罪、故意伤害罪、高空抛物罪等罪名论处。具体而言,包括三点要求:一是严格解释高空抛物罪的构成要件;二是宽泛解释罪名竞合处理规则条款;三是精确判定高空抛物实际侵犯的法益。[①]

如果立足于解释论,上述观点无疑是值得肯定的。但高空抛物罪的立法设计在根本上偏离了最初的立法目的,由此带来了规范的保护目的与保护法益的偏离,严惩重罪的政策目标与轻罚轻罪的司法实践的冲突等怪状。对此,唯有在立法源头动手术,才能彻底根治这一天然疾病。具体而言,在罪名的位序方面,应当回归《刑法修正案(十一)(草案)》的方案,将高空抛物罪挪回危害公共安全罪一章中,位于放火罪、决水罪、爆炸罪等罪名之后;在刑罚配置方面,可以将本罪的最高刑提升至3年有期徒刑。

第三节　非法吸收公众存款罪条款的立法评估

《刑法修正案(十一)》第12条对非法吸收公众存款罪的法定刑作出了重大调整,主要有三个方面:一是增加一档法定刑,即对非法吸

---

① 参见应家赟:《高空抛物罪的保护法益及其规范适用》,载《浙江学刊》2021年第5期。

收或者变相吸收公众存款,扰乱金融秩序,"数额特别巨大或者有其他特别严重情节的,处十年以上有期徒刑,并处罚金"。二是将限额罚金制改为无限额罚金制,即将"二万元以上二十万元以下""五万元以上五十万元以下"等字词删除。三是增加了从宽处罚情节,即"有前两款行为,在提起公诉前积极退赃退赔,减少损害结果发生的,可以从轻或者减轻处罚"。立法大幅提升非法吸收公众存款罪的法定刑,其实效如何,需要专门分析。

一、调整非法吸收公众存款罪刑罚结构的立法动因

(一)高发态势催生立法修改

在网络时代,通过非正式渠道融资汇聚公众资金变得更加便捷,但这也为非法集资大开方便之门。据最高人民检察院数据,2019 年全国各地人民检察院起诉金融诈骗、破坏金融管理秩序犯罪 40,178 人,同比上升 25.3%;2020 年起诉 4.1 万余人,同比上升 3.2%;2021 年起诉 4.3 万人,同比上升 3.3%。[①] 特别是 P2P 网贷平台从野蛮生长、巅峰时刻到后期的发展过程,更是为世人敲响警钟。据官方统计,在 P2P 网贷平台生存发展的 14 年间,全国先后有 1 万多家 P2P 网贷平台上线,高峰时有 5000 多家同时运营,年交易规模约 3 万亿元,坏账损失率很高。近年来,经持续清理整顿,到 2020 年 11 月中旬,实际运营的 P2P 网贷机构已经全部归零。[②] 屡禁不止的非法集资案件,不仅使民众的财产权益遭受重大损失,而且对金融秩序造成严重破坏;因而加大对非法集资类犯罪的惩治力度,成为推动立法修改的动因之一。

---

① 参见《最高人民检察院工作报告》(2020~2022 年),载 https://www.spp.gov.cn/spp/gzbg/index.shtml,2022 年 3 月 20 日最后访问。

② 参见郭树清:《金融科技发展、挑战与监管》,载《中国银行保险报》2020 年 12 月 9 日,第 1 版。

(二)罪刑均衡需要调整刑罚结构

从罪刑均衡角度来看,也有必要调整非法吸收公众存款罪的刑罚结构。近年来,随着经济的高速发展,非法吸收公众存款罪涉案金额动辄在数十亿元、数百亿元以上,不断刷新公众的认知。为此,原来两档的法定刑配置已经难以满足精细化量刑的需要,特别是“数额巨大”这一档无法容纳涉案亿元以上的标的额。实际处理的情况是,非法吸收的财物越多,判处的刑罚呈现“边际效益递减”的趋势越明显,法定刑已经难以有效遏制潜在犯罪人的犯罪动机。此外,法定最高刑为10年有期徒刑的立法设计,不利于鼓励犯罪分子退赃,甚至还会产生逆向激励。因此,在“数额巨大”的基础上,增加量刑档次,并配置更高的刑期是有必要的。

(三)限额罚金难以遏制犯罪动机

对犯罪分子而言,非法吸收资金的数额在达到一定高度之后,其罚金刑的边际效益会随之递减,即非法吸收的资金数额可以不断增加,但对应的罚金却有其阈值,最高限额为50万元。超过这个阈值后,虽然非法集资的数额仍在增长,但所判处的罚金却于停滞状态。这种涉案金额与罚金数额不同步的现象,纯粹是由立法规定造成的,不仅难以有效遏制犯罪分子的犯罪动机,甚至还可能激励其实施数额更大的犯罪行为;因为涉案金额越大,社会危害性越大,但可能受到的经济处罚反而相对越小。这种立法缺陷,极不利于预防犯罪,需要予以纠正。

(四)强调对被害人权益的保护

非法吸收公众存款罪是秩序犯罪、经济犯罪,追赃挽损、最大限度保护被害人利益,是立法追求的目标之一。为此,有必要在制度上激励行为人主动退赃、积极退赃。但是,由于修改前刑法对此没有规定,实践中仅将之作为酌定量刑情节对待，所以对犯罪分子激励不足，此类案件追赃挽损的比例极低。从实际处理来看，各地非法集资类案件的追赃退赔率平均为8%～10%，大量的集资款被被告人挥霍、赠送或转移。为此，需要将犯罪分子退赃退赔规定为法定量刑情节，从而可以在一定程度上缓解司法机关追赃的压力，激励犯罪分子主动积极退赃退赔，最大限度地减少犯罪行为造成的损害。

二、调整非法吸收公众存款罪刑罚结构的反对观点

非法吸收公众存款罪的正当性一直受到学界质疑，主流观点主张限缩该罪的适用范围，部分学者甚至主张彻底废除该罪。[①] 但是此次修法，立法机关不仅没有废除该罪，没有限缩其适用范围，反而通过调整其刑罚结构，在既有规定的基础上加重了惩罚力度。对此，不少学者从不同渠道提出异议，认为通过加重刑罚的方式解决非法集资的治理困境，是重刑主义的表现。

（一）情绪性立法缺乏正当性根基

近年来，非法吸收公众存款罪的案件数量呈“井喷式”增长，导致立法机关对该罪采取了从严惩处的立场，调整了该罪的刑罚结构。对于这一修改，有学者认为，立法机关在兼顾刑罚的预防效用的同时，有些过度注重一般预防。例如，刘宪权教授严厉批评，“仅仅因为非法集资案件高发，新手段频出，就贸然提高非法吸收公众存款罪的法定最

① 有观点认为，非法吸收公众存款罪这一罪名的设立，滞后于中国当前的经济发展现状，与民间借贷逐步合法化、构建多元化金融体系、打破金融业垄断的全面金融改革政策背道而驰；从本罪的构成要件角度看，废除本罪也有其现实必要性。参见赵星、张晓：《论废除非法吸收公众存款罪》，载《河北学刊》2014年第5期。

高刑恐怕没有正当、合理的理论根基”[①]。立法需要考虑社会公众的呼声，需要回应社会关切，立法受舆论的影响是不可避免的；但是如果对不理性的民意过分回应，一味“照顾”民众的情绪，而偏离立法应当具备的理性、公正，则立法将沦为安抚民心、稳定社会的手段，丧失其保障人权的重要机能，也不利于刑罚目的的最终实现。

（二）无限额罚金制不当扩大法官的自由裁量权

《刑法修正案（十一）》将非法吸收公众存款罪的罚金刑，从限额罚金制改为无限额罚金制。对此，虽有学者表示认同，认为无限额罚金刑契合成文法关于稳定性的要求[②]，但也有不少学者对此提出强烈的反对意见。在他们看来，罚金刑创立之初并非意在加重被告人的刑罚，而是作为有期徒刑等主刑的替代措施，以达到对刑罚予以轻缓适用的目的；但是我国在将罚金作为附加刑的同时，又通过对罚金刑的扩张适用，加重了被告人的“负担”。此外，无限额罚金刑的增设还扩大了审判人员的自由裁量权。一方面，无限额罚金刑的存在，扩大了罚金刑的适用范围。对犯罪分子适用刑罚不仅需要有法律的明文规定，在实质层面上还需要遵守明确性的要求，而无限额罚金制导致刑罚的判处带有极大的模糊性。另一方面，无限额罚金刑是一种仅有刑种而无刑度的法定刑，极不利于裁量刑罚。由于目前并不存在相关法律或司法解释对罚金的适用基准和适用梯度予以明确，采用无限额罚金制，在究竟判处多少数额的罚金，在什么幅度内判处罚金方面，都极其不确定。[③]

---

① 刘宪权：《〈刑法修正案（十一）〉中法定刑的调整与适用》，载《比较法研究》2021年第2期。

② 参见卢建平：《完善金融刑法　强化金融安全——〈刑法修正案（十一）〉金融犯罪相关规定评述》，载《中国法律评论》2021年第1期。

③ 参见欧阳本祺、刘梦：《〈刑法修正案（十一）〉的重刑化倾向及其司法限制》，载《东南大学学报（哲学社会科学版）》2021年第3期。

(三)提高刑罚幅度背离宽严相济的刑事政策

还有不少学者认为,此次修改提高非法吸收公众存款罪的法定刑档次,带有明显的重刑化倾向。非法吸收公众存款罪之所以禁而不绝、卷土重来,其原因是多方面的,对其治理应当综合施策,不能盲目依靠刑法,更不能寄希望于重刑主义。相反,非法吸收公众存款罪毕竟属于秩序犯罪,其危害性是有限的,因而配置的刑罚也应适度;如此,才符合宽严相济刑事政策的精神。此次修改增加一款"积极退赃退赔"从宽处罚的规定,将原来的酌定量刑情节提升为法定量刑情节,是值得肯定的。但根据 2010 年最高人民法院《关于审理非法集资刑事案件具体应用法律若干问题的解释》的相关规定,对"非法吸收或者变相吸收公众存款,主要用于正常的生产经营活动,能够及时清退所吸收资金,可以免予刑事处罚;情节显著轻微的,不作为犯罪处理",即司法解释有免予刑事处罚和非罪处理的规定。比较来看,《刑法修正案(十一)》仅将"积极退赃退赔"作为从宽处罚的量刑情节,而司法解释还规定可以免予刑事处罚和直接出罪,后者的从宽力度更大。可见,立法机关在立法更新时并未充分吸收有益的司法经验,仍有进一步改进的空间。

三、调整非法吸收公众存款罪刑罚结构的实效评估

本书结合中国裁判文书网关于非法吸收公众存款罪的判决情况,并参考 2016 年至 2020 年上海金融检察白皮书及 2021 年最高人民法院、最高人民检察院联合发布的《关于常见犯罪的量刑指导意见(试行)》等文献资料,对《刑法修正案(十一)》调整非法吸收公众存款罪刑罚结构的实效予以考察。

（一）立法修改前非法吸收公众存款罪的适用状况

以“非法吸收公众存款罪”这一案由为关键检索词，附以“一审判决”“浙江省”“刑事案由”“年份”等筛选条件，从中国裁判文书网得到大量判决书。以此为基础，将时间限定在 2014 年至 2020 年这一区间内，经过统计整理，得出全国范围内以及浙江省关于非法吸收公众存款罪的判决书数量情况如图 1、图 2 所示。

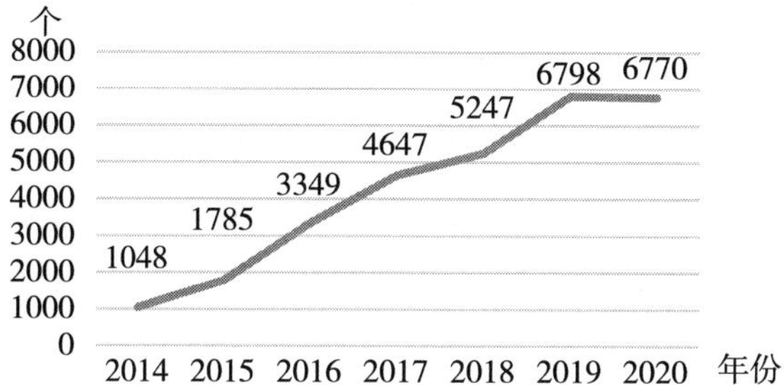

图 1　2014～2020 年非法吸收公众存款罪全国判决书情况

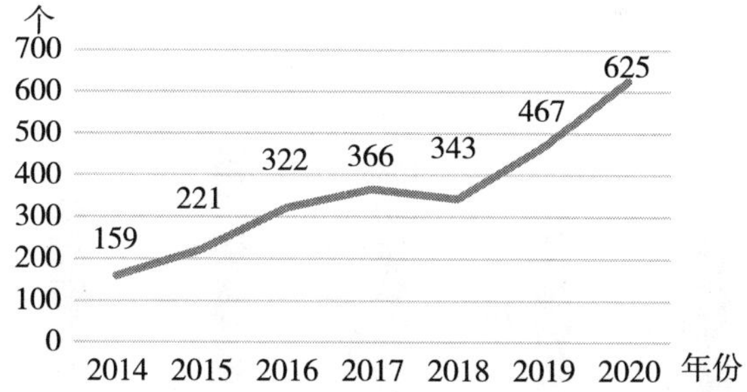

图 2　2014～2020 年非法吸收公众存款罪浙江省判决书情况

从图 1、图 2 可以看出，全国范围内和浙江省关于非法吸收公众存款罪的司法判决书数量整体呈上升趋势，且全国范围内该罪的判决书保持较高的增长率，在 2015 年和 2016 年的增长率甚至超过 50%（分别为 70.32% 和 87.62%）。从绝对值上看，2018 年起，全国范围内非法吸收公众存款罪一审判决书数量业已突破 5000 大关，不难看出该罪在实践中的高发态势。这也是立法机关着力加重该罪法定刑的重要原因,即以重刑的威慑力遏制潜在犯罪,实现刑法一般预防和特殊预防的机能。

为进一步了解非法吸收公众存款罪的司法适用情况,通过检索得到上海市2016年至2020年关于金融犯罪的案件受理数及非法吸收公众存款罪的案件受理数情况,如图3所示。不难看出,就上海市而言,非法吸收公众存款罪的案件受理数量呈上升趋势,且其在金融犯罪案件中所占比重越来越高(2016年至2020年比重依次为18.36%、37.18%、63.09%、69.14%、67.17%),这和部分学者一贯主张的非法吸收公众存款罪逐渐沦为“口袋罪”的观点相吻合。司法实践中,包括非法吸收公众存款罪在内的7个罪名被统称为非法集资类犯罪。与非法吸收公众存款罪相比,集资诈骗罪在犯罪认定上难度较大,如“主观上具有非法占有的目的”,这使得部分审判人员倾向于在犯罪事实既定的基础上,选择相对容易认定的非法吸收公众存款罪为案件定性。

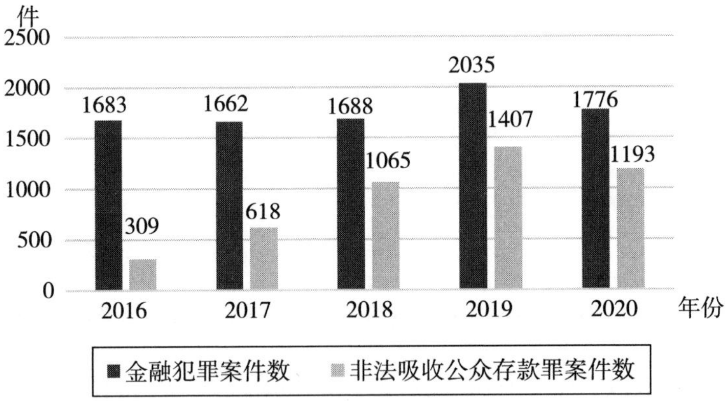

图3　2016~2020年上海市金融犯罪和非法吸收公众存款罪受理案件数

(二)立法修改后非法吸收公众存款罪的实效评估

首先,在主刑方面,本次修改增设了“数额特别巨大”这一档次,且对应的法定最高刑达 15 年有期徒刑,这预示着司法实践中对非法吸收公众存款罪的量刑将会加重。一方面,对于 2021 年 3 月 1 日后的非法吸收公众存款行为,将会因为涉及金额判处比以往更高的刑期。另一方面,对于 2021 年 3 月 1 日之前的犯罪行为,虽然不能依据新法予以裁判,但是审判人员在很大程度上会受到新法立法精神的影响,从而很可能对犯罪分子从重量刑。

其次,虽然在“数额巨大”之上新增了“数额特别巨大”这一量刑档次,但是刑法对三个档次的具体金额界限仍未明确规定,这有待后续的司法解释释明;否则,将会因为地区差异造成司法适用混乱的现象,影响其应有的犯罪预防效果。

再次,2021 年 6 月 16 日最高人民法院、最高人民检察院联合印发的《关于常见犯罪的量刑指导意见(试行)》明确规定:在集资诈骗案中,罚金要以犯罪情节为依据,综合考虑被告人缴纳罚金的能力决定。该指导意见肯定了“犯罪情节”在罚金刑适用中的决定性作用,同时兼顾被告人的实际缴纳能力,在对犯罪分子予以惩治的同时,也体现了刑法的人文关怀。在某种程度上,这一规定弥补了无限额罚金制的缺陷。

最后,从宽条款的设置将“积极退赃退赔”规定为法定从宽情节,且在具体的从宽幅度上,不仅可以从轻处罚,还可能在符合一定条件时在法定刑以下判处刑罚。这是立法给予的特别对待,既坚持了“宽严相济”的刑事政策,也兼顾了保护民营经济健康发展的时代理念,使社会危害性不大并及时挽回损害后果的涉案企业能够得到从宽处理,不至于因为背负过重的包袱而一蹶不振。

四、对非法吸收公众存款罪的完善建议

(一)适当降低非法吸收公众存款罪的刑罚力度

个罪的刑罚配置是一个极其复杂的问题。《刑法》第5条规定的罪刑均衡原则只是宏观地指出两个变量(罪行和刑事责任);具体配置时需要将这两个变量进一步细化为危害后果、人身危险性、发案数、破案概率、定罪概率等要素,并赋予这些变量不同的比重,最后综合分析量定。但有一个比较简单的方法,就是比较相似犯罪的法定刑配置。[①] 比较非法吸收公众存款罪和非法经营罪:二者同为管制型犯罪,规范的保护对象均是特殊主体的"垄断"利益;但后者配置的法定刑,无论是主刑还是附加刑,均明显重于前者(基础刑为5年以下有期徒刑或拘役,最高刑为15年有期徒刑,且须并处或单处违法所得1倍以上5倍以下的罚金或没收财产)。如果考虑到非法经营罪是纯粹的秩序型犯罪,而非法吸收公众存款罪不仅侵犯了管理秩序,还危及公众的资金安全,以及二者间发案数量的重大差异,则这种刑罚配置的横向不均衡更加凸显。因此,此次立法修改将非法吸收公众存款罪的最高刑期提升至15年有期徒刑,基本是可行的,做到了个罪之间的配刑横向平衡。按照调整后的立法方案,结合2021年《关于常见犯罪的量刑指导意见(试行)》的相关规定,对非法吸收公众存款罪达到数额特别巨大或者有其他特别严重情节的,在10~12年有期徒刑的幅度内确定量刑起点;在量刑起点的基础上,再根据非法吸收的存款数额等其他影响犯罪构成的犯罪事实增加刑罚量,确定基准刑。这将大幅度提高涉案金额特别巨大的非法吸收公众存款罪实际适用的刑罚,也彻底杜

---

① 参见叶良芳:《总体国家安全观视域下非法集资的刑法治理检视》,载《政治与法律》2022年第2期。

绝了对这类特别严重的案件适用缓刑的可能。因此,从短期治理效果来看,将非法吸收公众存款罪的法定最高刑提升至 15 年是可取的。但如果立足于长期效益,特别是考虑到非法吸收公众存款罪是秩序犯罪,其与集资诈骗罪存在本质上的差异,以及我国刑罚结构总体偏重的情况,今后修法时有必要适当降低非法吸收公众存款罪的刑罚力度,宜将法定最高刑限定在 7 年有期徒刑。

(二)将罚金刑改为倍比罚金制

此次修改将非法吸收公众存款罪的罚金刑由限额罚金制调整为无限额罚金制并不妥当。诚然,修改前规定的限额罚金制较为僵化,最高 50 万元的罚金限额已经远远不能适应当前打击非法集资这类逐利性犯罪的需要,迫切需要修改。但是,将限额罚金制改为无限额罚金制,是从一个极端跳到另一个极端,将导致法官自由裁量权过大。诚然,采取无限额罚金制后,司法机关可以针对涉案数额较大的非法集资犯罪判处与犯罪情节相适应的罚金,还可以酌情考虑犯罪人的经济状况,保证所判处的罚金得到执行。[①] 这是无限额罚金制的优势,但其弊端也是明显的,特别是与罪刑法定原则之"刑罚明确性"要求存在实质性的冲突。无限额罚金制本质上与绝对不定期自由刑无异,其过于笼统、模糊的规定将导致司法自由裁量权不受限制;司法实践中完全可能存在滥用无限额罚金制规定的隐患。[②] 为此,有必要参照类似罪名的罚金刑配置,将非法吸收公众存款罪的罚金刑调整为倍比罚金制,即对犯非法吸收公众存款罪的,并处或单处非法吸收公众存款数额 50% 以上 2 倍以下的罚金,或者并处或单处给集资参与人造成直接经济损失数额 1 倍以上 5 倍以下的罚金。这样修改既避免了限额罚

---

① 参见赵秉志主编:《〈刑法修正案(十一)〉理解与适用》,中国人民大学出版社 2021 年版,第 139 ~ 140 页。

② 参见刘宪权:《〈刑法修正案(十一)〉中法定刑的调整与适用》,载《比较法研究》2021 年第 2 期。

金制受经济发展状况影响的弊端,又赋予了司法机关一定的自由裁量权,更有利于贯彻罪刑相当原则。

第四节 非法植入基因编辑、克隆胚胎罪条款的立法评估

《刑法修正案(十一)》第 39 条新设了非法植入基因编辑、克隆胚胎罪,作为《刑法》第 336 条之一,即"将基因编辑、克隆的人类胚胎植入人体或者动物体内,或者将基因编辑、克隆的动物胚胎植入人体内,情节严重的,处三年以下有期徒刑或者拘役,并处罚金;情节特别严重的,处三年以上七年以下有期徒刑,并处罚金"。这一新罪的增设基于何种立法动因,法条设计是否合理,其实效性如何,均需要予以认真研究。

一、增设非法植入基因编辑、克隆胚胎罪的立法动因

(一)安全风险:刑法介入的正当根据

人类胚胎基因编辑技术风险,是风险社会下人类所面临的一种新型生存风险。其具体表现为以下两类风险:一类是对通过该类技术诞生的婴儿所造成的风险。在当前人类对于基因及其在医疗方面应用后果的认知尚处于起步阶段的前提下,贸然将人类胚胎基因编辑应用于临床实践,无疑会埋下对通过该技术诞生的婴儿在未来生命健康方面不可逆转的安全隐患。另一类是对于人类后代所存在的风险。人类胚胎基因编辑属于生殖细胞基因治疗的一种具体形式,与细胞基因治疗不同的是,其将对由该胚胎孕育而成的婴儿的后代遗传物质产生影响;一旦产生人类认知水平难以预见的风险,这一风险将表现出显

著的后果扩展性。[①] 无论是哪类风险，都意味着目前的人类胚胎基因编辑技术具有极大的安全隐患。如果任由这种技术盲目发展，甚至直接应用于临床，则整个人类的生存都将遭遇不可预知的巨大风险。为了“维护国家安全和生物安全，防范生物威胁，与生物安全法衔接”[②]，通过刑法为此类行为设立禁区，具有必要性和合理性。

（二）典型案例：刑法介入的直接动力

2018年11月26日，在第二届国际人类基因组编辑峰会召开的前一天，来自南方科技大学生物系的贺某奎副教授宣布，世界首例免疫艾滋病的基因编辑双胞胎在中国诞生。这不亚于在全球范围内扔出一颗炸弹，瞬间引发社会各界的强烈反应。一百多位科学家当即共同署名，严厉谴责这一“疯狂的人体试验”；有关部门马上启动联合调查，确认这一行为系国家明令禁止的违法活动；司法机关迅速启动刑事程序，认定这一行为构成非法行医罪。在社会各界群起谴责之下，立法机关也第一时间采取行动，通过了《刑法修正案（十一）》，增设刑法第336条之一，增设了非法植入基因编辑、克隆胚胎罪。这是立法机关及时回应民意、践行积极预防刑法观的又一表现。

二、增设非法植入基因编辑、克隆胚胎罪的反对观点

有部分学者质疑非法植入基因编辑、克隆胚胎罪的增设。有论者认为，人类基因安全并不是一项独立的刑法法益，故不应对编辑人类基因的行为予以刑法规制。理由有三：其一，胚胎没有被法律界定为“人”，基因编辑的行为没有侵害胚胎的“人身法益”；其二，即使认为

---

① 参见马路瑶：《风险社会视阈下人类胚胎基因编辑的刑事立法立场》，载《湖北社会科学》2019年第11期。

② 参见李宁：《关于〈中华人民共和国刑法修正案（十一）（草案）〉的说明》，载全国人民代表大会网2020年12月28日，http://www.npc.gov.cn/npc/c30834/202012/f16fedb673644b35936580d25287a564.shtml。

胚胎具有人格尊严,亦不能当然地推出其可以成为刑法的保护法益;其三,基因库的安全是一种难以预测的未来风险,不能成为一个适格法益。[①] 另有论者虽然承认基因法益,但认为以刑法规制基因编辑活动违反刑法谦抑主义。基因编辑、克隆人体胚胎入罪,是风险刑法和预防刑法的体现,是对基因法益保护早期化的肯定,在立法论、解释论和效果论上乏善可陈,这将对刑法谦抑主义产生冲击。具体而言,将基因编辑入罪的立论根基存在三大问题:一是从体系论上看,其违背了责任原则;二是从解释论上看,"风险刑法"是主观主义之上的刑法;三是从效果上看,试图以刑事入罪替代公共治理,既会削弱刑罚惩治功能,又会导致社会治理模式变得单一。[②]

三、增设非法植入基因编辑、克隆胚胎罪的实效评估

自从非法植入基因编辑、克隆胚胎罪设立以来,尚无一起相关案件发生。这似乎表明,本罪的增设,不仅发挥了很好的规范指引功能,而且发挥了很好的行为威慑功能,取得了非常理想的治理实效。只需立法者在刑法典中创设一个"纸面之法",而不需要司法者动用一兵一卒,即可充分发挥规范的宣谕效果,实现规范的预防功能。"上兵伐谋",若果真如此,则这一立法的实效无疑是最大的。然而,有一点疑问是,在本罪增设之前,对于基因编辑、克隆胚胎的行为(虽然只有1例),司法机关也是可以定罪处罚的。贺某奎案即是如此,涉案的三个被告人最后均被论以非法行医罪。因此,迄今为止,非法植入基因编辑、克隆胚胎罪"零案例"的成效,究竟是司法判例指引功能的结果还是立法新罪增设指引功能的结果,殊难判断。如果是前者,既然法规

---

① 参见贾健、赵亚琨:《人类基因安全是一项独立的刑法法益吗?——基于否定论的立场》,载《广西社会科学》2020年第1期。

② 参见丁鹏:《基因编辑行为不宜入罪——以风险刑法入罪化之反思为视角》,载《江西警察学院学报》2020年第2期。

范中已经有罪名可以规制基因编辑人体胚胎的行为，则立法就没有必要增设新罪；如果是后者，则表明法院以非法行医罪处理世界首例基因编辑人体胚胎案，在定性上是存在问题的。尽管如此，增设本罪，确实实现了规范最大的指引功能和宣示效果。

还有一个相关的问题是，本罪的增设有无不当妨碍科技创新？换言之，立法增设本罪之后，编辑人类胚胎的科学实验还能不能进行？是不是应当对其一律禁止？对此，立法似乎是不明确的，实践中的数据和案例也无从收集，其具体状况如何，尚不可知。本书认为，同任何一项科学技术一样，生殖系基因编辑技术亦是价值中立的，其效用取决于使用者的目的。如果使用者将其用于制造奴隶、生物武器，对社会而言，当然只有负效用；如果使用者将其用于增强体质、治疗疾病，对个体和社会而言就意味着正效用。但在这项技术推广应用之前，应当保证其本身不存在技术风险。所以，本罪的保护法益是公共卫生秩序，而非人类基因库安全。申言之，鉴于目前生殖系基因编辑在技术上存在极大的风险不确定性，因而应当严格禁止其临床应用，但应允许纯粹的基因编辑胚胎实验（不以孕育生命为目的），等技术相对成熟时再推及经过特别批准的人类生殖系基因编辑临床试验。①

四、对非法植入基因编辑、克隆胚胎罪的完善建议

（一）立法层面：应当限缩植入胚胎的类型范围

根据《刑法》第336条之一的规定，非法植入基因编辑、克隆胚胎罪的行为类型有三种：一是将基因编辑、克隆的人类胚胎植入人体内；二是将基因编辑、克隆的人类胚胎植入动物体内；三是将基因编辑、克

---

① 参见叶良芳：《非法植入基因编辑、克隆胚胎罪的保护法益：基于生命伦理的视角》，载《浙江大学学报（人文社会科学版）》2022年第7期。

隆的动物胚胎植入人体内。归纳而言,本罪的行为方式是“植入”,行为对象是“基因编辑、克隆的人类胚胎或动物胚胎”,行为结果是“植入人体内或动物体内”。上述第一种和第二种行为涉及人类的利益,具有刑法规制的必要性;但第三种行为并不涉及人类的利益,将其一并纳入本罪的调整范围,并不妥当。因为从结果主义来看,基因编辑的危害在于其可能侵害胎儿(未来的人)的健康以及人类基因库的安全,而不是影响胚胎在人体或动物体内的孕育(不发育成人)。换言之,需要关注的是基因编辑对“未来的人”的利益的侵害,而不是对“胚胎”的利益的侵害。决定胚胎是孕育成人、动物还是人兽嵌合体的,是人类基因的组成和结构,而不是胚胎孕育的场所。即使将经过基因编辑的人类胚胎植入动物体内,如果将来顺利分娩,也不会因为其是从动物子宫内分娩出来的就变成动物;同样,将经过基因编辑的动物胚胎植入人体内,如果将来顺利分娩,也不会因为其是从人体子宫内分娩出来的就变成人。① 申言之,第一种和第二种行为是“造人”活动,因而具有刑法规制的基础,而第三种行为是“造物”活动,并不具有刑法规制的基础。因此,将来修法时,可以考虑删除上述第三种行为类型。

(二)司法层面:应当明确“情节严重”的适用标准

根据《刑法》第 336 条之一的规定,在“情节严重”“情节特别严重”的情形下,只有违反国家有关规定将基因编辑的胚胎或克隆的胚胎植入人体或者动物体内的行为,才构成犯罪;否则,仅是一般违法行为。但是,当法条中存在“情节严重”这类词语时,裁判者不能仅根据社会事实和一般社会经验判断,还必须进行价值判断,即根据法律规定的精神对各项事实的重要性进行评判。在法律条文未对何种情形

---

① 参见叶良芳:《非法植入基因编辑、克隆胚胎罪的保护法益:基于生命伦理的视角》,载《浙江大学学报(人文社会科学版)》2022 年第 7 期。

属于“情节严重”“情节特别严重”予以明确规定时，准确把握本罪的规范保护目的对于正确解释“情节严重”“情节特别严重”而言显得尤为重要。换言之，只有实行行为对本罪保护的法益具有严重的侵害性或者严重的侵害危险时，才应将这类行为评价为“情节严重”，进而将其划入本罪规制的范围。侵害人类基因技术应用的安全性和伦理性，是“情节严重”最主要的内容；违法所得数额、侵害被试人知情权和隐私权、违背被试人自愿原则以及伪造相关试验许可证件等，亦属于“情节严重”罪量要素的内容。为此，最高司法机关有必要及时出台相关解释性规定，明确本罪的定罪情节和量刑情节。

第八章 风险社会刑事立法的配套制度

无论是否认同“风险刑法”“预防刑法”“安全刑法”等概念，风险社会、信息社会的刑法正悄然发生重大的范式转变，这是一个不争的事实。马克思指出，“立法者应该把自己看作一个自然科学家，他不是在创造法律，不是在发明法律，而仅仅是在表述法律”[①]。法律是对现实生活规则的发现，面对刑事立法在当代社会的重大转向，刑法学者应当转换观念，与时俱进，担当起相应的理论重构的使命，既增加刑法在当代社会的适应力，又保证其在理性、科学和民主的轨道上运行。风险刑法引起的刑法范式转换是一个逐步推进的过程，在范式转换的同时，迫切需要相应的制度构建，以适应新范式下刑法体系的治理特点。

目前，刑事立法正朝着“严而不厉”的方向迅速迈进，这俨然成为顺应新时代社会治理需求和刑法改革目标的总体立法趋势。换言之，扩大犯罪圈，增

---

① 《马克思恩格斯选集》(第3卷)，人民出版社1972年版，第69页。

设大量轻罪,降低刑罚严厉程度,拓展刑事制裁措施,是刑法体系的未来发展之路。但是,我国目前的刑事立法模式单一,重罪轻罪未予区分,并且刑事制裁措施也面临立法选择障碍、司法适用效能不足等困境。同时,轻罪与重罪不分,导致其负面效应也开始凸显,不仅宽严相济的刑事政策和少捕慎诉慎押的司法政策难以充分贯彻,而且轻罪的社会治理成效也不佳。事实上,上述问题的产生并非立法扩张轻罪范围的结果,其真正的根源在于,未能优化顶层设计,欠缺对轻罪及其附随后果以及刑事制裁体系的制度性构建。因此,有必要在立法层面加快轻罪轻罚体系的一体化构造,大力推动刑事制裁措施的多元化,加快完善轻罪附随后果之前科消灭制度。

第一节　风险社会轻罪体系制度之构建

随着劳动教养制度的废除,立法者通过降低入罪门槛将原有的受劳动教养制度规制的行为犯罪化,并将其他一些较为严重的违法行为转化为轻微犯罪,由此开启了轻罪体系的立法改革。[①] 时至今日,我国已经迎来了轻罪时代。[②] 所以,当前刑法体系发展所面临的问题不是应否增设轻罪,而是如何基于我国的犯罪现状与发展情势,对轻罪体系制度进行法治化、科学化、本土化的构建。具体而言,首先,应当明确风险社会下轻罪体系的制度价值,这是构建轻罪体系的理论根基。其次,在轻罪制度价值的贯彻指引下,应当确立轻罪重罪的区分标准及其范围,并提倡在多元化的刑事立法模式下,厘清轻罪设定的实体性原则;同时扩张轻罪出罪免刑的合理路径,以保障轻微犯罪行为出

① 参见陈兴良:《犯罪范围的扩张与刑罚结构的调整——〈刑法修正案(九)〉评述》,载《法律科学(西北政法大学学报)》2016 年第 4 期。

② 参见卢建平:《轻罪时代的犯罪治理方略》,载《政治与法律》2022 年第 1 期。

入罪的动态平衡。最后,需要有针对性地设置轻罪体系有效运转的程序性保障机制,保证实体法与程序法的双向联动以及立法与司法的一体化衔接。只有这样,才能更快、更好地推动刑事法律体系的现代化转型,充分发挥刑法在社会治理中的应有功用,促进社会的公平正义。

一、风险社会轻罪体系的制度价值

(一)区分轻重处遇彰显人性法治

轻罪体系是在"以人民为中心"这一核心法治理念的指导下形成的,充分贯彻体现了人性法治。在刑法领域,新的观念激发新的功能,新的功能产生新的结构,进而联动性引发整个刑法体系的变革。在风险社会中,高空抛物、科技型盗窃与诈骗、醉酒驾驶、危险作业等新型违法犯罪行为层出不穷,这些行为严重破坏了民众的生活安全感;一味固守谦抑而排斥乃至杜绝刑法的介入,无异于放任犯罪的滋生,这也是刑法规制的失职。[①] 在立法欠缺有关轻罪时,司法实践对于这些新类型案件,常常不惜类推定罪。[②] 社会主义法治的核心思想在于以人民为中心,即坚持人民在法治中的主体价值和中心地位;法治建设的出发点和落脚点在于体现和维护人民权益。[③] 由此,积极刑事立法观应运而生,使刑法逐步从法益保护为主转向兼顾社会防卫的犯罪治理目标,刑事政策发展趋势也从"厉而不严"转向"严而不厉",即处罚范围扩张、处罚程度轻缓。以往,剥夺或限制犯罪人相关权利,被认为是理所当然,然而随着犯罪圈的扩展,新的观念逐渐生成,犯罪与道

---

① 参见徐岱、王沛然:《中国轻罪治理体系规范检视与路径选择》,载《社会科学战线》2022 年第 10 期。

② 参见周光权:《论通过增设轻罪实现妥当的处罚——积极刑法立法观的再阐释》,载《比较法研究》2020 年第 6 期。

③ 参见张文显:《习近平法治思想的理论体系》,载《法制与社会发展》2021 年第 1 期。

德、耻辱之间的关联度逐渐减弱。犯罪观念正悄无声息地改变，刑法必须及时捕捉这种观念的变化，作出适时适度的调整。在此之下，刑法功能从惩罚、报应已然之罪，转向预防或管控未然之罪，转向治理风险，进而要求刑法体系整体的全方位变革。[①] 轻罪体系制度的构建，就是刑法体系革新的典型体现。

轻罪体系制度从各个方面展现了人性法治。首先，现代刑罚理念不再将报应或预防之一作为刑罚适用的唯一根据，而是两者兼顾，以发挥刑罚的报复感情缓靖机能、保安机能、赎罪机能以及预防机能。[②] 显然，这种理念正是社会主义法治之"以人民为中心"的核心价值观的重要表现。其次，刑罚的配置朝着轻缓化发展，刑罚的执行也更为人性化。立法对轻罪刑罚只设置了上限，并未规制下限；并且，监狱服刑不再是主要的方式，自由刑的期限逐步缩短，罚金刑的地位进一步提升，自由刑易科罚金等制度正被积极探索，社区矫正逐步成为刑法执行的重要方式。同时，需要作为轻罪处罚的行为，也可以通过法治化的司法出罪与免刑认定，保障犯罪人的权益，并以程序分流进行不同的司法处遇，让其感受法的宽严适度。此外，弱化自然伦理方面的否定性评价，强化特定行业准入的审查，提升累犯再犯的惩戒力度，降低犯罪人回归社会的成本，可以实现法的张弛有度。最后，轻罪设定能够同时实现犯罪的特殊预防和一般预防功能，充分彰显人性法治的中心意旨。轻微罪较之重罪，更加贴近民众生活，更容易被认知。受过此类犯罪惩处的人，往往一眼就能认出此类犯罪行为，进而因忌惮刑法严厉的否定性评价，不会再次实施此类违法犯罪行为，刑法因而可以达到特殊预防目的。没有犯罪的普通民众在日常生活中也会因法网的严密宣传与犯罪行为的频发情况间接感受到刑法的施行而不敢

---

① 参见卢建平：《轻罪时代的犯罪治理方略》，载《政治与法律》2022 年第 1 期。

② 参见[日]西原春夫：《刑法的根基与哲学》，顾肖荣等译，法律出版社 2004 年版，第 42 页。

随意实施有关行为，从而实现刑法的一般预防目的。[①] 因此，即便立法区分轻罪与重罪，并强化轻罪体系构造，使得刑法逐渐呈现出一张“父亲般的脸，威严而慈祥”[②]，但它依然是可以亲近而不可侵犯的保障之法。

（二）在新型犯罪领域中发挥规则治理功效

当前我国正处于风险社会的转型期，刑事立法设定轻罪体系，能够在新型犯罪领域充分发挥刑法的规则治理功用。就轻罪立法而言，主要有以下六种做法：（1）扩大既有犯罪范围，将原本由行政法调整的行为予以犯罪化；（2）新罪增设，将原本由治安管理处罚法调整的行为升格为犯罪；（3）新增罪名，将原本可以依法按照犯罪预备、帮助犯处理的行为正犯化；（4）新增罪名，将以往由职业道德规范或处罚不明确的行为犯罪化；（5）新增罪名，将性质上主要属于民事纠纷的行为犯罪化；（6）面对新型社会问题，刑法新增轻罪类型。[③] 这些做法事实上降低了入罪的门槛，而入罪门槛的降低，必然需要严密的法网予以补强。当犯罪触角不断向预备行为、帮助行为延伸，向治安违法行为延伸时，也必然需要相对较轻的刑罚与之对应。

不过，也有学者不赞同“轻罪时代”的提法，认为我国 11 部刑法修正案共新增轻罪 28 个，现存轻罪 105 个，“轻罪化”只是刑法修正的一小部分，我国刑法总体呈现的仍是“以重为主、轻重并进”的犯罪化趋势，轻罪制度并未成为立法主线，轻罪化被屡次用于渲染当前的犯罪化立法及其趋势，是对“废除劳动教养制度”法治意义的误解。[④] 刑法

---

① 参见储槐植、李梦：《刑事一体化视域下的微罪研究》，载江溯主编：《刑事法评论》（第 43 卷），北京大学出版社 2020 年版，第 177 页。

② ［日］西原春夫：《刑法的根基与哲学》，顾肖荣等译，法律出版社 2004 年版，第 139 页。

③ 参见何荣功：《我国轻罪立法的体系思考》，载《中外法学》2018 年第 5 期。

④ 参见冀洋：《我国轻罪化社会治理模式的立法反思与批评》，载《东方法学》2021 年第 3 期。

不应当过度积极参与社会治理,不能打击得过早过小。[①] 但是,通过对近期刑事立法活动的观察不难发现,刑法的确在持续增加轻罪数量,以严密犯罪法网,且预防性立法和司法的倾向十分明显,整体上已经形成轻罪治理体系。尽管诸如危险驾驶罪、妨害安全驾驶罪、侵犯公民个人信息罪、高空抛物罪等轻罪罪名在刑法体系中占比不大,但其司法适用率持续升高,占用司法资源的份额也持续增加。根据学者统计,自2013年始,轻罪占比在犯罪体系中呈现逐年上升态势,宣告刑为3年以下有期徒刑的轻刑案件占比超过80%,重罪比率均在20%以内,除了2017年有所波动外,这一轻罪增长趋势已经维持了10年。[②] 实际上,从顶层设计视角出发,轻罪体系设定,不仅能够有效维护风险社会中刑法体系的稳定,也可以切实防范刑事立法的过度修正,同时能够有效解决当前实践中轻罪案件"案多人少"的资源配置难题,合理弥合违法犯罪行为制裁体系中的结构性断层。[③] 未来立法为应对严峻风险、解决实务难题、防止重罪滥用,必定还会增设更多轻罪。

更重要的是,现代法治追求良法之治,良好的法律能够为社会一般人提供行动的方向、准则。刑法条文既是裁判规范,也是行为规范,具有行为指引的功能,并预设了行为底线,兼顾了风险探索和法益保护的平衡。越轨行为与其说是行为人从事某种活动的特质,毋宁认为是"其他人将准则及制裁施加于触犯者的结果"[④]。具体而言,轻罪制度通过梳理行为类型,确定罪与非罪之间的界限,确立立法上的规则区分,形成制度威慑;轻罪规范简化了人们对法益具体、烦琐的判断,

---

① 参见齐文远:《"少捕慎诉慎押"背景下打早打小刑事政策之适用与反思——以网络犯罪治理为视角》,载《政法论坛》2022年第2期。

② 参见卢建平:《为什么说我国已经进入轻罪时代》,载《中国应用法学》2022年第3期。

③ 参见梅传强:《论"后劳教时代"我国轻罪制度的建构》,载《现代法学》2014年第2期。

④ 张明楷:《刑法格言的展开》,北京大学出版社2013年版,第1~2页。

个体只要遵循行为准则,即无受制裁的风险。换言之,风险社会的来临,使人们对风险的认知进入了前所未有的时代,允许部分风险的存在,鼓励社会发展,同时兼顾法益保护,是刑法作为行为规范的价值选择,而轻罪刑罚的轻缓适用进一步增强了规则的柔性。因此,刑事立法必须依据犯罪的发展态势以及公众的安全需求,合理设定相关的轻罪,以全面、有效地应对新型犯罪风险,充分发挥其精细化的规则治理功能。

(三)轻罪重罪案件分流凸显司法效率

从刑事实体法来看,“入罪容易出罪难”是长期以来存在的司法惯例,如果不及时设定轻罪,则极易导致司法机关对一些轻微犯罪行为不惜通过类推解释适用重罪,从而侵害被告人的合法权益。从刑事程序法来看,现行的刑事诉讼程序主要是依照“重罪重刑”的结构设计的,并未体视对轻罪案件的程序性过滤功能,即在刑事程序整体安排上以繁为主,这会不当加大案件审理的负担,造成司法资源的浪费。虽然立法机关对刑事诉讼法进行了大规模修改,增设了刑事速裁程序和认罪认罚从宽制度,为轻罪提供了更多的程序性保障,但是由于刑事立法并未对罪名进行轻重分离,所以司法实践中对于轻重犯罪的认定标准不一,轻罪的存在范围难以明确,甚至不少轻罪案件出现了“同案不同判”的司法乱象。另外,风险社会中大量涌现轻微刑事案件,程序烦琐的现象更是明显;而严重的刑事案件因缺乏足够的司法资源投入长期积压,进而导致选择性执法成为司法常态。

为了摆脱上述司法困境,最高司法机关在简易程序的基础上进一步尝试刑事诉讼的高效化改革,即建立轻微刑事案件快速办理机制与进行刑事案件速裁程序的试点。必须承认,这些司法实践改革措施,在一定程度上能够有效纾解上述程序性难题;但仍然需要从刑事实体法上先行设定轻罪重罪区分的刑法体系,否则刑事诉讼程序的改革始终无法摆脱根本性问题的掣肘。轻罪制度的构建,不仅能够实现对不同案件快速、有效的分流处理,而且能够从内部制度上形成系统性的案件快速、简易处置机制,同时,还可以在保障人权与公平公正的前提下,实现有限司法资源的优化配置,进而有效推进司法效率的提升。

二、风险社会轻罪体系的实体性构建

轻罪体系在发挥全面惩处轻微犯罪行为、缓解有关司法处理困境的正向功效的同时,也可能因入罪门槛过低、具体范围不明、体系定位不当、诉讼程序不规范等原因带来负效应。故有必要展开轻罪体系的具体构建,为实现轻罪体系及其制度的一体化构造奠定基础。

(一)确定轻罪重罪的区分标准与调整范围

考察域外关于轻罪重罪的区分,归纳起来大致有以下三种标准:一是以犯罪的严重程度为区分标准。例如,《法国刑法典》开篇明确规定,刑事犯罪依照其严重程度分为重罪、轻罪和违警罪。所谓"严重程度",是指"给社会造成的危害大小";立法者在确定刑罚之前充分考虑了犯罪行为的严重程度,重罪与轻罪危害了"社会价值",而违警罪仅仅是违反了"社会生活之纪律"。[①] 依据刑事犯罪的严重程度,法国立法对重罪、轻罪分别设置了最高刑期不等的自由刑,并为违警罪设置了罚金刑。重罪为最短刑期为 10 年徒刑或拘押的犯罪;轻罪的最高刑为 10 年监禁。二是以刑罚种类为区分标准。例如,《意大利刑法典》根据犯罪的刑罚种类不同,将其划分为重罪和违警罪。其中,重罪是指主刑为无期徒刑、有期徒刑或罚金的犯罪,违警罪是指主刑为拘役或罚款的犯罪。三是以犯罪的法定最低刑或法定最高刑为区分标准。例如,《德国刑法典》将犯罪划分为重罪和轻罪。其中,重罪是指最低刑为 1 年或 1 年以上自由刑的犯罪,轻罪是指最高刑为 1 年以下

① 参见《法国新刑法典》,罗结珍译,中国法制出版社 2003 年版,第 261 页。

自由刑或罚金的犯罪。

本书认为，轻罪重罪的区分标准应当是法定刑的种类及其幅度。犯罪的严重程度或危害程度作为犯罪分类的标准，虽然就本质而言无疑是正确的，但它没有提供具体的判断和操作标准，相当于是在说"因为危害性大所以是重罪，危害性小所以是轻罪"，这是典型的循环定义。法定刑标准则可以避免上述缺陷，提供一个相对明确的尺度。所以，问题就转换为，重罪轻罪的划分标准，其具体的法定刑应当切分在哪一个层次？本书认为，根据我国刑法规定的犯罪的法定刑总体偏重、司法实践的经验以及域外立法的做法，将轻罪重罪的划分标准以法定刑 3 年有期徒刑为分界点，是基本可行的：法定最低刑为 3 年以上有期徒刑的犯罪，为重罪；法定最高刑为 3 年以下有期徒刑的犯罪，为轻罪。事实上，尽管刑事立法并未明确界定轻罪与重罪的标准与差异，但刑法、刑事诉讼法以及相关的规范性文件中却不同程度地蕴含了轻罪重罪的分层情况，包括但不限于在刑事管辖、刑罚具体适用、诉讼程序等方面的具体规定。[①] 司法实务界也默认这一划分标准，如 2021 年最高人民检察院工作报告关于认罪认罚从宽制度适用情况的统计，就将 3 年以下有期徒刑作为确定轻罪案件的标准。

另外，轻罪体系的基本范围也需要明确。在设置轻罪体系时，应当厘清行政违法行为和轻罪行为的区分标准，并尽可能减少轻罪与重罪法条竞合、想象竞合等罪数竞合情况；否则，必然会造成刑法与行政法处罚边界的模糊，轻罪法条也会因罪数竞合而被束之高阁，最终仍

---

① 主要法律依据有：(1)我国《刑法》第 7 条第 1 款关于属人管辖的但书规定以及第 8 条关于外国人保护管辖的规定，都是以 3 年有期徒刑为分界点；我国《刑法》第 72 条规定，缓刑只适用于被判处拘役或 3 年以下有期徒刑的犯罪分子；除侵占罪数额巨大或有其他严重情节外，告诉才处理的犯罪最高刑为 3 年、2 年有期徒刑不等，第 246 条侮辱罪、诽谤罪还可以单独适用剥夺政治权利。(2)《刑事诉讼法》第 216 条规定的简易程序独任审理适用于可能被判处 3 年有期徒刑以下刑罚的被告人；第 222 条规定基层人民法院管辖的可能判处 3 年有期徒刑以下刑罚的案件可以适用速裁程序；第 288 条规定因民间纠纷引起的可能判处 3 年有期徒刑以下刑罚的《刑法》分则第四、第五章犯罪可以刑事和解；等等。

是重罪"包办"的司法局面。具体而言,行政违法行为与轻罪的区分既要坚持行为性质的区分,也要考虑行为"罪量"上的差异。对于有些不法行为,立法者将其定位为违法,故即使危害程度再高,其也始终是行政违法行为,如闯红灯;有些不法行为则既可能是行政违法行为,也可能是轻罪:二者区分的关键,在于行为的危险程度有无超出一定的"量",如醉驾。这类轻罪,原本亦属于行政违法行为,只是由于此类行为对社会安全具有严重侵害的风险,刑法基于预防性目的,将此类行为予以抽象化、类型化构造。此外,立法应当减少轻罪条文与重罪条文的竞合规定,而在立法存在竞合规定的情况下,应考虑从司法层面明确罪数竞合的有限适用;否则,增设轻罪的目的极易落空。

(二)确立轻罪的立法模式

对于我国刑法轻罪的立法模式,学界主要存在以下两种倾向性意见:一种意见认为,增设轻罪,宜采用刑法修正案的方式,作为现行《刑法》分则罪名的补充;另一种意见认为,增设轻罪,宜采用特别刑法的方式,或在附属刑法中予以特别规定,或者制定专门的轻罪法。

本书认为,应当在现行《刑法》中设立轻罪分则,集中对轻罪予以统一规定。原则上,《刑法》总则参照现有体系安排,增加一些与轻罪认定和处罚相关的内容。《刑法》分则分为重罪部分和轻罪部分;其中,轻罪部分在首次制定时罗列当下最为迫切需要纳入轻罪的行为类型,并保持开放的立法格局。当新的危险行为出现时,立法机关可以根据预防治理的需要,直接在轻罪部分增加轻罪条文。这是因为:一方面,轻罪亦属于犯罪,现行《刑法》总则的规定原则上对轻罪亦同样适用。如果脱离刑法典另行制定特别刑法或专门的轻罪法,不仅传统的集中统一的刑法立法模式会被打破,而且会带来《刑法》总则的规定能否适用于轻罪的疑问。另一方面,轻罪不同于重罪,在《刑法》分则中分别设立重罪分则和轻罪分则,可以强烈地传递犯罪有分层的信号,并时刻提醒司法者轻罪的实体和程序处理应当有别于重罪,从而更好地贯彻轻刑理念,实现刑罚轻缓化。

上述设计思路,可以有效解决三个方面的难题:第一,轻罪分则具备刑事法律的统摄作用,可以解决轻微犯罪立法散乱、不易查找的问题。第二,轻罪立法亦属于对"基本法律的修改或补充",可以严格遵守修法程序,保证立法程序的正当性。第三,轻罪立法涉及与重罪的比照,可以在设计二者的行为类型时避免不必要的重复和交叉。简言之,刑法并不排斥轻罪法,通过合理的体系性设计,重罪轻罪可以并驾齐驱,成为《刑法》分则体系的必要组成部分。

当然,这种模式也有一个软肋,就是存在违法行为与轻罪难以区分的问题。违法与犯罪二分法,是我国立法的传统经验,短期内很难彻底改变。详言之,根据行为违法的层级不同,不法行为被区分为行政违法行为和犯罪行为。这里,就存在区分二者的问题。在我国,无论是采用轻罪分则模式、独立的轻罪法模式还是附属刑法模式,这一问题始终是存在的,不可能随着形式上立法模式的变化而不复存在。而在域外,违法与犯罪是一元的,其轻罪法规定的轻罪行为通常并不是行政违法行为,故而也就不存在界分的难题。由此可见,只要不彻底打破违法与犯罪二分法,违法行为与轻罪始终存在基本行为方式趋同而罪量区分条件欠缺的问题,理论上的质的区分说、量的区分说、质量区分说都难以妥当解决这一难题。

然而,违法行为与轻罪之间的区分虽然困难但并非完全无法实现,只要设定明晰细致的判断标准,通常就可以对二者作出界分。具体而言:第一,应当坚持科学的顶层设计。在"严而不厉"的刑法指导思想下,基于顶层设计视角,对刑法的结构、体例、内容等进行分工有序、轻重有别、相互协调的体系构造。第二,应当保障刑法总则与轻罪分则之间的协调。总则指导分则,分则具化总则,这一刑法的内部关系同样适用于刑法总则和轻罪分则的关系。这就要求在设计轻罪分则时,考虑刑法总则的内容,在设计刑法总则时,考虑轻罪分则的条文,使二者之间保持协调一致,防止出现矛盾、冲突的现象。第三,应当明确违法行为与轻罪的区分要素。除了部分违法行为始终停留在违法的层面上外，对于那些可能转换为轻罪的违法行为，要注意尽可能明确区分二者的“量素”的具体化。对于个别确实难以量化的不法行为，则应保留适用刑法总则“但书”条款出罪的余地。

三、风险社会轻罪体系的程序性构建

一个国家的司法资源是有限的，为了最大程度地发挥资源的效益，就必须合理配置资源。刑事诉讼程序机制是实现资源分配效益最大化的重要保障，故应针对轻罪设计与重罪不同的管辖法院、诉讼程序、审理制度等诉讼机制。在域外，程序性标准的意义在于，轻重犯罪的管辖法院不同，预审程序的规定不同，陪审要求不同，直接传讯的规定不同，审理程序不同和判决的效力不同。[①] “在刑事领域，繁简分流、轻重分离、快慢分道是刑事一体化视角下对犯罪治理的科学之道。”[②]具体而言，在刑事实体法将轻罪重罪分离后，刑事诉讼法应将不同犯罪归入不同的管辖部门，并依靠普通程序、简易程序和速裁程序实现繁简分流、快慢分离。基于我国犯罪治理现代化的目标，结合立法与司法现状，针对轻罪体系，需要从以下四个方面具体构建程序性保障机制。

（一）完善轻罪办案组织机构

目前，我国司法资源紧张，办案力量普遍不足。在罪刑体系结构性调整下，司法人员面对的案件数量将大幅增加，尤其是轻罪案件。尽管我国犯罪圈的扩张相对平衡，但轻罪案件数量在今后很长一段时间内将呈现持续增长的态势。所以，司法部门亟须完善轻罪办案组织

---

① 参见卢建平、叶良芳：《重罪轻罪的划分及其意义》，载《法学杂志》2005 年第 5 期。

② 刘传稿：《轻重犯罪分离治理的体系化建构》，载《中国刑事法杂志》2022 年第 4 期。

结构。一方面,可以通过增调辅助人员、提高智能化办公等方式,充分协调科技手段和人力资源,挖掘案件处理潜力,提升案件处理质效。另一方面,组织架构的调整有赖于诉讼程序的完善,应当通过轻罪诉讼程序的合理设置、合理简化、合理分流,提升轻罪案件的办理效率,从而让办案人员能够集中精力处理重大疑难复杂的案件,实现司法资源效益最大化。另外,在条件允许的情况下,可以考虑建立专门的轻罪法庭,配备专门的办案法官,适用特别的轻罪诉讼机制。

(二)打造轻罪诉前程序分流机制

根据现行《刑事诉讼法》的规定,刑事案件的程序分流只有在审判阶段才能进行,在侦查和起诉阶段无相关规定。对此,有学者认为,这种滞后且不彻底的诉讼程序分流是在实体法缺乏轻重分离的前提下不得已而为之的立法选择,依旧存在诉讼资源浪费、诉讼效率不高的问题。[①] “程序即是惩罚。”[②]一旦审前程序启动,对被告人的人身自由、地位、名誉甚至财产都有重大影响,惩罚目的已经部分达到;如果能够对轻罪行为定性但不检举,行为人极有可能受到刑法教育,吸取教训,不再犯类似错误,从而实现预防目的。[③] 在刑法对轻罪重罪分离的前提下,轻罪诉前分流应大胆放权,适用专门适用于轻罪类型的诉前分流机制。具体而言,在侦查、起诉阶段,针对轻罪:一是应扩大检察机关相对不起诉的适用范围,同时增加检察机关检察建议的强制性效力,对于能够通过训诫、责令具结悔过、赔偿损失等方式处理而无须

① 参见陈瑞华:《论刑事诉讼的全流程简化——从刑事诉讼纵向构造角度的分析》,载《华东政法大学学报》2017 年第 4 期。

② [美]马尔科姆·M. 菲利:《程序即是惩罚——基层刑事法院的案件处理》,魏晓娜译,中国政法大学出版社 2014 年版,第 230 页。

③ 参见周光权:《转型时期刑法立法的思路与方法》,载《中国社会科学》2016 年第 3 期。

提起公诉的，尽量不提起公诉。[①] 例如，针对诉前认罪认罚的轻罪案件，原则上应当率先考虑适用不起诉制度。二是可以考虑将审理阶段的简易程序、速裁程序的范围扩大到侦查和起诉阶段，并分别规定不同的侦查和移送审查的内容、方式和案件办理期限，尽可能强化诉讼全流程司法资源的有效利用。三是应当明确分流的标准，制定不羁押、不提请批捕，以及法定不起诉、酌定不起诉、存疑不起诉、合规不起诉等程序性处理的实施细则。

（三）建立简化的轻罪诉讼程序

目前以审判为中心的诉讼制度改革，成效显著，但仍需要完善庭前会议程序，规范法庭调查程序，强化质证和辩论等程序。庭审实质化推进也必然要求庭审技术化和精密化，故未来可以针对较为严重的犯罪建立预审程序和进行法官制度等改革。[②] 这些改革举措主要针对的是重罪案件，在司法资源总量不变的情况下，重罪案件所占的资源分配比例相对较多，轻罪案件所占的资源分配比例就会相对减少。这就要求轻罪案件的处理必须进行必要的程序简化，特别是审理程序的简化，以同时兼顾程序性处理的公正。具体而言，除了现有的一般简易程序和速裁程序之外，还可以考虑借鉴域外的做法，建立轻罪案件的快速简易程序，包括立即判决程序、处罚令程序、认罪认罚程序等。所谓立即判决程序，是指对于证据确实充分、被告人认罪的轻罪案件，法官可在核实有关情况后当场作出判决。所谓处罚令程序，是指不经过开庭，法官只根据公诉人的建议直接作出罚没财产的决定。所谓认罪认罚程序，是指对于被告人与检察官已就案件的定罪量刑达成协议的，法官可以直接判决确认该协议的效力。

---

① 参见梅传强：《论“后劳教时代”我国轻罪制度的建构》，载《现代法学》2014 年第 2 期。

② 参见龙宗智：《刑事庭审制度研究》，中国政法大学出版社 2001 年版，第 168 页。

（四）重视轻罪的程序性出罪路径

依据我国刑法“定性＋定量”的立法模式，大部分没有达到实体法罪量标准的轻微违法行为，一般是直接被出罪或纳入行政处罚范围，真正需要通过程序法来分流的轻微违法行为则是相对少数，故中国轻微犯罪的出罪模式主要表现为“实体为主、程序为辅”。[①] 这也是导致司法实践忽略轻罪案件的程序性出罪机制的重要原因。但在域外，程序性出罪机制是主要的出罪机制。在大陆法系国家，普遍采取的是暂缓起诉制度、检察官自由裁量起诉制度，另外还包括轻微不起诉制度、追诉适当性制度等；而英美法系国家的司法出罪制度包括警方撤销案件制度、警察告诫制度、罚款通知程序、缓予宣告制度等。[②] 因此，我国司法实践应当充分关注轻罪案件的程序性出罪路径，包括侦查、起诉以及审判的整个阶段。具体来看，在侦查阶段，公安机关针对轻微犯罪行为，应当尽可能依法不羁押、不提请批捕；在审查起诉阶段，检察机关应当充分考量各种不起诉等过滤机制的适用；在审判阶段，审判机关应当积极促成庭前和解，或者考虑作出定罪免罚处理。简言之，通过程序性出罪机制，可以最大程度地拓宽案件的出罪渠道，最大程度地保障犯罪人的合法权益。

第二节　风险社会保安处分制度之构建

风险社会刑法的另一重要配套制度是保安处分制度。所谓保安处分，是指以行为人具有反复从事犯罪的危险性为前提，针对行为人

---

① 参见王华伟：《轻微犯分流出罪的比较考察与制度选择》，载《环球法律评论》2019年第1期。

② 参见谢川豫：《危害社会行为的制裁体系研究》，法律出版社2013年版，第317页。

的个别性，为了保护社会的安全，基于特别预防的思想，对具有再犯危险性的行为人进行隔离、改善以及治疗等处分，以代替或者补充刑罚的处分措施。[①] 保安处分制度能够弥补传统刑罚执行效果不足的缺陷，并在处罚轻罪或者处罚确实有必要预防的不法行为时发挥重要作用，从而实现刑罚结构的轻缓化、多样化和层次化。

一、保安处分制度在风险刑法中的功能

以生命刑、自由刑为中心的刑罚在应对传统刑法的实害犯时，能够实现报应目的以及发挥一定的威慑功能，但在应对风险刑法的危险犯时作用有限。因为风险社会的刑罚目的并不以报应为核心，而是以预防为任务。面对复杂多样的风险犯罪，仅仅依赖监禁和罚金惩治，已经很难实现立法者所预期的治理效果；而保安处分能够填补传统刑罚功能的缺口，起到前者所不能起到的预防作用。从性质上看，刑罚与保安处分是两种不同的制裁措施，存在以下三点区别：其一，刑罚是作为对犯罪的责任谴责而科处的，而保安处分不以责任谴责为要素。其二，刑罚以犯罪行为为前提，是犯罪行为的法律效果，而保安处分不一定以犯罪行为为前提，它以行为人将来的危险性为处分要件。其三，刑罚是对过去犯罪的报应，而保安处分是为了消除行为人将来的危险性。[②] 简言之，刑罚是基于报应目的对犯罪人适用的强制性制裁，而保安处分是基于预防目的对行为人采取的防范性处置。二者性质定位上的上述差异，正好表明保安处分的功能不同于刑罚的功能，后者能够发挥前者所不具有或难以充分发挥的预防作用。众所周知，刑罚的最初功能是报应，后来被赋予预防功能；但从实践来看，刑罚的报

---

① 参见梁根林：《合理地组织对犯罪的反应》，北京大学出版社 2008 年版，第 319 页。

② 参见[日]大谷实：《刑法讲义总论》，黎宏译，中国人民大学出版社 2008 年版，第 491 页。

应功能始终是首要的，而预防功能是次要的，甚至处于可有可无的位置。究其原因，在于刑罚本身就没有预防的基因，而是通过强制性制裁的威慑后果勉强履行预防功能。保安处分则与其不同，它从制定之日起即被定位为以预防危险为使命，因而其全身上下都散发着预防的气息。所以，保安处分不是对刑罚的完整替代，而是对其部分功能的分担。保安处分和刑罚不是非此即彼的关系，而是可以配合适用，功能互补。换言之，既非刑罚无效时才转向保安处分，也非保安处分无效时转向刑罚，而是视情适用，相得益彰。风险社会下，对于某些犯罪人，如果根据其罪责程度必须予以相应的刑罚惩罚，则应当果断适用，以实现刑罚的报应功能。在此基础上，如果还不足以实现矫正和预防的目的，则应同时或事后适用保安处分。对于某些犯罪人，特别是轻罪犯，如果根据具体案情不适用刑罚也能实现基本的报应目的，则可以免除刑罚的适用。在这种情形下，如果有预防的必要性，可以单独适用保安处分。

保安处分制度能够实现良好的特殊预防效果。除报应功能外，刑罚还被赋予三种功能：矫正、威慑和无害化，即矫正那些能够被矫正并需要被矫正的犯罪人，威慑那些不需要被矫正的犯罪人，对无法被矫正的犯罪人使其无害化。[①] 但客观地说，刑罚的这三项预防功能的实施效果均不甚理想，尤其是在无害化方面；而保安处分正是基于实现犯罪人的无害化之目标而创设的。保安处分制度以实现特殊预防为根本目标，其适用的主要依据是行为人的人身危险性，即预防行为人再犯。除此之外，保安处分措施具有多样性，并不局限于对犯罪人进行人身限制，而是可以同时基于犯罪特征和犯罪人特征剥夺犯罪人的其他权利，从而达到更好的特殊预防效果。

构建保安处分制度有利于刑事制裁体系的科学化。从立法史来看，保安处分存在单轨制和双轨制两种基本模式。前者在刑法中规定

---

① Vgl. Vormbaum, Einführung in die moderne Strafrechtsgeschichte, 3. Aufl., 2015, S. 128.

犯罪的后果只有保安处分，后者在刑法典中并行规定刑罚和保安处分。单轨制曾被个别国家立法所采用，但现在已经日渐式微；双轨制是绝大多数国家立法采用的基本模式。未来我国立法，有必要在刑罚中明确规定保安处分，并采用主流的双轨制模式。我国刑法典既没有关于重罪和轻罪的划分，也没有明确的保安处分规定，刑罚观念相对比较保守，刑事制裁方式单一。在风险社会背景下，这种统一处理的刑罚结构容易导致重刑化、不均衡等弊端。保安处分能够打破现行刑法以剥夺自由为核心的刑事制裁结构，推进刑罚改革，有利于刑罚体系的轻缓化和科学化。事实上，在劳动教养制度被废除后，刑法惩罚有余而矫治和预防不足的问题便开始凸显。究其原因，在于劳动教养制度所蕴含的预防功能随着制度本身的废除而不复存在，除此之外又缺乏相应的制度跟进。目前，我国刑法以及其他法律法规中已有保安处分措施的零星规定，对这些保安处分规定进行系统梳理和宏观设计，极有必要。为此，有必要在刑法中专门规定针对具有特殊人身危险性的人适用保安处分，使刑法制裁体系实现二元化的合理分配格局。①

二、我国保安处分制度的现状

我国刑法虽然没有从总体上设计保安处分的体系，更没有确立刑罚和保安处分体系并立的刑事制裁体系，但个别规定仍体现了保安处分的影子，如强制医疗、禁止令、职业禁止、安置教育等。可见，立法机关也在有意地引入保安处分制度，以有效应对风险行为。不过，现有的保安处分规定是零散的、单一的、不成体系的，缺少体系化的制度设计，在嵌入刑罚体系时难免暴露出一些制度缺陷和弊端。

首先，最大的问题是我国保安处分的刑事规范不够完善。其一，我国刑法没有明确提出保安处分的概念，而是呈现出一种有实无名的

---

①　参见彭文华：《我国刑法制裁体系的反思与完善》，载《中国法学》2022 年第 2 期。

隐性双轨制状态。为此,不少学者反对将保安处分制度纳入刑法体系。例如,有学者明确指出,部分具有保安处分性质的立法规定并不能扭转我国刑事制裁体系刑罚一元模式的主导局面,也不能填补现有制度下犯罪预防不足的缺憾。① 其二,一些具体保安处分措施存在立法规范不完善、司法适用模糊的问题。例如,在强制医疗中,"继续危害社会可能"是对行为人犯罪后以及刑罚执行完毕后的人身危险性的预测和评估,但任何有关行为人个人因素的变化都可能影响预测结果,而实践中并不存在统一且合理的评估标准。又如,刑法中的职业禁止存在禁止期限不合理、内容模糊以及制度僵化等问题,如针对不同职业、不同案件、不同危险程度都适用相对统一的期限(横向僵化),以及在不同的阶段适用相同的期限(纵向僵化)。这不利于职业禁止规范的适用,也不利于特殊预防的实现。

其次,我国的保安处分构建缺乏体系性设计。我国现行法中的保安处分措施可以分为行政保安处分和刑事保安处分,但二者之间的协作衔接不够。行政保安处分都是在行政法中予以规定的。例如,《道路交通安全法》第 101 条第 2 款规定:"造成交通事故后逃逸的,由公安机关交通管理部门吊销机动车驾驶证,且终生不得重新取得机动车驾驶证。"又如,《禁毒法》第 50 条规定:"公安机关、司法行政部门对被依法拘留、逮捕、收监执行刑罚以及被依法采取强制性教育措施的吸毒人员,应当给予必要的戒毒治疗。"刑事保安处分主要有:《刑法》第 17 条第 5 款规定的对不满 16 周岁不予刑事处罚的行为人,责令其父母或者其他监护人加以管教,必要时依法进行专门的矫治教育;《刑法》第 18 条对精神病人的强制医疗;《刑法》第 37 条之一对特定犯罪人的职业禁止;《刑法》第 38 条第 2 款对特定犯罪人适用的禁止令等。从上述规定看,我国保安处分措施并不少,但是行政上的保安处分规定与刑事上的

① 参见吴尚聪:《风险社会背景下再犯罪预防的困境与出路——以预防性监禁制度为中心的考察》,载《中国人民公安大学学报(社会科学版)》2022 年第 6 期。

保安处分规定没有有机地衔接与融合在一起。刑事保安处分虽有刑法典的支撑，但在具体规定上还是过于宽泛与笼统，实践操作中还需要依赖各种“批复”“意见”等文件；而行政保安处分由行政机关负责执行，并不依附于刑事审判，导致实务中作出的处分决定相互脱离。

最后，保安处分与刑罚之间的衔接不够通畅。就现有的保安处分种类而言，矫治教育和强制医疗通常不涉及刑事责任问题，因而对其执行很少会和刑罚产生交集。禁止令、缓刑监督适用于缓刑考验期内，而缓刑在法律定性上不是刑罚的执行，因而也不存在与刑罚执行的顺序和衔接问题。但是在刑事没收问题上，法院判决生效后，刑罚的执行与刑事没收的先后顺序如何，是一个现实问题。在实行双轨制的国家中，犯罪人同时被宣告刑罚和保安处分时，具体的执行存在并科主义和代替主义两种做法。[①] 然而，对这一问题，我国立法并没有明确的规定。

三、关于保安处分制度的完善建议

（一）统一由刑法专章设定保安处分制度

为应对风险社会的风险行为，建立并完善我国的保安处分制度极有必要。就我国保安处分制度的现状来看，当务之急是确立保安处分制度的刑事制裁地位，即在刑法规范体系层面实现刑罚和保安处分的双轨结构。正如李斯特所言：“在与犯罪作斗争中，刑罚既非唯一的，也非最安全的措施。对刑罚的效能必须批判地进行评估。出于这一原因，除刑罚制度外，还需要建立一套保安处分制度。”[②]只有这样，保安处分才能真正发挥其补充作用，有效实现风险刑法的预防功能，实

---

① 参见时延安：《隐性双轨制：刑法中保安处分的教义学阐释》，载《法学研究》2013 年第 3 期。

② ［德］弗兰茨·冯·李斯特：《德国刑法教科书》，徐久生译，法律出版社 2000 年版，第 20 页。

质性地提升社会治理的成效。本书认为,我国可以借鉴德国、法国等国家和地区的立法例,单独为"保安处分"设置章节,以专章形式系统规定保安处分的种类与内容,同时在刑事诉讼法中对保安处分制度的具体适用程序作出相应规定。

首先,在刑法中设置专章,明确保安处分的种类和范围。行政性保安处分散落在各个行政法规范中,极不利于规范的适用,故应对其予以统一改造,将涉及公民人身自由、财产权利的保安措施(如强制隔离戒毒、强制治疗性病等)一律移入刑法,并厘清保安处分与行政处罚、刑罚的界限。另外,在协调处理保安处分执行与刑罚执行之间的关系方面,可以考虑如下适用规则:(1)对于监禁性保安处分措施(强制医疗、强制禁戒)与监禁刑同时科处的,应同时执行,保安处分期可折抵刑期;监禁性保安处分措施与非监禁刑同时科处的,应分别执行。(2)非监禁性保安处分措施应与刑罚分别执行。其中禁止令的执行期限应与管制、缓刑和假释的考验期限相同。(3)财产性保安处分措施应与刑罚分别执行。

其次,应明确保安处分决定权与执行权的归属。对于限制和剥夺人身自由的保安处分措施,应一律由法院裁定适用。事实上,2012 年修正的《刑事诉讼法》,已经将对精神病人强制医疗的决定权从公安机关转移至法院,这从某种意义上代表了剥夺人身自由的众多措施的未来发展方向。[①] 保安处分措施的执行,基于审执分离的司法理念应交由行政机关执行。

再次,应建立相应的救济机制。原则上,无论保安处分的决定主体是法院还是行政机构,受处分者均有提出上诉或申诉的机会,并遵循法院最终裁定原则。[②] 同时,还应当充分衔接国家赔偿机制,以充分

---

① 参见刘仁文:《保安处分与中国行政拘禁制度的改革》,载《法治研究》2014 年第 6 期。

② 参见叶良芳、苗一路:《两岸保安处分制度构建之比较》,载《浙江工业大学学报(社会科学版)》2016 年第 4 期。

保障当事人的合法权益。

最后,应建立保安处分的变更制度。保安处分的适用根据主要是行为人的人身危险性,而行为人的人身危险性会随着外部环境和个体认知等因素的变化而变化。当行为人的人身危险性发生重大变化时,对其所作的保安处分决定也应作相应调整。为此,应当规定保安处分措施的暂缓宣告、中止执行、宣告撤销或者转换执行等配套制度,以切实保障行为人的合法权益和公众利益。

(二)精细设定与轻罪制裁相配套的保安处分措施

在刑法典专章设立保安处分制度的基础上,尤其要重视与轻罪相适应的保安处分制度的具体设定,以实现轻罪治理的一体化。概括而言,立法机关应针对轻罪特别增设非监禁式、多元化的保安处分措施。除了现有的社区矫正法规定的社区服务与矫正措施之外,未来可以考虑增设善行保证、禁止执业、禁止驾驶、禁止使用、禁止进入、公益劳动、社区服务、周末拘禁等适合轻罪的防卫处分。[①] 另外,应当充分利用数据信息技术的发展优势,针对网络犯罪的行为人,采取信息化制裁手段,加设网络禁止令、电子监控等保安处分措施。不管是哪种保安处分措施,在具体构建时,均应结合本土国情进行合理设定,严格遵循适当性原则。在判断某项保安处分措施是否符合适当性原则时,需要综合行为人业已实施行为的严重性、预期实施行为的严重性以及行为今后的危害程度三个方面进行整体性评估。[②] 总之,保安处分措施的内容应当协调好"趋轻"与"合理"之间的关系,并与有关行政处罚措施相区别。

在保安处分制度的基本架构完成后,刑法典中的保安处分措施至少应容纳以下几类:

---

① 参见冯军:《犯罪化的思考》,载《法学研究》2008 年第 3 期。

② 参见刘夏:《德国保安处分制度中的适当性原则及其启示》,载《法商研究》2014 年第 2 期。

第一,强制医疗。风险刑法不仅要关注科技风险,也应当关注特殊群体带来的风险。作为一种常见的保安处分措施,强制医疗业已为刑法所规定,但需要进一步完善。其一,应当拓宽强制医疗的适用对象。目前刑法的强制医疗规定仅限于对精神病人,结合相应的行政法规定和域外保安处分的具体实践,强制医疗除适用于精神病患者之外,还可以针对患有梅毒、淋病等性病的卖淫者、嫖娼者。其二,应当明确强制医疗的并行适用。对于尚未构成犯罪的精神病人、卖淫者、嫖娼者适用强制医疗,只需要单独适用即可。但如果对构成犯罪的精神病人、卖淫者、嫖娼者决定适用强制医疗,则应当根据案件情况选择其与刑罚并科适用,并应优先执行强制医疗,以体现人道主义精神,同时保障监狱内其他受刑人的健康和安全。

第二,收容至戒瘾戒毒所。针对因酒精、毒品或者其他麻醉类药物而实施危害行为的犯罪人,应当规定强制戒瘾戒毒的保安处分措施。尤其是对酗酒者的保安处分,还没有比较明确的规定。除此之外,吸毒者、药瘾者都可能因认知能力减损而实施危险行为;如果不采取有效措施使其摆脱对毒品或者药物的依赖,就无法真正实现特殊预防和行为矫正的目的。因此,当行为人因为酗酒或者吸毒而实施危险行为并构成犯罪,或者因缺乏责任能力而未被追究刑事责任时,均可以适用保安处分予以约束。

第三,职业禁止。我国法律、法规中有许多职业禁止的规定,如《商业银行法》第 89 条第 1 款规定:商业银行违反本法规定的,国务院银行业监督管理机构可以区别不同情形,取消其直接负责的董事、高级管理人员一定期限直至终身的任职资格,禁止直接负责的董事、高级管理人员和其他直接责任人员一定期限直至终身从事银行业工作。类似的规定还有很多,但都散落在不同的行政法规范中,因此过于分散,没有形成统一标准,其威慑力也十分有限。为此,应当在刑法或有关司法解释中明确职业禁止的层次性适用标准,即以刑法中的职业禁止规定为优先适用准则,以其他行政性职业禁止规定为辅助或补充。

因为行政领域中的许多职业禁止规定通常只能剥夺行为人从事与自身特定技能相关的职业资格,难以禁止其从事其他相关的职业,而刑法中的职业禁止规定具备普适性和最高强制性,可以针对所有职业作出限制;故应使行政法律法规上的专项禁止与刑法的一般禁止形成一种配合适用的结构体系。

应当注意的是,职业禁止措施通常会限缩甚至切断行为人赖以生存的经济来源,加剧其再社会化的难度,故应严格限制其适用。一般而言,适用职业禁止应限于职业犯罪或与职业活动相关的犯罪。在具体适用时,应重点审查犯罪行为与行为人职业之间的关联性,主要关注行为人是否利用职业便利实施犯罪,或是实施了违背职业要求的特定义务的犯罪。例如,危险作业罪、危险驾驶罪、妨害安全驾驶罪等轻罪罪名,法院在判决行为人构成犯罪的同时,可以视情况决定禁止其在一定期限内从事相关的职业,进而彻底消除行为人的再犯危险性。

第四,针对恐怖主义犯罪的安置教育。恐怖主义犯罪因为风险时代的到来发生了犯罪方法和形式的转变,这导致风险社会的恐怖主义活动更具危险性、复杂性和破坏性。对此,反恐怖主义法规定了安置教育制度,即针对被判处有期徒刑以上刑罚的恐怖主义罪犯或者极端主义罪犯,应在其刑满释放时对其进行社会危险性评估;如果确认其仍然具有极大的再犯风险,有可能危及社会公众安全的,经法院依法作出裁定,可以责令其在释放后继续接受隔离监管和强制性教育。这种措施的作用在于:一方面,可以通过继续监管的方式消除其社会危险性;另一方面,如果矫治无效,为了保护社会公众免受危险行为人的侵害,可以通过限制和剥夺罪犯的人身自由将其不定期地排除于社会生活之外。[①] 不过,在实施安置教育的适用条件方面,尚需进一步明确"社会危险性""再犯可能性"等要素的评估标准。

第五,针对未成年人的保安处分。除了现行刑法规定的矫治教育

---

① 参见陈泽宪:《试论安置教育》,载《净月学刊》2018 年第 1 期。

措施外，还可以针对未成年人开展专门的公益社会服务等保安处分措施。《刑法修正案（十一）》有限下调了未成年人的刑事责任年龄，固然有其相对合理性；但未成年犯毕竟是特殊的群体，在对其施以刑罚惩罚的同时，教育、感化和保护更是始终要坚持的处理原则。所以，立法不仅要调整刑事责任年龄，更需要丰富可以适用的保安处分的种类，以便更有针对性地个别施教，降低其人身危险性，促使其早日回归社会。

第三节　风险社会前科消灭制度之构建

我国《刑法》第 100 条①规定了犯罪前科制度，其主要内容是犯罪前科记录和犯罪前科报告义务。犯罪前科制度会对犯罪者及其家庭成员、亲属等带来严重的犯罪附随后果，这种后果主要是刑法之外的法律法规、规章等规定的对其特定权利和资质的限制、禁止或者剥夺。② 事实上，犯罪前科制度带有资格刑的特性，这种资格剥夺常常事关公民的生存发展之根本利益，其产生的处罚的严厉效果，较之部分刑罚有过之而无不及。在风险社会下，伴随轻微犯罪立法的不断扩张，轻罪在取得社会治理积极成效的同时，也引发了严重的犯罪前科之负面效应——犯罪前科不仅会剥夺犯罪人的合法权益，阻碍其再社会化，还会波及犯罪人的亲属的利益。因此，当前我国轻罪犯罪治理的重点不仅在于轻罪体系的合理设定，也应当重视对轻罪犯罪后果的

---

① 《刑法》第 100 条规定："依法受过刑事处罚的人，在入伍、就业的时候，应当如实向有关单位报告自己曾受过刑事处罚，不得隐瞒。犯罪的时候不满十八周岁被判处五年有期徒刑以下刑罚的人，免除前款规定的报告义务。"

② 参见彭文华：《我国犯罪附随后果制度规范化研究》，载《法学研究》2022 年第 6 期。

体系化应对,即如何合理构建前科消灭制度。[①] 这是我国轻罪化立法改革的当然内容,也是解决司法实践轻罪惩处困境的重要之策。

一、风险社会前科消灭制度构建的必要性

首先,建立前科消灭制度能够有效改善犯罪前科制度的长期积弊。犯罪学中的标签现象直观地描绘了犯罪前科制度的弊端。“越轨者是被他人成功贴上越轨标签的人,越轨行为也是指被冠以类似标签的行为。”[②]故而,犯罪不是犯罪人单方面实施违反刑事法律规范的行为,而是犯罪人与社会群体之间制定规范、违反规范、贴标签直至犯罪人成为职业越轨者的互动过程。个体被贴上越轨者的标签的关键,不在于其行为本身,而在于其所在的社会群体的权威指认。这个权威指认就是贴标签的过程,既包括正式的官方反应,也包括非正式的社会反应。由此,犯罪前科这一标签对犯罪人带来硬性与软性的负面影响。硬性影响是指法律、职业规范为曾经受过刑事处罚的人设置否定性的资格条件。无论犯罪人在接受完刑事处罚之后是选择自我形象修复,还是选择贴着越轨者的标签继续实施越轨行为,总有一部分职业将对他们短期或永久地关上大门。软性影响则是指社会群体会对被贴上标签的犯罪人的看法形成偏见,并有意无意地不断固化。在犯罪人回归社会的过程中,犯罪标签会使其曾经受到的规范评价的负面影响被无限放大,甚至产生“一朝为贼,终身为贼”的负面效应。为此,只有合理设置前科消灭制度,才能从根本上削减乃至杜绝上述弊端。

其次,前科消灭制度可以有效缓解轻罪数量增多带来的治理难题。我国有关犯罪前科的禁止规范并非仅有刑法规定。据相关统计,

---

① 这里的前科消灭制度是广义的,即包括犯罪前科封存制度、犯罪前科删除或毁灭制度、免除犯罪前科报告义务制度。

② [美]霍华德·S.贝克尔:《局外人:越轨的社会学研究》,张默雪译,南京大学出版社2011年版,第8页。

截至2017年3月30日,有效的前科规范共计1721个,其中由法律规定的42个,由行政法规规定的16个,由部门规章规定的252个,由地方性法规规定的51个,由地方政府规章规定的54个,由其他地方规范性文件规定的1306个。在风险社会下,伴随轻罪立法的推进,犯罪前科规范大面积增加,由此带来的一个严重后果是:被贴上犯罪标签的人越来越多,犯罪标签的负面影响被不断放大。大量触犯轻罪的犯罪人在刑罚执行完毕之后,难以像无前科的普通人一样正常在社会中生活,进而导致社会中潜在的对立面范围扩大,极易造成社会秩序的不安定。以醉酒型危险驾驶罪为例,司法实践已经证明,无论是在审判阶段的出罪、立案侦查阶段的不立案或撤销案件还是审查起诉阶段的不起诉都无法显著地削减此类犯罪庞大的犯罪人数,无法有效解决高发型轻罪的犯罪标签泛化问题。[①] 为配合轻罪化、轻刑化的趋势,确保立法上刑法干预前置化的正当性,有必要将刑罚附随后果的严厉性降下来。[②] 尽管我国现行《刑法》和《刑事诉讼法》中有针对不满18周岁且被判处5年有期徒刑以下刑罚的犯罪人免除前科报告义务和有限度地封存犯罪记录的规定,但是这样小范围、低限度的前科消灭,远不能满足风险社会刑事立法所应具有的配套制度的要求。故针对轻罪的前科消灭制度,亟待建立。

最后,类别化的前科消灭制度有利于法秩序体系的协调与统一。轻罪与重罪具有不同的立法保护目的与规范功能。轻罪行为相对较轻的可谴责性、行为人的易预防性、罪责的轻微性以及案件数量的巨大性,决定了轻罪制度应以行为规训和诉讼效率为首要价值追求,而非强化刑罚的威慑与隔离功能。[③] 因此,除了对轻罪和重罪设定不同

---

① 参见梁云宝:《我国应建立与高发型微罪惩处相配套的前科消灭制度》,载《政法论坛》2021年第4期。

② 参见王强军:《刑法干预前置化的理性反思》,载《中国法学》2021年第3期。

③ 参见冀莹:《美国轻罪治理体系的现状、困境及反思》,载《政治与法律》2022年第1期。

的刑事制裁体系之外，在前科消灭制度层面，也需要对两者进行类别化、精细化的区分。这种区分具有现实必要性，因为前科消灭制度本身就是对缺陷性法律制度的修正，契合刑法“严而不厉”的发展趋势，不仅可以为众多犯罪人提供再社会化的机会，而且是犯罪人权益以及社会秩序稳定的保障机制。此外，前科消灭制度能够与追诉时效制度以及社区矫正法之间实现有效衔接和协调。根据追诉时效制度，犯罪人经过一段时间未被追诉，则无须再因犯罪行为接受刑罚，若犯罪人仍要终生承担该犯罪行为“前科”的影响，显然不符合宽恕行为人罪行的追诉时效之规范目的。另外，根据《社区矫正法》第 4 条的规定，社区矫正对象在就业、求学和享受社会保障等方面不受歧视；而在缺乏前科消灭制度的前提下，许多触犯轻罪的犯罪人在参加社区矫正后，通常还会受到犯罪前科的负面影响。对于这些制度方面的冲突，如果建立前科消灭制度，则可予以有效化解。

二、风险社会前科消灭制度的方式选择

前科消灭制度，通常包括消灭犯罪记录、封存犯罪记录、免除前科报告义务等内容。

消灭犯罪记录，是指从物理上彻底消灭记载犯罪信息的文字记录、卷宗等，使之不复存在，不再有任何机关对其进行保管，彻底消灭任何主体对其查阅的可能性。这种做法是揭下犯罪标签最彻底的方式。在犯罪人没有自愿地向社会披露其犯罪记录的前提下，官方和社会群体都不可能知晓其曾经被贴上越轨者的标签。但是这种消灭前科的方式存在许多弊端：一是司法档案的完整性难以保证；二是湮灭有关证据，妨碍关联案件的侦破；三是如果涉及冤案的话，当事人可能无法澄清事实真相。基于对消灭犯罪记录利弊的权衡，绝大多数国家在前科消灭上都不采取这种方式。

封存犯罪记录，是指司法机关对相关犯罪记录、卷宗等材料进行

封存;除了法律有特别规定外,其他任何单位和个人均不得对犯罪记录进行查阅。封存犯罪记录没有从物理上消灭记载犯罪信息的文字资料,但是隔绝了当事人以外的主体探知犯罪前科的可能性,即将犯罪记录置于真空中,使之不能随意传播。这一消灭前科的方式可以弥补消灭犯罪记录的缺陷,但是也存在弊端,即封存犯罪记录能否真正达到消灭当事人前科的效果,还要看能够查阅犯罪记录的主体的相关法律规定是否合理。

免除前科报告义务,是指赋予当事人在特定情况下合法地隐瞒自己有过犯罪前科的事实的权利。这一消灭前科的方式为当事人自己不主动披露自己的犯罪前科提供了合法性依据。但是这一方式必须与封存犯罪记录相配套,才能实现针对特定犯罪人的前科消灭。如果没有一个合理的封存犯罪记录的制度,即使免除了当事人的前科报告义务,其前科的事实仍然可能被轻易泄露。

综上,上述三种制度各有利弊,我国未来的立法可以取长补短,在轻罪领域构建体系化、类别化、互补性的前科制度。概括而言,前科消灭制度的内容,主要包括封存犯罪记录和免除前科报告义务,而不应包括消灭犯罪记录。因为前科作为一种客观发生的事实,不应被消灭,也无法被消灭。即使记录前科的载体可以被消灭,但基于当今社会信息传播的广度和深度,前科的内容事实上也无法被彻底抹掉。在具体构造时,应当注意纵向架构层面的体系协调性和横向内容层面的细致合理性,以有效抑制犯罪记录制度带来的内生性风险,有力推动风险社会下刑事立法配套制度的体系化构造。

首先,在纵向上,应当明确前科消灭制度的基本目标、适用主体、适用期间以及具体类型,并协调各部分内容,形成体系化的制度机制。具体而言:前科消灭制度建立的目标应是封存或消除犯罪记录和恢复犯罪人因犯罪失去的权利或资格,充分实现预防犯罪、促进犯罪人回归社会和社会管理功能;前科消灭制度中的适用主体应是曾受法院判决宣告有罪的犯罪人,而无论其是否被判处刑罚、刑罚是否执行;对轻罪者适用前科消灭制度应当设定必要的时间间隔，即只在法定期限内具备法律规定的个人表现条件时才能适用，而不是期限届满一概适用。[①] 其次，在横向上，应当着重对轻罪前科消灭制度的适用标准、适用程序、责任追究与权利救济方式以及配套衔接机制等内容进行一体化完善。

三、风险社会前科消灭制度的体系完善

（一）轻罪前科消灭制度的适用标准

犯罪前科制度本身相当于一种惩罚，故而犯罪性质及其程度是决定适用犯罪前科消灭制度的基本因素。此外，犯罪人的人身危险性和再犯可能性也是适用前科消灭制度的主要因素。在轻罪体系中，原则上应优先适用前科封存制度，特殊情况下才选择适用免除前科报告义务；而犯罪记录消灭制度，原则上不应适用。犯罪前科消灭制度所要消灭、封存的具体内容并不限于刑事判决记录，还包括几乎所有同刑事司法系统发生联系而产生的记录，如逮捕记录、搜查记录、执法记录等任何与刑事程序相联系的记录。[②] 这相当于彻底消除了司法系统记载的有关犯罪的全部记录。然而即使这样，消除的也只是信息记录的载体，而不是消除信息内容本身，因为不可能要求相关媒体、出版物等将其已经记载的犯罪记录删除，更不可能要求所在社区及民众将其犯罪记录从记忆中剔除。

另外，可以根据罪行轻重分别设立长短不一的前科消灭考验期限。对于前科消灭考验期限的确定，可以仿照刑法中的追诉时效规

---

① 参见梁云宝：《积极刑法观视野下微罪扩张的后果及应对》，载《政治与法律》2021年第7期。

② 参见彭新林：《美国犯罪记录消灭制度及其启示》，载《环球法律评论》2021年第1期。

定。刑事追诉时效的法理基础在于,“行为人在罪行结束后经过一段时间未犯新罪的,可以认为其已经回归了法秩序,再犯罪的人身危险性较低,对之不再具有进行特殊预防的必要性”[①]。对于具有前科的犯罪人,如果其在一定期限内未再次实施危害社会的行为,同样表明其已经成功再社会化,也就没有必要继续对其剥夺资格权益,而应尽快恢复其权利。对于轻罪犯罪人,可以视其刑期设定长短不一的前科消灭考验期。

(二)轻罪前科消灭制度的适用程序

目前我国刑事诉讼法及相关司法解释对犯罪前科消灭制度的适用程序已有规定,但较为原则化。例如,根据《人民检察院刑事诉讼规则》第483条的规定,人民检察院应当将拟封存的未成年人犯罪记录、案卷等相关材料装订成册,加密保存,不予公开,并建立专门的未成年人犯罪档案库,执行严格的保管制度。但是,该条规定并未针对轻罪前科记录建立档案或数据库予以规定,也没有对封存、查询的主体、时间、告知等程序性要素作出具体规定。故而,有必要厘清轻罪前科消灭制度的适用程序,具体包括以下三个方面:第一,在信息化时代,应当建立统一、专门的轻罪记录数据库,将全国轻罪犯罪人的信息全部建档入库。并且,一旦适用犯罪前科封存制度,有关轻罪人的人事档案、户籍登记、各地区司法系统数据库以及其他任何存储介质,均不得再收集或记载其犯罪信息,以更加全面地防范信息泄露并促成犯罪人再社会化。[②] 第二,应当严格规定犯罪前科记录的查询程序。根据《刑事诉讼法》第286条的规定,犯罪记录被封存后原则上不得查询,但是司法机关为办案需要以及有关单位根据国家规定可以查询。这

---

① 王钢:《刑事追诉时效制度的体系性诠释》,载《法学家》2021年第4期。

② 参见刘计划、陈丽芳:《未成年人犯罪记录封存制度的反思与重构》,载《财经法学》2015年第3期。

种过度原则化的规定并不合理，应当参考域外国家普遍认可的犯罪记录限制查询模式，即严格限制犯罪记录查询主体，禁止国家机关和犯罪记录人本人以外的主体获得犯罪信息，以确保犯罪信息的私人信息属性；同时明确犯罪记录查询目的，一般情形下，国家机关只能基于执法目的查询他人犯罪记录。对于普通公众，即便是查询本人的犯罪记录，也应有特定的目的限制。第三，应当同时构建法律明确规定、法院具体裁定以及依犯罪人申请三种方式相结合的轻罪前科消灭制度的启动程序。因为轻罪犯罪人的行为方式、社会危险性、再社会化的可能性和机会等情况多样，加之社会对于刑法报应和预防功能的需求在日益更新，所以事实上难以通过法律明文制定统一的制度开启程序。司法实践中，应当适度授权法院针对是否启动前科消灭制度以一定的自由裁量权，同时允许犯罪人自主提出申请。对于犯罪人提出申请的，法院应当组织调查，经查证确实表现良好的，可以在上述期限内提前消灭其犯罪前科。[①]

（三）责任追究与权利救济机制

在构建前科消灭制度时，应当明确责任追究以及有关的救济机制。具体而言，包括以下三点要求：一是明确违反前科消灭制度的责任追究机制。在犯罪记录被封存期间或者删除之后，任何主体不得任意披露或传播，否则应承担相应的行政责任、民事责任乃至刑事责任。二是为轻罪犯罪人提供必要的权利救济措施。应当赋予轻罪犯罪人及其法定代理人、近亲属申请开启前科消灭制度的权利，以及对有关机关的不开启决定进行申诉的权利；针对有关工作人员未依法履行前科消灭制度的职责或滥用职责的情形，应当赋予当事人提起申诉、控告的权利；轻罪犯罪人在就业、就学、社会福利等方面遭受歧视对待

① 参见崔志伟：《积极刑法立法背景下前科消灭制度之构建》，载《现代法学》2021 年第 6 期。

时,应当具有提起诉讼的权利。三是全面清理“株连式”的前科规定。任何人不因他人犯罪受到法律处罚,是现代化法治国家的基本治理理念,也是分配正义的内涵所在。这里所说的处罚也包括刑罚所带来的犯罪前科等不利法律后果。但是当前我国的犯罪前科制度在具体执行对具有严重的株连效应,不仅影响犯罪人本人,还会连累其近亲属和关系密切的人。“公权力在对复归社会的犯罪人作出某种资格限制时,需要有较为充分的事实和理由来说明所犯之罪与特定资格的实际关联性,只有在可能影响职务的正常履行或者可能会借助该职业便利实施新的危害社会行为时,对犯罪人作出的限制才是合理的。”①否则,就不应作出不当的限制规定或者要求。显然,具有牵连色彩的前科规定明显不合理,应当尽快对其予以全面清理。

① 崔志伟:《积极刑法立法背景下前科消灭制度之构建》,载《现代法学》2021年第6期。

参考文献

一、著作

(一)中文著作

1. 高铭暄:《中华人民共和国刑法的孕育诞生和发展完善》,北京大学出版社 2012 年版。

2. 马克昌:《比较刑法原理:外国刑法学总论》,武汉大学出版社 2002 年版。

3. 赵秉志、袁彬:《刑法最新立法争议问题研究》,江苏人民出版社 2016 年版。

4. 陈兴良:《刑法的价值构造》,中国人民大学出版社 2017 年版。

5. 张明楷:《刑法的基本立场》,商务印书馆 2019 年版。

6. 贾宇:《犯罪故意研究》,商务印书馆 2020 年版。

7. 卢建平:《刑事政策与刑法变革》,中国人民公安大学出版社 2011 年版。

8. 刘仁文主编:《刑法修正评估与立法科学化》,社会科学文献出版社 2018 年版。

9. 谢望原:《刑事政策与刑法专论》,中国人民大学出版社 2017 年版。

10. 梁根林:《合理地组织对犯罪的反应》,北京大学出版社 2008 年版。

11. 曲新久:《刑法的逻辑与经验》,北京大学出版社 2008 年版。

12. 黎宏:《刑法总论问题思考》,中国人民大学出版社 2016 年版。

13. 郑泽善:《刑法总论争议问题研究》,北京大学出版社 2013 年版。

14. 周光权:《刑法客观主义与方法论》,法律出版社 2020 年版。

15. 刘艳红:《实质出罪论》,中国人民大学出版社 2020 年版。

16. 孙万怀:《刑事政策司法化的内在道德》,北京大学出版社 2021 年版。

17. 劳东燕:《风险社会中的刑法:社会转型与刑法理论的变迁》,北京大学出版社 2015 年版。

18. 付立庆:《积极主义刑法观及其展开》,中国人民大学出版社 2020 年版。

19. 汪明亮:《守底限的刑罚模式》,法律出版社 2020 年版。

20. 何荣功:《刑法与现代社会治理》,法律出版社 2020 年版。

21. 王志远、吴亚可、沙涛:《遏制重刑:从立法技术开始》,中国政法大学出版社 2020 年版。

22. 彭文华:《〈刑法〉第 13 条但书与刑事制裁的界限》,中国人民大学出版社 2019 年版。

23. 陈璇:《刑法归责原理的规范化展开》,法律出版社 2019 年版。

24. 周国文:《刑罚的界限——Joel Feinberg 的“道德界限”与超越》,中国检察出版社 2008 年版。

25. 郝艳兵:《风险刑法:以危险犯为中心的展开》,中国政法大学出版社 2012 年版。

26. 焦旭鹏:《风险刑法的基本立场》,法律出版社 2014 年版。

27. 周铭川:《风险刑法理论研究》,上海人民出版社 2017 年版。

28. 张晶:《风险刑法:以预防机能为视角的展开》,中国法制出版社2012年版。

29. 张道许:《风险社会的刑法危机及其应对》,知识产权出版社2016年版。

30. 李琳:《风险刑法的反思与批判》,法律出版社2018年版。

31. 王俊:《客观归责体系中允许风险的教义学重构》,法律出版社2018年版。

32. 张亚军:《风险社会下我国食品安全监管及刑法规制》,中国人民公安大学出版社2012年版。

33. 王雯汀:《风险社会下危险犯的理论境域》,中国法制出版社2019年版。

34. 韩德明:《风险社会中犯罪的规制和侦查》,中国人民公安大学出版社2016年版。

35. 肖瑛:《反思与自反:反身性视野下的社会学与风险社会》,商务印书馆2020年版。

36. 刘挺:《现代性与风险:风险视阈中的现代性研究》,中国书籍出版社2020年版。

37. 刘秦民:《贝克风险社会理论研究——基于马克思主义社会发展理论的视角》,江西人民出版社2016年版。

38. 杨海:《风险社会:批判与超越》,人民出版社2017年版。

39. 潘斌:《风险社会形上阐释》,上海人民出版社2018年版。

40. 李谧:《风险社会的伦理责任》,中国社会科学出版社2015年版。

41. 刘岩:《风险社会理论新探》,中国社会科学出版社2008年版。

42. 林丹:《乌尔里希·贝克风险社会理论及其对中国的影响》,人民出版社2013年版。

43. 张丽卿主编:《全球风险社会刑法新议题:以食品及医疗为中心》,台北,元照出版有限公司2015年版。

44. 钟宏彬:《法益理论的宪法基础》,台北,元照图书出版有限公司2012年版。

45. 顾忠华主编:《第二现代——风险社会的出路?》,台北,巨流图书公司2001年版。

46. 周桂田:《风险社会典范转移:打造为公众负责的治理模式》,台北,远流出版事业股份有限公司2014年版。

(二)译著

1. [意]切萨雷·贝卡里亚:《论犯罪与刑罚》,黄风译,商务印书馆2018年版。

2. [法]卢梭:《社会契约论》,何兆武译,商务印书馆2003年版。

3. [英]约翰·密尔:《论自由》,许宝骙译,商务印书馆2009年版。

4. [美]乔尔·范伯格:《刑法的道德界限》(第1~4卷),方泉译,商务印书馆2013年版。

5. [美]哈伯特·L. 帕克:《刑事制裁的界限》,梁根林等译,法律出版社2008年版。

6. [英]威廉姆·威尔逊:《刑法理论的核心问题》,谢望原等译,中国人民大学出版社2015年版。

7. [英]杰瑞米·侯德:《阿什沃斯刑法原理》,时延安、史蔚译,中国法制出版社2019年版。

8. [美]杰里米·沃尔德伦:《立法的尊严》,徐向东译,华东师范大学出版社2019年版。

9. [英]哈利·波特:《普通法简史》,武卓韵译,北京大学出版社2022年版。

10. [德]乌尔里希·齐白:《全球风险社会与信息社会中的刑法:二十一世纪刑法模式的转换》,周遵友、江溯等译,中国法制出版社2012年版。

11. [德]埃里克·希尔根多夫:《德国刑法学:从传统到现代》,江溯、黄笑岩等译,北京大学出版社2015年版。

12. [日]西原春夫:《刑法的根基与哲学》,顾肖荣等译,法律出版社2004年版。

13. [日]松原芳博:《刑法总论重要问题》,王昭武译,中国政法大学出版社2014年版。

14. [日]佐伯仁志:《制裁论》,丁胜明译,北京大学出版社2018年版。

15. [日]川岛武宜:《现代化与法》,申政武等译,商务印书馆2004年版。

16. [德]卡尔·施米特:《合法性与正当性》,冯克利等译,上海人民出版社2015年版。

17. [美]布赖恩·Z.塔玛纳哈:《法律工具主义》,陈虎、杨洁译,北京大学出版社2016年版。

18. [英]伊丽莎白·费雪:《风险规制与行政宪政主义》,沈岿译,法律出版社2012年版。

19. [英]珍妮·斯蒂尔:《风险与法律理论》,韩永强译,中国政法大学出版社2012年版。

20. [德]乌尔里希·贝克:《风险社会》,何博闻译,译林出版社2004年版。

21. [德]乌尔里希·贝克:《世界风险社会》,吴英姿、孙淑敏译,南京大学出版社2004年版。

22. [德]乌尔里希·贝克、[德]约翰内斯·威尔姆斯:《自由与资本主义——与著名社会学家乌尔里希·贝克对话》,路国林译,浙江人民出版社2001年版。

23. [德]乌尔里希·贝克、[英]安东尼·吉登斯、[英]斯科特·拉什:《自反性现代化:现代社会秩序中的政治、传统与美学》,赵文书译,商务印书馆2014年版。

24. [德]尼克拉斯·卢曼:《风险社会学》,孙一洲译,广西人民出版社 2020 年版。

25. [英]安东尼·吉登斯:《现代性的后果》,田禾译,译林出版社 2011 年版。

26. [英]安东尼·吉登斯:《失控的世界》,周红云译,江西人民出版社 2001 年版。

27. [英]齐格蒙特·鲍曼:《全球化:人类的后果》,郭国良、徐建华译,商务印书馆 2013 年版。

28. [美]富兰克·H. 奈特:《风险、不确定性和利润》,王宇、王文玉译,中国人民大学出版社 2005 年版。

29. [英]芭芭拉·亚当、[德]乌尔里希·贝克、[英]约斯特·房·龙:《风险社会及其超越:社会理论的关键议题》,赵延东、马缨等译,北京出版社 2005 年版。

30. [英]尼克·皮金、[美]罗杰·E. 卡斯帕森、[美]保罗·斯洛维奇编著:《风险的社会放大》,谭宏凯译,中国劳动社会保障出版社 2010 年版。

(三)外文著作

1. David Garland, *Punishment and Modern Society: A Study in Social Theory*, Oxford University Press, 1990.

2. David Garland, *The Culture of Control: Crime and Social Order in Contemporary*, Oxford University Press, 2001.

3. Douglas Husak, *Overcriminalization: The Limits of the Criminal Law*, Oxford University Press, 2009.

4. George P. Fletcher, *Rethinking Criminal Law*, Oxford University Press, 2000.

5. Jonathan Herring, *Great Debates in Criminal Law*, 2nd edition, Palgrave Macmillan Press, 2012.

6. Mary Douglas & Aaron Wildavsky, *Risk and Culture: An Essay on the Selection of Technological and Environmental Dangers*, University of California Press, 1983.

7. Alvin Toffler, *The Third Wave*, Bantam Books, 1984.

8. Richard V. Ericson & Aaron Doyle, *Risk and Morality*, University of Toronto Press, 2003.

9. Claus Roxin, Kriminalpolitik und Strafrechtssystem, De Gruyter, 1973.

10. Ulrich Beck, Risikogesellschaft: Aufdem Weg in eine andere Moderne, Suhrkamp Taschenbuch Verlag, 1986.

二、期刊、论文

(一)中文期刊、论文

1. 高铭暄:《风险社会中刑事立法正当性理论研究》,载《法学论坛》2011 年第 4 期。

2. 赵秉志:《中国刑法立法晚近 20 年之回眸与前瞻》,载《中国法学》2017 年第 5 期。

3. 陈兴良:《"风险刑法"与刑法风险:双重视角的考察》,载《法商研究》2011 年第 4 期。

4. 陈兴良:《风险刑法理论的法教义学批判》,载《中外法学》2014 年第 1 期。

5. 张明楷:《"风险社会"若干刑法理论问题反思》,载《法商研究》2011 年第 5 期。

6. 张明楷:《增设新罪的原则》,载《社会科学文摘》2021 年第 2 期。

7. 刘艳红:《"风险刑法"理论不能动摇刑法谦抑主义》,载《法商研究》2011 年第 4 期。

8. 刘艳红:《积极预防性刑法观的中国实践发展——以〈刑法修正案(十一)〉为视角的分析》,载《比较法研究》2021 年第 1 期。

9. 卢建平:《风险社会的刑事政策与刑法》,载《法学论坛》2011 年第 4 期。

10. 刘仁文、焦旭鹏:《风险刑法的社会基础》,载《政法论坛》2014 年第 3 期。

11. 黎宏:《对风险刑法观的反思》,载《人民检察》2011 年第 3 期。

12. 劳东燕:《公共政策与风险社会的刑法》,载《中国社会科学》2007 年第 3 期。

13. 劳东燕:《风险社会与功能主义的刑法立法观》,载《法学评论》2017 年第 6 期。

14. 姜涛:《社会风险的刑法调控及其模式改造》,载《中国社会科学》2019 年第 7 期。

15. 姜涛:《为风险刑法辩护》,载《当代法学》2021 年第 2 期。

16. 孙国祥:《新时代刑法发展的基本立场》,载《法学家》2019 年第 6 期。

17. 李晓明:《再论我国刑法的"三元立法模式"》,载《政法论丛》2020 年第 3 期。

18. 刘宪权:《〈刑法修正案(十一)〉中法定刑的调整与适用》,载《比较法研究》2021 年第 2 期。

19. 夏勇:《"风险社会"中的"风险"辨析 刑法学研究中"风险"误区之澄清》,载《中外法学》2012 年第 2 期。

20. 张旭、周为:《从"风险社会"到"风险刑法":理论与进路的多重清理》,载《东北师大学报(哲学社会科学版)》2020 年第 1 期。

21. 利子平、石聚航:《我国风险刑法理论研究中的三大理论误区》,载《北京理工大学学报(社会科学版)》2013 年第 4 期。

22. 陈晓明:《风险社会之刑法应对》,载《法学研究》2009 年第 6 期。

23. 何荣功:《预防刑法的扩张及其限度》,载《法学研究》2017 年第 4 期。

24. 孙万怀:《风险刑法的现实风险与控制》,载《法律科学(西北政法大学学报)》2013 年第 6 期。

25. 刘明祥:《“风险刑法”的风险及其控制》,载《法商研究》2011 年第 4 期。

26. 南连伟:《风险刑法理论的批判与反思》,载《法学研究》2012 年第 4 期。

27. 吕英杰:《风险刑法下的法益保护》,载《吉林大学社会科学学报》2013 年第 4 期。

28. 魏东:《“涉黑犯罪”重要争议问题研讨》,载《政法论坛》2019 年第 3 期。

29. 姜敏:《论犯罪化的根据》,载《中国刑事法杂志》2019 年第 3 期。

30. 陈伟:《影响性事件促动刑法立法的理性审视》,载《暨南学报(哲学社会科学版)》2021 年第 3 期。

31. 毛玲玲:《证券刑法的矛盾样态及反思》,载《中外法学》2014 年第 3 期。

32. 齐文远:《刑法应对社会风险之有所为与有所不为》,载《法商研究》2011 年第 4 期。

33. 田宏杰:《“风险社会”的刑法立场》,载《法商研究》2011 年第 4 期。

34. 彭文华:《我国刑法制裁体系的反思与完善》,载《中国法学》2022 年第 2 期。

35. 彭文华:《我国犯罪附随后果制度规范化研究》,载《法学研究》2022 年第 6 期。

36. 苏彩霞:《“风险社会”下抽象危险犯的扩张与限缩》,载《法商研究》2011 年第 4 期。

37. 申纯:《论“风险社会”与“社会风险”的刑法应当》,载《社会法学论丛》2017 年第 3 期。

38. 王拓:《风险刑法理论的现代展开》,中国政法大学 2009 年博士学位论文。

39. 朴宗翰:《风险与功——论风险刑法的理论基础》,台湾大学 2006 年硕士论文。

(二)译文

1. [英]安德鲁·冯·赫尔希:《法益概念与“损害原则”》,樊文译,载陈兴良主编:《刑事法评论》(第 24 卷),北京大学出版社 2009 年版。

2. [德]克劳斯·罗克信:《刑法的任务不是法益保护吗?》,樊文译,载陈兴良主编:《刑事法评论》(第 19 卷),北京大学出版社 2007 年版。

3. [德]洛特尔·库伦:《全球风险社会中的食品安全刑法》,许恒达译,载陈兴良主编:《刑事法评论》(第 37 卷),北京大学出版社 2016 年版。

4. [美]马库斯·德克·达博:《积极的一般预防与法益理论——一个美国人眼里的德国刑法学的两个重要成就》,杨萌译,载陈兴良主编:《刑事法评论》(第 21 卷),北京大学出版社 2007 年版。

5. [德]乌尔里希·齐白:《刑法的边界——马普外国与国际刑法研究所最新刑法研究项目的基础和挑战》,周遵友译,载赵秉志主编:《刑法论丛》(第 16 卷),法律出版社 2008 年版。

6. [德]乌尔斯·金德霍伊泽尔:《安全刑法:风险社会的刑法危险》,刘国良编译,载《马克思主义与现实》2005 年第 3 期。

7. [韩]金日秀:《风险刑法、敌人刑法与爱的刑法》,郑军男译,载《吉林大学社会科学学报》2015 年第 1 期。

8. [德]乌尔里希·贝克:《“9·11”事件后的全球风险社会》,王武龙编译,载《马克思主义与现实》2004 年第 2 期。

9. [德]J. H. 冯·基尔希曼:《作为科学的法学的无价值性——在柏林法学会的演讲》,赵阳译,载《比较法研究》2004 年第 1 期。

(三)外文期刊

1. Andrew Ashworth & Lucia Zedner, *Prevention and Criminalization: Justifications and Limits*, New Criminal Law Review, Vol. 15:4(2012).

2. Andrew Ashworth, *Is the Criminal Law a Lost Cause*, Law Quarterly Review, Vol. 116(2000).

3. Malcolm M. Feeley & Jonathan Simon, *The New Penology: Notes on the Emerging Strategy of Corrections and Its Implications*, Criminology, Vol. 30:4(1992).

4. Douglas Husak, *The Criminal Law as Last Resort*, Oxford Journal of Legal Studies, Vol. 24:2(2004).

5. Niels Henrik Gregersen, *Risk and Religion: Toward a Theology of Risk Taking*, Zygon, Vol. 38:2(2003).

6. Michael Wasson, *Environmental Offences, the Reality of Environmental Crime*, Environmental Law Review, Vol. 7(2005).

后　记

本书是在本人承担的国家社科基金重点项目“风险社会视阈下刑事立法科学性研究”课题的最终研究成果的基础上修订完成的。

刑事立法的正当性问题，一直是本人长期关注的一个学术领域。尽管立法论问题远没有解释论问题那样热门，但其价值意义绝不减分，而且远比后者要复杂得多。但人们却自然而然地认为，立法是一项极其简单的工作。正如布莱克斯通观察到的，成为一名法官需要长期训练，而被选民送往议会的每一位成员都认为自己生来就是立法者。时下还有一种流行的说法是：“研究立法论问题没有意义，难道立法机关会采纳学者的意见？”但如果以立法机关是否采纳为标准，则解释论问题可能同样没有意义。因为暂且不说学者对于同一条规范的解释往往各持己见，即使其意见高度一致，难道司法机关就会按照学者的意见断案？学术研究应当具有自己的独立品格，重在探求真知，旨在推动立法和司法的进步，实现社会的公平正义，而不在于取得应景式的一时之喧嚣。不过，解释论中有一种观点值得重视，即“刑法解释，应当受解释刑法时的民众意志的约束，而不受制定刑法时的民众意志的约束”。由此及彼,刑法立法,亦应受制定刑法时的民众意志的约束,而不受制定刑法之前民众意志的约束。申言之,相比于刑法解释,刑法立法可能更强调主体的“时代性”,更易接受理论的“变通性”。

刑事立法的正当性问题,核心是国家的刑权力问题,即人类凭什么可以对同类施加刑罚制裁?对此,启蒙思想家为寻找答案孜孜以求,自由主义思想应运而生。表现在刑事立法上,则是英美法系国家的侵害原则和大陆法系国家的法益原则的相继产生。古典刑法的这两个原则,一正一反,犹如一枚硬币的两面,娓娓叙述着同一种理念:个人的行为只有侵害到他人的利益,才应接受法律的惩罚;个人的行为如果无涉他人的利益,则个人就有完全行动的自由。这一理念是如此深入人心,几乎成为近代国家刑事立法的定盘星。然而,当人类社会步入风险社会,侵害原则便开始呈现出“老态龙钟”的状态,导致刑法在应对风险社会的风险时左支右绌、乏善可陈。“发展的社会呼唤发展的刑法”,风险刑法由此被各国立法部门普遍接受,成为刑法家族的新成员。

风险刑法的关键词是“危险”,风险刑法的立法原则是“危险原则”。它汲取了社会理论的养分并通过理论嫁接,将风险社会的“风险”转换为刑法中的“危险”,以便被传统刑法理论接纳,进而实现理论的创新和飞跃。因为,侵害法益被公认为刑法干预的基点,而危险原则实指“侵害法益的危险”,与法益并非没有任何关联。风险刑法只是将刑法干预的触角向前推进了一步,其基点仍然是保护法益。当然,这一步可以跨越多大,则是风险刑法需要明确的。这就涉及对风险的判定及其程度的评估问题。然而,这一问题却极具复杂性,因为风险不仅是实在主义的,还是建构主义的。持有枪支,在一些国家是合法的行为,在另一些国家却是严重危害公共安全的重罪。这并不是因为持有枪支行为的客观危险性会因国别不同而不同,而是因为有的国家的国民认为“枪不会杀人,人才杀人”,另一些国家的国民却认为“人不会杀人,人有枪就会杀人”。还应注意的是,风险与危险只是名称有别,二者均指向不确定性和概率,因而根本就无法区分。即便是传统刑法中的危险,仍然存在一个转换为实害的概率大小问题。人们之所以容易接受传统刑法中的未遂犯、危险犯,是因为这类行为危险实现的概率较大;而人们之所以排斥风险刑法中的风险犯,根本在于这类行为危险实现的概率较小。所以,风险刑法要获得学界认同,非解决风险的评估问题不可。

本书以风险社会为视角,对风险社会刑事立法的正当性问题作出了尝试性回答。但客观地说,本书更多的是在尝试构建风险刑法的理论体系,故而未免在一些具体问题的阐述上蜻蜓点水,未及本质;特别是在风险评估这一核心问题上。这是后续研究需要进一步努力的方向。另外,本书在写作过程中,参阅了大量社会理论的著述以及研究风险刑法学界同仁的著述。但由于学力不逮、成书仓促,误读、误解、误传之处必定不少,对此,笔者既表示谢意又表示歉意。最后,需要提及的是,本书的许多观点,虽然经过多次推敲,但毕竟风险刑法是一块全新的研究领域,其中浅陋、粗疏乃至谬误之处在所难免,在此恳请方家不吝赐教。

叶良芳

2023 年 2 月 14 日于杭州